Monika Suchan

Buch-Geschichten in Raum und Zeit

aus der Dombibliothek Hildesheim

Monika Suchan

Buch-Geschichten in Raum und Zeit

aus der Dombibliothek Hildesheim

bernward.MEDIEN

SCHNELL + STEINER

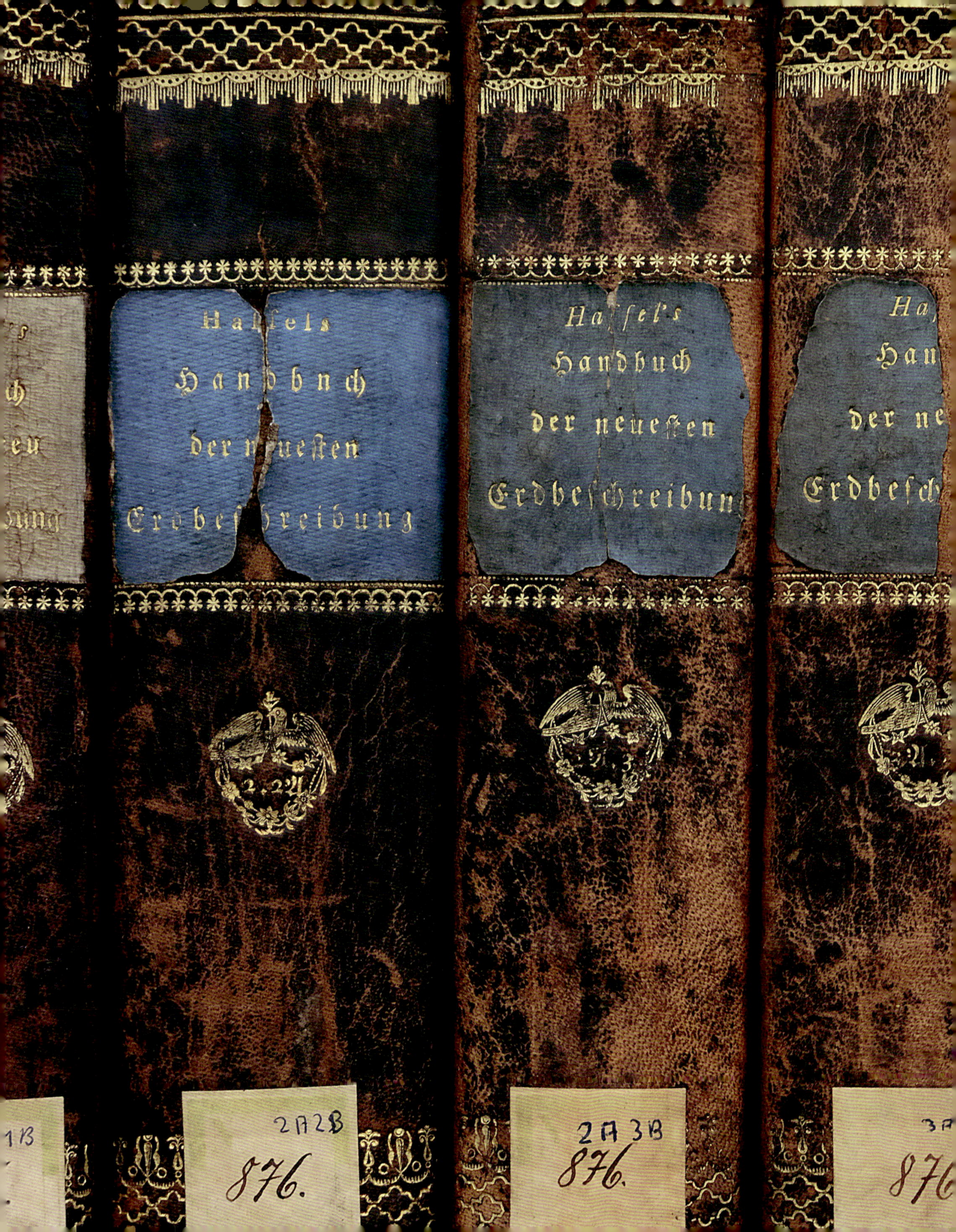
Hassels
Handbuch
der neuesten
Erdbeschreibung
2A2B
876.
Hassel's
Handbuch
der neuesten
Erdbeschreibung
2A3B
876.

Inhalt

Abb. 1. Buchrücken im Magazin der Dombibliothek

… Aber wie funktioniert das
eigentlich: Wie können Bücher
und ihre gleichsam individuellen
Geschichten etwas erzählen –
nicht nur etwas über sich,
sondern auch etwas über uns
und unsere Geschichte?

Vorwort

Den Anstoß für dieses Buch lieferte der Beitrag, den die Dombibliothek Hildesheim zum 1200jährigen Bistumsjubiläum lieferte, das 2015 in vielen Veranstaltungen und Formaten in Stadt und Bistum gewürdigt wurde. Über mehr als ein Jahr wurde jede Woche ein Buch oder eine Handschrift aus dem Bestand des Hauses vorgestellt, insgesamt 64 Objekte aus allen Bereichen bzw. Epochen der Sammlung, die das Bistum seit seiner Gründung begleitet. Für das daher sog. Projekt »64« wurde als Präsentationsmedium ein fast schreibtischgroßes Tablet genutzt. Dieses bot nicht nur verschiedene Einblicke in jedes – nunmehr virtualisierte – Exponat, sondern auch vielfältige Informationen zu dessen Herkunft und historischem Kontext. Mit dem Ende des Jubiläumsjahres sowie aufgrund der eingeschränkten Kompatibilität der eingesetzten Software drohte dieses Projekt mit seinem einmaligen wie speziellen Querschnitt durch mehr als ein Jahrtausend Kulturgeschichte des Bistums und der Region verloren zu gehen. Daher entstand irgendwann der Plan, das Ganze in das überschaubare und zugleich traditionelle Format eines Buches zu transferieren und entsprechend neu zu schreiben.

Aus dem Fundus der Ausstellung »64« erwuchs also die Auswahl der Objekte, die in diesem Buch präsentiert werden. Sie spiegelt die spezifische Bestandsstruktur der Dombibliothek Hildesheim, ohne den Anspruch zu erheben, repräsentativ zu sein. Die Bücher mit ihren Geschichten sind im Großen und Ganzen chronologisch geordnet. Zugleich bedienen sie drei Themenschwerpunkte, die für viele Bücher-Geschichten charakteristisch sind. Die ersten drei Objekte wurden auf eine gewisse, aber jeweils spezifische Weise als »Bücher für die Ewigkeit« angelegt, sei es als Produkt einer Stiftung oder aufgrund ihrer Nutzung. Die in den darauffolgenden drei Kapiteln vorgestellten Bücher zeigen, wie Menschen am Beginn der Moderne in allen Bereichen ihres Lebens mit der Konfessionalisierung und ihren Folgen rangen. Das Verhältnis des Glaubens insbesondere zu den im 17. und 18. Jahrhundert entstehenden Naturwissenschaften steht bei den abschließenden drei Geschichten im Vordergrund. Zu Beginn eines jeden Kapitels werden Leser und Leserin in einem kurzen Überblick mit den »Hauptfiguren« der jeweiligen Buch-Geschichte bekannt gemacht, so dass sie ihnen wie eine Art Reisende, gleichsam über Epochen hinweg, in Raum und Zeit folgen können.

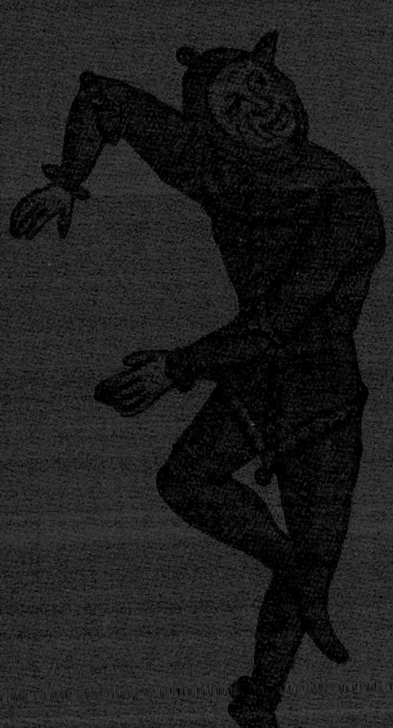

Wie Bücher und ihre Geschichten (uns) Geschichte erzählen

... UND KEINE GESCHICHTE DER DOMBIBLIOTHEK HILDESHEIM

Am Anfang unserer Reise, auf der wir einige Bücher der Dombibliothek Hildesheim mit **ihren** Geschichten durch Raum und Zeit begleiten, steht keine Geschichte **der** Bibliothek als Ganze. Eine solche bräuchte einen anderen literarischen Platz als dieses Büchlein. Natürlich vermitteln die hier präsentierten Objekte auch einen Eindruck von der Sammlung insgesamt und deren Geschichte. Sie zeigen ganz nebenbei den kulturhistorischen Reichtum des Bistums Hildesheim und insofern bildet das wenige Jahre zurückliegende 1200jährige Gründungsjubiläum dafür nicht zufällig einen geeigneten Ausgangspunkt. Die kleine Auswahl soll darüber hinaus noch etwas anderes, Grundsätzliches, zeigen, das heute immer weniger selbstverständlich erscheint: die kulturhistorische Bedeutung veranschaulichen, ja unmittelbar greifbar machen, die Jahrhunderte alte Bücher und Handschriften für uns – immer noch und auch in Zukunft – besitzen und besitzen werden.

Wofür also brauchen wir alte Bücher und Handschriften, zumal die Möglichkeiten elektronischer Informations- und Kommunikationsmittel die Kapazitäten von Papier und Pergament um ein Vielfaches übertreffen? Bewahren wir sie nicht lediglich, wenn überhaupt, aus kulturhistorischer Sentimentalität auf? Selbstredend: Bücher, ob gedruckt oder geschrieben, sind und waren Speichermedien, sie bewahren und übermitteln Informationen, kurz gesagt: Wissen. Wissen ist jedoch nichts Monolithisches, Unveränderliches oder Abgeschlossenes, sondern war und ist immer auch Ausdruck der Menschen – die über Wissen verfügen und die mehr und anderes wissen wollen. Bücher bilden insofern nicht nur die Welt als eine objektive Wirklichkeit ab, sondern zeigen Wissensdurst und Neugier. Wissen existiert also nicht für sich als gleichsam reine Information, als Faktum, sondern ist immer Teil der Menschen und ihrer jeweiligen Kultur. Wissen und sein Medium Buch gehören zu unserem Denken, Wahrnehmen und Handeln.

Bücher als Kulturgüter lassen daher Menschen miteinander kommunizieren – und zwar unabhängig von Zeit und Raum. Denn Wissen braucht per se den »Blick zurück«, beruht auf dem, was andere vor uns gedacht, getan, gewusst haben. Damit überwinden Bücher die Grenzen von Zeit und Raum, die uns gesetzt sind. Diese ebenso banale wie erkenntnistheoretische Selbstverständlichkeit bezeichneten die Zeitgenossen der Renaissance als »Geistergespräche«; denn die Lektüre eines Aristoteles etwa war aus ihrer Sicht substanziell ein Diskurs mit dem antiken Universalgenie, der dessen Ideen in der aufbrechenden Moderne fruchtbar machte. Historische Bücher und Handschriften sind Zeugnisse der Vergangenheit und als solche Bestandteile unserer Kultur. Wenn wir also alte Bücher bewahren und erschließen, mit ihnen ins »Gespräch« kommen, bewahren wir ein Erbe, das zu uns allen gehört, und entwickeln uns selbst und unsere Kultur weiter.

Über Jahrhunderte – und wenn man den Blick über unseren europäischen Horizont hinaus schweifen lässt sogar über Jahrtausende – war dieses Wissensmoment mit religiösen Konnotationen versehen. Kurz gesagt, Glaube und Wissen gehörten in allen Kulturen zusammen. Damit wurden alte Bücher (und somit auch historisches Wissen) zu Glaubenssachen. Dies bedeutet aber nicht ausschließlich, dass das Verhältnis von Glauben und Wissen immer hierarchisch und eindeutig fixiert war – auch wenn dies gewichtige Beispiele wie der Widerstand der mittelalterlichen Kirche gegen das Kopernikanische Weltbild oder die von ihr in der Frühen Neuzeit systematisch betriebene Verfolgung von Frauen als Hexen nahelegen. Das Verhältnis zwischen Glauben und Wissen und insbesondere von Kirche und Wissen ist vielschichtiger. Denn das Christentum ist eine Buchreligion. Seine Kernbestandteile sind durch schriftlich fixierte Aussagen überliefert. Um zu glauben, muss man diese kennen und verstehen – was wiederum weitere Kenntnisse, weiteres Wissen erfordert, das ebenfalls verschriftlicht ist. Nicht zufällig wurden daher von Anfang an, prinzipiell mit jedem Kirchenbau, eine Bibliothek sowie eine Schule eingerichtet: Nur so konnte gewährleistet werden, dass der Gottesdienst nach dem korrekten Ritus vollzogen und die Heilige Schrift im kanonisierten Wortlaut gelesen wurde. Bücher bzw. Texte lieferten so die Grundlage für Bildung in der vom Christentum geprägten Geschichte.

Wissen in bzw. Wissen der Kirche besitzt darüber hinaus eine schöpfungstheologische Dimension. Die antike Philosophie hatte den Kirchenvätern passende Erklärungsmodelle geliefert: Nur wer die kosmischen Zusammenhänge kennt, konnte die Welt als Schöpfungswerk Gottes erkennen und achten. Dafür brauchte man nicht allein den Kanon überlieferter Glaubensaussagen, also das Buch der Bibel, sondern auch Naturkunde oder das »Buch der Natur«, wie es seit Augustinus genannt wurde. Daher spielte die naturwissenschaftliche Erkundung der Welt im Verlauf der Geschichte des Christentums immer wieder auch eine zentrale Rolle, um den Glauben auszudrücken und Gott zu dienen.

So wie aus dieser Perspektive Wissen und Glauben als zwei Seiten derselben Medaille erschienen (die immer auch, um sich zu entfalten, des Gedruckten bzw. Geschriebenen bedurften), war das Buch mit einer der wichtigsten Frömmigkeits-Praktiken des Christentums verknüpft: der Memoria. Daher galt es nicht nur, »fromme« oder Bücher des Glaubens zu lesen, sondern auch Bücher zu schenken und zu stiften und damit ein gottgefälliges Werk zu schaffen. Bei diesen Stiftungen musste es sich keinesfalls nur um spirituell erbauliche oder kirchenkonforme Werke handeln. Selbst eine häretische Bibel konnte, wie wir sehen werden, für geeignet befunden werden, um die Chancen des Stifters auf die Rettung seines Seelenheils zu verbessern.

Diese Verbindung von Wissensinstrument und Memorialzeugnis im Buch als Objekt ist in vielen Altbestandsbibliotheken erkennbar, aber die Dombibliothek Hildesheim zeichnet sie besonders aus. Als Praxis wurde die Stiftung von Büchern über Jahrhunderte gepflegt, inspiriert durch Bischöfe wie Bernward (993–1022) und Bruno (1153–1161) und fortgesetzt von zahllosen Klerikern und Ordensleuten, geistlichen oder Laiengemeinschaften sowie Privatleuten bzw. Laien, so dass sie praktisch bis heute anhält. Doch sie prägt nicht nur das Profil der Dombibliothek, sondern rettete in gewisser Weise nichts weniger als die ununterbrochene Existenz der Einrichtung über die rund 1200 Jahre seit ihrer Gründung. Damit ist die Dombibliothek Hildesheim ein Unikum in der Bibliotheksgeschichte Deutschlands.

Die entsprechenden Voraussetzungen lieferte die einzelne, relativ spezielle Stiftung eines Dorfpfarrers in der Nähe Hildesheims im späten 17. Jahrhundert. Dieser Martin Bever aus Groß Förste (1625–1681) richtete eine Art Bildungsfond zugunsten armer, protestantischer Verwandter ein, um, wie er selbst Jahrzehnte zuvor, konvertieren und katholische Theologie studieren zu können. In der Zeit der konfessionellen Spaltung erschien dies für Bever als der notwendige Weg, um wieder den »richtigen« Glauben durchzusetzen. Dafür richtete er eine Kapitalstiftung ein und übertrug dem Hildesheimer Domkapitel seine ansehnliche Bibliothek – allerdings unter bestimmten Bedingungen. So sollten die Bücher offen für alle, vor allem unabhängig von ihrer Konfession, zugänglich sein. Darüber hinaus legte er in seinem Testament Regeln fest, wie die Bücher zu benutzen seien; dazu gehört die Forderung nach einer Aufsicht sowie das Verbot, sie ohne weiteres mit nach Hause zu nehmen. Irgendwann nach Bevers Tod 1684 übertrug auch das Domkapitel »seine«, also die Dombibliothek, in diese Stiftung, so dass diese, nicht zuletzt zu Ehren des Groß Förster Pfarrers, über Generationen als »Beverina« bekannt werden sollte. Während der Säkularisationen zu Beginn des 19. Jahrhunderts konnte daher gegenüber der neuen säkularen Regierung erfolgreich argumentiert werden, dass die Dombibliothek als Teil einer gleichsam privaten Stiftung angesehen werden müsse und daher nicht enteignet werden dürfe. Mittelbar profitierten davon auch andere, kleinere Kloster- und Pfarrbibliotheken, die in der »Beverina« vor dem Zugriff des Staates bewahrt wurden.

Der Bestand der Dombibliothek heute trägt die unübersehbaren Spuren dieser Genese. Es sind die unterschiedlichen Institutionen und Personen mit ihren jeweiligen Büchersammlungen, die als Nachlässe, Stiftungen oder ›Flüchtende‹ in die Bibliothek am Hildesheimer Dom aufgenommen wurden und so die Substanz der Sammlung gestalteten. Diese kleineren oder größeren Bibliotheken verfügten ihrerseits nicht selten über wertvolle Altbestände, die bis ins Mittelalter zurückreichen. Dazu zählen etwa die Bibliothek der Benediktinerabtei St. Michael, die berühmte Stiftung Bischof Bernwards, die Bibliothek der Hildesheimer Fraterherren oder die Pfarrbibliothek von St. Godehard. Insofern bewahrt die Dombibliothek Hildesheim die wertvollsten Altbestände des Bistums Hildesheim, die ihrerseits kulturhistorisch tief in der Stadt und der ganzen Region verankert sind. Damit ist die Dombibliothek selbst zu einem einzigartigen Archiv der regionalen Kultur geworden.

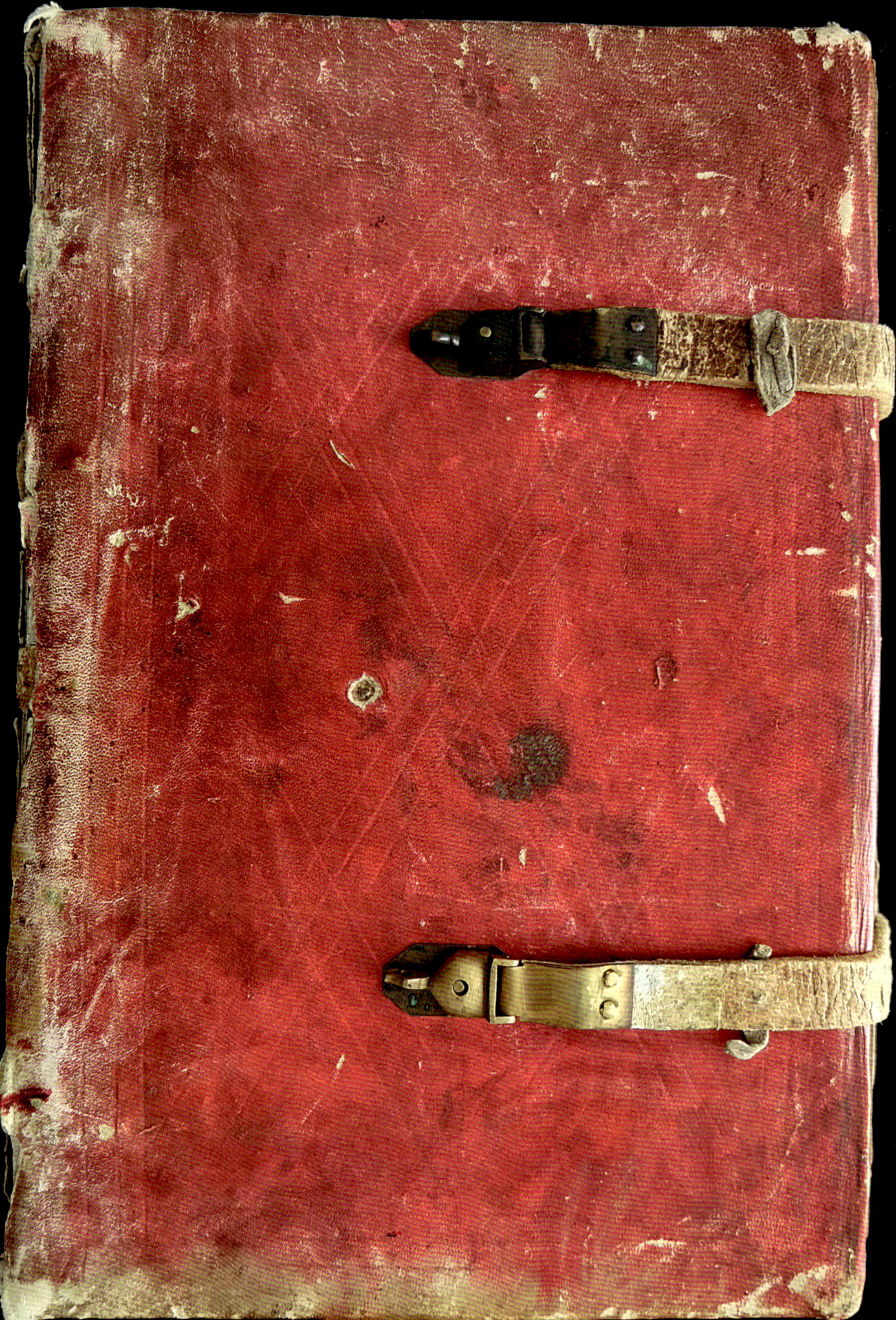

Über sieben Wege

RUDOLF VON BIBERACH: ÜBER SIEBEN WEGE ZU GOTT (DE SEPTEM ITINERIBUS AETERNITATIS)

PERGAMENT-HANDSCHRIFT, NORDDEUTSCHLAND, 2. HÄLFTE 14. JAHRHUNDERT

DOMBIBLIOTHEK HILDESHEIM, HS J 37

Das kaum heftgroße Buch hat einen unscheinbaren, etwas verblichenen roten Einband. Es gehörte einst zur Bibliothek eines kleinen spätmittelalterlichen Frauenklosters in Hildesheim. Auf seine Weise erzählt es von einem ähnlich unterschätzten, weil langen, schleichenden Umbruch, der nichts weniger als das Ende dessen einleitete, das wir gemeinhin Mittelalter nennen.

Etwa seit dem Jahr 1200 veränderten sich die Lebensverhältnisse in Europa nachhaltig: Bevölkerungswachstum, neue landwirtschaftliche Anbaumethoden, die Ausweitung von regionalen Handelsverbindungen zum überregionalen Warenaustausch, die damit einhergehende Entstehung von Städten, Migration sowie die Ausbildung flächendeckender Verwaltungsstrukturen. Die Gesellschaften waren im Aufbruch: die Lebenswirklichkeiten jedes Einzelnen wie auch die Konzepte und Vorstellungen darüber, wie Menschen zusammenlebten. Davon war vor allem die Kirche betroffen, weil sie seit Jahrhunderten die wichtigsten Deutungsangebote lieferte und in allen Gesellschaftsbereichen Schlüssel- und Leitungspositionen besetzte. Sie musste sich reformieren, um mit den Veränderungen und vor allem den Menschen Schritt zu halten, die immer öfter aus ihren bisherigen Umgebungen aufbrachen und andere, neue Existenzen aufbauten.

Konsequenterweise suchten viele auch neue und vor allem eigene Wege zu Gott. Dabei entfernten sie sich in gewisser Weise von der Kirche, deren exklusive Rolle als Heilsvermittlerin zwischen Himmel und Erde den Anforderungen der Zeit nicht mehr zu genügen schien. Insofern wurde Glaube in bis dahin neuartiger Weise verinnerlicht und zu einem Gegenstand individueller Spiritualität. Zugleich wurde er aber auch neu fokussiert, so dass das Grundlegende, buchstäblich Universale der Welt als Gottes Schöpfung, in der alles seinen gottgewollten Platz besaß und in der alle Menschen gleichermaßen Gott erfahren konnten, für die Gläubigen an Bedeutung gewann. Die Zuwendung Jesu zu den Ärmsten, Schwächsten und Entwurzelten entfaltete innerhalb dieser veränderten Spiritualität neue Impulse: Dem Vorbild Christi zu folgen bedeutete nunmehr vor allem, freiwillig und vollständig arm zu sein und sich zugleich den unfreiwillig Armen zuzuwenden. Die Neuen,

Abb. 2. Vorderer Einbanddeckel

auch sog. Bettelorden, deren bekannteste Vertreter Franziskaner und Dominikaner sind, gaben dieser Armutsbewegung eine konzeptionelle, institutionalisierte und zugleich populäre Ausdrucksform. Nicht zufällig wurde daher besonders in ihren Reihen die Nachfolge Christi als unmittelbare, verinnerlichte, mystische Erfahrung praktiziert und weiterentwickelt.

***

Das Buch im roten Einband (Abb. 2) ist Teil dieses Umbruchs. In dem Werk allgemein und ganz speziell in diesem Band aus dem Bestand der Dombibliothek Hildesheim verbinden sich jene zwei kulturgeschichtlichen Strömungen, die den Umbruch des Mittelalters zum Ausdruck bringen: die Neuen Orden sowie die Mystik. Denn es enthält eine Abschrift von Rudolf von Biberachs »Über sieben Wege zu Gott«, das als das erste Handbuch zur zeitgenössischen Mystik gilt; dieses Exemplar gehörte den Hildesheimer Magdalenerinnen. Weil etliche der prominentesten Mystiker einem dieser Neuen Orden angehörten, hielt man lange Zeit den franziskanischen Ordensgeneral und Kardinal Bonaventura (1221–1274) für den Verfasser der viel gelesenen »Sieben Wege«, bevor man Rudolf von Biberach als Autor identifizierte.

Auch Rudolf (vor 1270–nach 1326) war Franziskaner. Über sein Leben ist in den zeitgenössischen Quellen nur sehr wenig überliefert. So lehrte er eine Zeit lang an der Universität in Paris eigens für arme Studenten. Sein Hauptwirkungsort als Gelehrter und Seelsorger war jedoch Straßburg, wo er dem bekannten Mystiker Meister Eckhart (um 1260–vor 1328), der dem Dominikaner-Orden angehörte, begegnet sein dürfte. Darüber hinaus ist Rudolf als Beichtvater und Testamentsvollstrecker einer wohlhabenden Familie nachgewiesen; des Weiteren leistete er die Sterbebegleitung für den 1326 verstorbenen Herzog Leopold von Österreich, eine Aufgabe, die er auf Anordnung Papst Johannes' XXII. (1316–1334) übernahm. Danach versiegen die Quellen über Rudolf.

Die um 1300 auf Latein verfassten »Sieben Wege« verbreiteten sich rasch in ganz Mitteleuropa, insbesondere in den Klöstern waren sie eine beliebte Lektüre. So sind heute mehr als 100 Abschriften erhalten, und bald nach 1350 entstand eine volkssprachliche Übersetzung. Es lässt sich nur schwer abschätzen, ob sich diese Popularität vornehmlich auf die falsche Zuschreibung der Autorenschaft zu Bonaventura oder auf die spezifischen Qualitäten des Werkes selbst gründete. In jedem Fall eignete es sich in besonderer Weise für die spirituelle Praxis in den neuen Ordensgemeinschaften, die die kontemplative Lektüre intensiv pflegten.

Die »Sieben Wege« entsprechen methodisch den Anforderungen des zeitgenössischen Bildungssystems, da es Zitate bzw. Sentenzen der einschlägigen Autoritäten aus Philosophie und Theologie in den Vordergrund rückt, die thematisch zusammengestellt werden. Solche Kompilationen (wortwörtlich aus dem Lateinischen *compilatio* übersetzt: »die Plünderung«, »das Plündern«) bildeten über Jahrhunderte die Grundlagen der Unterrichtspraxis an den Dom- und Klosterschulen. Aus der heutigen Perspektive genügt dies keinen wissenschaftlichen Ansprüchen; die Originalität eigener Gedanken, die für die Moderne grundlegend, wenn nicht sogar unabdingbar erscheint, spielte damals keine Rolle. Antike und Mittelalter gingen vielmehr ob nun christianisiert oder nicht – von einem höheren, gleichsam nicht menschlichen, göttlichen Geist aus. Dieser spiegelte sich in den Werken weniger Autoritäten wie z. B. Augustinus, Gregor der Große oder Thomas von Aquin. Anders als andere mystische Autoren seiner Zeit offenbarte Rudolf seine Quellen, insgesamt mehr als 40 einschlägige Philosophen und Theologen aus einem Jahrtausend. Die mystische Gotteserkenntnis entwickelt er so in sieben aufeinanderfolgenden Schritten. Diese »Sieben Wege« kombiniert er in dem Werk mit jeweils unterschiedlichen Techniken. So sind neben der Lektüre Beten, Kontemplation oder auch Anfechtung vorgesehen.

Rudolfs Werk traf die spirituellen Bedürfnisse der Zeit und avancierte rasch zu einem Standardwerk und sogar Lehrbuch der christlichen Mystik, das sich besonders bei den neuen Ordensgemeinschaften und dort vor allem bei den Frauen als Bestseller erwies. Eine dieser Gemeinschaften, noch dazu die älteste in Deutschland, ist eng mit der Geschichte Hildesheims verbunden: die Magdalenerinnen.

Dieser Orden spiegelt in mustergültiger Weise die Vorstellungen von Reformen der Kirche, die um 1200 in der Armutsbewegung entstanden und durch das Leben und Wirken des Franz von Assisi (1182/83–1226) geprägt wurden. Für ihn hieß Christus nachzufolgen, in freiwilliger und vollständiger Armut zu leben – so, wie es unzählige Menschen seiner Zeit erfuhren, allerdings als unfreiwilliges Schicksal. Franziskus griff damit eines der größten gesellschaftlichen Probleme der Epoche auf: die zunehmende materielle, bisweilen sogar existenzielle Not vieler Menschen, die die Kehrseite der zunehmenden sozialen Mobilität und wirtschaftlichen Prosperität zeigte und die vor allem in den boomenden Städten anzutreffen war. Franziskus wollte den Verlierern der Gesellschaft nicht nur Solidarität erweisen, sondern auch ganz praktisch helfen – und auf diese Weise Buße für die Sünden der Menschen insgesamt leisten. Die caritative Spiritualität der Franziskaner traf den Zeitgeist, so dass sich die Gemeinschaft rasch ausbreitete und seit 1223 auch Niederlassungen in Norddeutschland entstanden. In Hildesheim erhielten sie eine Unterkunft in der Nähe der Martini-Kirche, und sie wurden darüber hinaus von Bischof Konrad II. (1221–1246) mit Grundbesitz ausgestattet, der ihren Lebensunterhalt sicherte.

Neben Franziskus' Minderbrüdern entstanden etliche andere neue Orden, die sich vor allem in ihren Zielgruppen unterschieden. Einer von ihnen geht auf den Priester Rudolf zurück, der im Auftrag des päpstlichen Legaten Konrad von Urach am Mittelrhein predigte. Er rief um 1226 in Worms eine Frauengemeinschaft ins Leben, die zu Ehren der Maria von Magdala des Neuen Testaments benannt wurde. Zielgruppe der neuen Gründung waren Frauen in prekären Situationen, die durch die sozialen Netze gefallen waren, in der Regel Prostituierte. Sie sollten aufgefangen und wieder in die Gesellschaft integriert werden. Die zeitgenössischen Kolmarer Annalen beschreiben die Entstehungsbedingungen dieses ältesten deutschen Frauenordens folgendermaßen:

»Der Orden der Frauen, welche man die Reuerinnen nennt, soll auf folgende Weise entstanden sein. Es war ein Geistlicher namens Rudolf, der dem Herrn nach dem Maße seiner Kraft treu diente. Als dieser einst in der Gegend von Worms seinen Geschäften nachgehend von Dorf zu Dorf zog, fand er an einem Kreuzweg öffentliche Dirnen sitzen. Da er nun zu ihnen gekommen war, fiel der Geist des Herrn auf ihn, so dass er den Stock ergriff und die Dirnen schlagen wollte. Sie aber sprachen: O Herr, wir sind schwach und können auf keine andere Weise unseren Lebensunterhalt erwerben; gebt uns nur Brot und Wasser, so wollen wir in allen Dingen euren Willen tun. Als er das vernommen hatte, führte er sie in die Stadt, mietete ihnen ein Haus, verschloss sie fest darin und verschaffte ihnen, so gut er konnte, Lebensunterhalt. Er dingte nämlich einen Knecht, der täglich für sie in der ganzen Stadt Brot erbetteln musste. Da erbarmten sich die Leute der Weiber, gaben ihnen reichlich Unterhalt und empfahlen Rudolfs Werke alle Weise. Als dieser nun sah, dass seine Tätigkeit vielfachen Anklang fand, ging er in verschiedene Städte, sammelte die öffentlichen Dirnen und verschaffte ihnen auf die erwähnte Weise ihre notwendigen Bedürfnisse. Dieser Rudolf gab den Weibern geistliche Gewänder und nannte sie auf Latein *poenitentes*, zu deutsch »die Reuwerinnen«. Ihre Kleider waren weiße Untergewänder, lange weiße Skapuliere, lange Mäntel, weiße leinene Obergewänder, leinene Kopfbedeckungen. Darauf ging jener Rudolf an den Papst und erlangte von ihm die Leitung und die Bestätigung des Ordens.«

Bereits im Sommer 1227 erhielt der »Orden der büßenden Schwestern der Hl. Maria Magdalena« die offizielle Anerkennung des Papstes, der zugleich Rudolf zu dessen Generalpropst ernannte. Die Gemeinschaft wurde zunächst auf die Benediktinerregel und 1232 auf die Augustinerregel in Kombination mit den Statuten der Dominikanerinnen von St. Sixtus in Rom verpflichtet. Ebenso wenig wie die Gesamtleitung überließ der Papst den Nonnen die Verwaltung, die Finanzkontrolle und die geistliche Begleitung in eigener Verantwortung. Vielmehr sollte diese Funktionen jeweils ein Männerkonvent übernehmen, der für jede Niederlassung einzurichten war. In der Praxis scheiterte dies jedoch, so dass diese Leitungsaufgaben lediglich von einem einzelnen Prior geleistet wurden. Formal wurden die Konvente zu Provinzen unter einem Generalpropst zusammengefasst. Weil sich dieser jedoch kaum in die Belange vor Ort einmischte, konnten die Gemeinschaften mit ihrem Prior vor Ort relativ eigenständig agieren.

Der Maria-Magdalena-Orden erfuhr bereits in den ersten Jahrzehnten einen erheblichen Wandel, weil sich seine Zielgruppen veränderten. Statt notleidender fanden praktisch nur noch unverheiratete, unbescholtene oder sogar adlige Frauen Aufnahme, in den meisten Fällen aber kaum noch sozial oder wirtschaftlich bedürftige. Zugleich verließen viele Schwestern den Orden zugunsten der etablierteren Gemeinschaften und wurden Zisterzienserin, Dominikanerin oder Klarisse. Sozial und spirituell hatte sich die Gemeinschaft der Reuerinnen damit bereits gegen Ende des 13. Jahrhundert deutlich den konventionellen Frauenorden angeglichen. Dem Erfolg des Ordens tat das zunächst keinen Abbruch; er wuchs in dieser Zeit stetig und erreichte dabei seine weiteste Verbreitung mit etwa 70 Niederlassungen. Bereits eineinhalb Jahrhunderte später, um die Mitte des 15. Jahrhunderts, existierten lediglich noch etwa 40 Klöster.

In besonderer Weise ist die Gründung der Magdalerinnen mit der Geschichte Hildesheims verwoben. Denn Rudolf war ein Kanoniker des hiesigen Moritzstifts. Dieser gründete auch in Hildesheim eine Niederlassung seiner neuen Gemeinschaft und blieb ihr bis zu seinem Tod 1234 als Prior verbunden. Die Hildes-

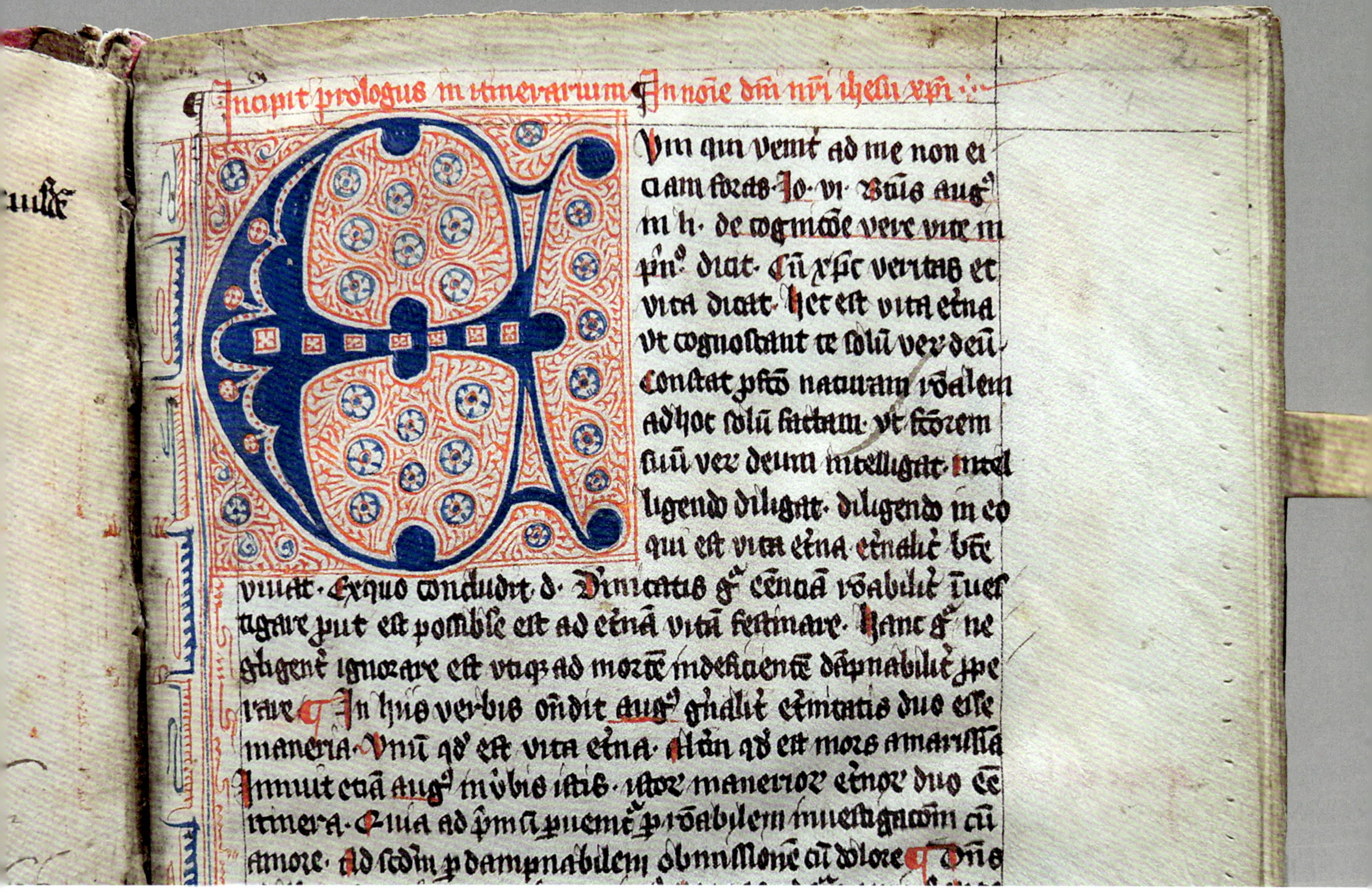

heimer Nonnen erhielten von Anfang an viel Unterstützung: Ihre Unterkunft verdankten sie dem Abt von St. Michael, Dethmar, der ihnen einen Platz unterhalb des Michaelis-Hügels am Ufer der Innerste überließ. Auch Bischof Konrad II. gehörte zu den Förderern, noch dazu in seiner doppelten Funktion als bischöflicher Ortshirte und als päpstlicher Rektor des gesamten Ordens in Deutschland. Für ihren Unterhalt wies Konrad den Magdalenerinnen Grundbesitz in der Stadt und im Umland zu; eine ausschließlich für sie bestimmte Kirche wurde 1294 errichtet, die bis heute erhalten ist. Ein zweites Büßerinnen-Kloster innerhalb des Bistums wurde etwa zeitgleich in Goslar gegründet. 1235 nahm Papst Gregor IX. das Hildesheimer Süstern-Kloster unmittelbar unter seinen Schutz. In der Stadt Hildesheim erwarben sich die Nonnen aufgrund ihrer strengen, kanonischen Lebensweise und ihres Engagements großes Ansehen. Die Entwicklung hier verlief insgesamt in ähnlicher Weise wie in vielen anderen Niederlassungen: Gegenüber der Versorgung akut Not erleidender Frauen nahm die Betreuung und Erziehung junger Mädchen immer mehr Raum ein. Auch aus diesem Grund wurden bereits seit der Mitte des 13. Jahrhunderts zunehmend unbescholtene Frauen, vielfach unversorgte Bürgertöchter, aufgenommen.

Abb. 3. Eingangsseite mit Zierinitiale

In Hildesheim entstand mit dem Magdalenen-Kloster erstmals für Frauen die Möglichkeit, einer Ordensgemeinschaft anzugehören, noch dazu einer reformorientierten, die die gesellschaftlichen und spirituellen Herausforderungen der Zeit aufnahm. Die Nähe des Bischofs zur Gemeinschaft als deren formelles Oberhaupt dürfte den Hildesheimer Nonnen eher genützt als geschadet haben. Dafür spricht nicht nur ihre materielle Ausstattung mit Grundbesitz, Unterkunft und Kirchenbau, sondern auch ihre intellektuelle und spirituelle Versorgung. So dürfte den Ordensfrauen eine ordentliche Bibliothek zur Verfügung gestanden haben, von der heute leider nur noch wenige Stücke erhalten sind.

Eines davon ist Rudolfs von Biberach »Sieben Wege«. Die Handschrift ist in der 2. Hälfte des 14. Jahrhunderts in Nordwestdeutschland angefertigt worden. Sie beginnt mit einer aufwändigen, über 11 Zeilen gestreckten, in blau und rot gehaltenen Zierinitiale (Abb. 3). Der Text insgesamt ist dann ohne weitere, ähnlich schmückende Auszeichnungen sehr schlicht, aber sorgfältig in einer leicht kursiv gelegten gotischen Textura geschrieben; an den Seitenrändern finden sich noch die Einstiche, die vom Zirkel herrühren und die einen gleichmäßigen Zeilenabstand gewährleisten sollten. Mit dem roten Farbstoff (lat. *rubrum*) sind lediglich Seitenüberschriften, Kapitelanfänge und Randverweise als Lesehilfe hervorgehoben, also wortwörtlich »rubriziert«. Auch der Beschreibstoff Pergament ist nicht von ausgesuchter, sondern einfacher Qualität, in manchen Lagen somit etwas dick und steif.

Umschlossen wird die Handschrift von einem relativ schlicht gestalteten Holzdeckeleinband. Das darüber gezogene Leder ist rot gefärbt, was für Klostereinbände aus dieser Zeit üblich war. Blindgeprägte Streicheisenlinien geben dem Einband ein rautenförmiges Muster. Die sorgfältige, qualitätvolle Ausführung spricht für ein Zisterzienserkloster als Werkstatt. Daher wird der Band von vornherein für eine klösterliche Gemeinschaft bestimmt gewesen sein: kein überreicher Prachtkodex, sondern ein Gebrauchstext, geeignet für die klösterliche Alltagslektüre; lediglich die aufwändigere Eingangsinitiale signalisiert der Leserin den hohen spirituellen Wert des Textes und fordert sie so zu Andacht und Meditation auf.

Ob es sich bei dem roten Band um eine konkrete Auftragsarbeit für die Hildesheimer Magdalenerinnen handelte, bleibt ungewiss. Wahrscheinlich waren die Nonnen aber die ersten Besitzerinnen des Codex, und dieser gehörte zu ihrer frühesten Bibliotheksausstattung. Denn der älteste in dem Band erhaltene Besitzvermerk am oberen Rand des Vorsatzblattes weist ihn als »Buch des Ordens der Reuerinnen der Seligen Maria Magdalena« aus *(Liber claustri beate marie magdalene ordinis de penitencia eiusdem prope et extra muros ...)*. Der Ortsname wurde zwar sehr gründlich ausradiert, doch der Hinweis auf die Lage des Klosters »außerhalb der Mauern« sowie die jüngeren Provenienzmerkmale weisen den Band eindeutig als Besitz der Hildesheimer Nonnen aus. (Abb. 4)

Etwa 400 Jahre blieben die »Sieben Wege« im Besitz der Magdalenerinnen. Ein Kaufvermerk, der im Rahmen einer Auktion von Gegenständen der Frauengemeinschaft vor oder um 1800 vorgenommen wurde, notiert den Kauf der Handschrift für 16,5 Groschen – auch hier fehlt eine Ortsangabe. Ob die Versteigerung eine akute wirtschaftliche Not beheben oder den Erweiterungsbau der

Klosterkirche finanzieren sollte, der gegen Ende des 18. Jahrhunderts erfolgte, lässt sich nicht mehr ermitteln. Sicher identifizierbar ist der Käufer, das benachbarte Michaelis-Kloster, das von Anfang an so eng mit der Geschichte der Hildesheimer Schwestern verbunden war. Als dieses wiederum zu Beginn des 19. Jahrhunderts säkularisiert wurde, gingen unzählige Handschriften und Drucke in den Privatbesitz von Ordensgeistlichen über – aus Eigeninteresse oder um zu verhindern, dass diese in staatlichen bzw. fürstlichen Besitz übergingen. So dürfte es auch dem Mystik-Handbuch ergangen sein. Eine zwischen dem ursprünglichen Besitz- und dem Auktionsvermerk erhaltene Federprobe des 17. oder frühen 18. Jahrhunderts könnte auf einen solchen Privatbesitz hindeuten: »Ich Arnold thue hiemit allen kund [...]« . Über diesen (oder einen anderen) mutmaßlichen Geistlichen gelangte die Handschrift im 19. Jahrhundert in die Bibliothek des Bischöflichen Gymnasiums Josephinum. So vermutete es bereits Direktor Joseph Godehard Müller, der den Buchbestand seiner Schule im Programm des Schuljahres 1875/76 verzeichnete und auch diesen Band erfasste.

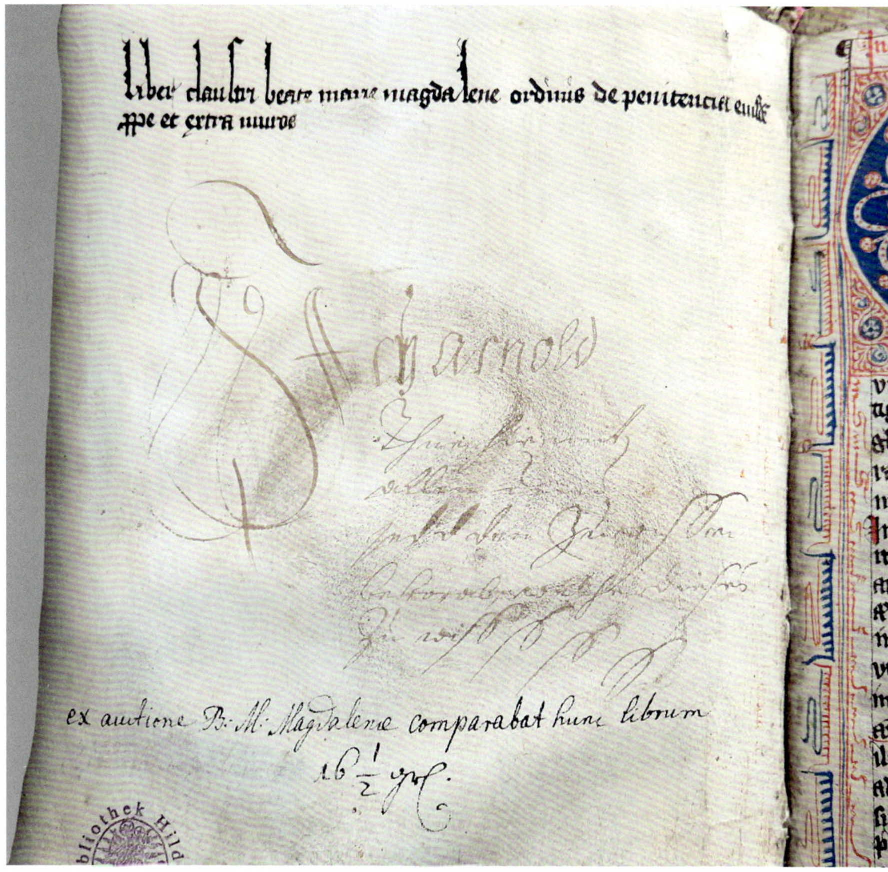

Abb. 4. Vorsatzblatt oben

Weil die historischen Buch- und Handschriftenbestände des Josephinums in die Dombibliothek Hildesheim gelangten, befanden sich die »Sieben Wege« seit dem 20. Jahrhundert in diesem Haus. Allerdings wurde die Handschrift in den 70er Jahren des 20. Jahrhunderts gestohlen. Um die Herkunft der Handschrift zu verschleiern, radierte der Dieb die schon erwähnten Ortsbezeichnungen der Besitzvermerke der Magdalenerinnen und der Benediktiner von St. Michael aus. Nachdem die Handschrift über den privaten Verkauf des Diebes an ein führendes niederländisches Antiquariat gelangt war, wurde sie dort für einen Düsseldorfer Antiquar gekauft. Dieser stieß bei seinen Recherchen auf den Verlust-Eintrag im Katalog der Dombibliothek und informierte sie über den Fund. Durch die Unterstützung eines Sponsors konnte die Handschrift 1997 für das Haus zurückerworben werden.

Während der überwältigende Teil des mittelalterlichen Bibliotheksbestandes der Hildesheimer Magdalenerinnen in alle Winde und wohl unwiederbringlich zerstreut ist, behüten die »Sieben Wege« zusammen mit einer Handvoll anderen Manuskripten nicht nur das Erbe der Hildesheimer Magdalenerinnen. Die in ihnen bewahrte Spiritualität macht den kulturellen Umbruch Ende des Mittelalters unmittelbar und anschaulich.

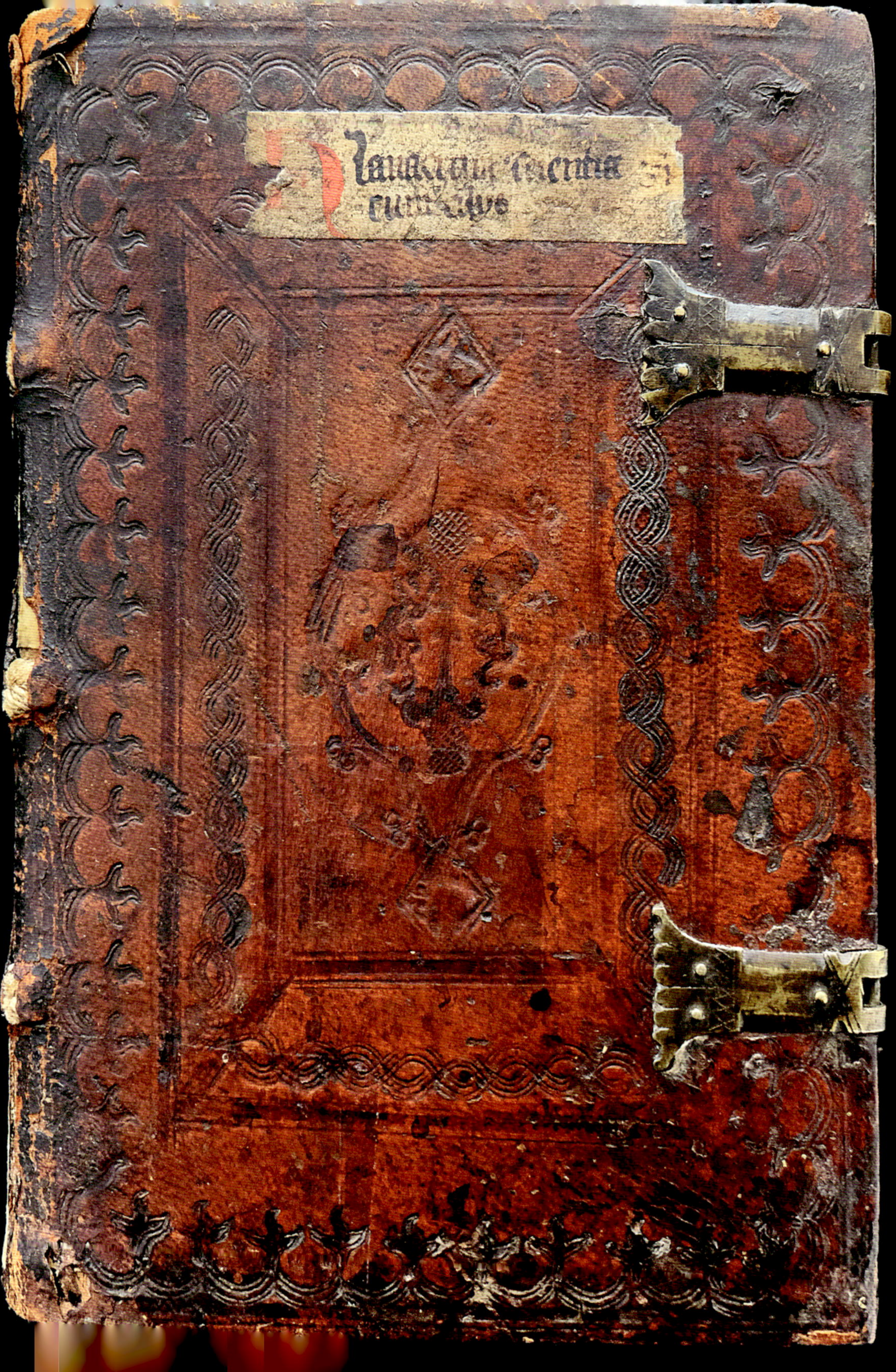

Die Kunst zu Sterben

ARS MORIENDI

LEIPZIG: KONRAD KACHELOFEN, 1495

DOMBIBLIOTHEK HILDESHEIM, EB 33

Anders leben und daher auch anders – auf jeden Fall aber gut – sterben war das wichtigste Anliegen, das die Menschen im Spätmittelalter umtrieb. Denn sie sahen sich in besonderer Weise gesellschaftlichen Umbrüchen, Krisen und Katastrophen ausgesetzt, die sie als Christen als Strafe Gottes deuteten. Die damit verbundene Frage, wie man sich von den Sünden befreien sollte, um vor Gottes Gericht am Jüngsten Tag zu bestehen, doch noch Heil zu erfahren und damit gerettet zu werden, erschien für sie drängender denn je. Und die Antworten der Kirche überzeugten immer weniger. Daher war es seit dem 14. Jahrhundert nicht mehr selbstverständlich, die bis dahin exklusive Mittlerfunktion der Kirche zwischen den Gläubigen und Gott anzuerkennen. Immer mehr Menschen suchten auf stärker selbstbestimmten Wegen nach einem besseren Leben und insofern nach Erlösung. Dabei erschien ihnen gerade auch die eigene, individuelle Spiritualität wichtig, die sie dann in neuen Formen von Gemeinschaft suchten. Die Reformbruderschaft der Fraterherren war eine davon, inspiriert von der Devotio moderna. Wie sie auf andere Weise fromm lebten und die »Kunst zu sterben« zu vollenden suchten, zeigt dieser Band aus dem Inkunabel-Bestand der Dombibliothek Hildesheim.

***

Leben und Sterben gehören im Christentum zusammen, kulturhistorisch reichen die Wurzeln dieser Paarung jedoch weitaus tiefer. Das Wissen um den Tod unterscheidet unserer Überzeugung nach den Menschen von anderen Lebewesen und gilt als eines – vielleicht sogar das wichtigste – Unterscheidungskriterium. Mit dieser Bedingung menschlicher Existenz umzugehen, sie zu deuten und daher mit ihr buchstäblich leben und sterben zu können, ist das zentrale Anliegen von Religion. Sie bietet eine grundlegende Interpretation an, wie wir mit diesem Faktum umgehen können und sollen.

Das Christentum greift diesen Zusammenhang inhaltlich auf: Der Glaube an den Tod Jesu am Kreuz und dessen Auferstehung verheißt die Überwindung des eigenen Todes. Damit macht der Glaube eine radikale Umbewertung des Todes als Tor zum Leben möglich. Denn Jesus sühnte durch seinen Opfertod die Schuld

Abb. 5. Vorderer Einbanddeckel

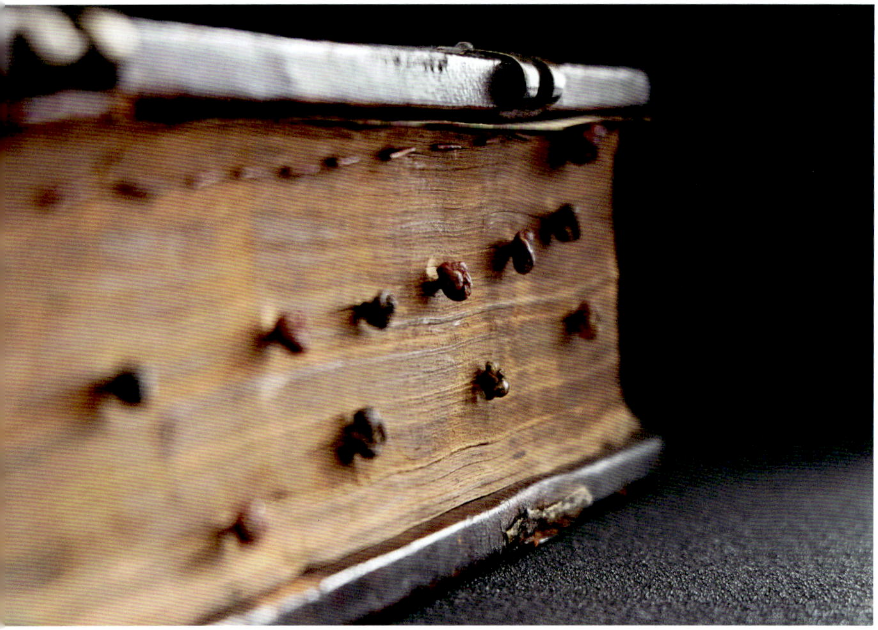

Abb. 6. Vorderschnitt mit Lederknebeln

der Menschen; zugleich demonstrierte dadurch Gott, wie wichtig ihm das Heil der Menschen war, indem er als Vater dieses Opfer des Sohnes erbrachte. Christen betrachteten daher über Jahrhunderte den Sterbe- als ihren eigentlichen Geburtstag, weil er den Beginn des wahren Lebens bei Gott markierte. Für mittelalterliche Zeitgenossen ergaben sich daraus prinzipiell zwei Möglichkeiten: Die Weltflucht (wie es in grundlegender Weise das benediktinische Mönchtum praktizierte) oder das Verbleiben in den alltäglichen, drängenden und vielfach permanent existenziellen Sorgen. Trotzdem blieb der Tod auch für Gläubige eine Gratwanderung zwischen Hoffnung und Verzweiflung.

Die konkrete Lebenssituation der überwältigenden Mehrheit der Menschen in Europa war während des Mittelalters und noch lange darüber hinaus prekär. Das Leben gestaltete sich als faktischer, alltäglicher Existenzkampf: »Mitten im Leben sind wir vom Tod umgeben« (*media vita in morte sumus*), eine Devise, die sich bis in das frühmittelalterliche Frankenreich um die Mitte des 8. Jahrhunderts zurückverfolgen lässt und die zu einem gregorianischen Choral verarbeitet wurde. Verschärft wurde diese Grundsituation immer wieder durch klimatische Veränderungen und die damit einhergehenden Agrarkrisen. Gewalt und Kriege waren weitere, selbstverständliche und überall einsetzende Krisenmomente; und schließlich grassierten immer wieder epidemische Krankheiten, wie die um die Mitte des 14. Jahrhunderts Europa heimsuchende Pest. Diese brachte nicht nur einschneidende demographische, wirtschaftliche und soziale Veränderungen mit sich, sondern änderte auch die Haltung der Menschen, insbesondere im Umgang mit dem Tod. Von nun an wurde er deutlich häufiger und in drastischer Weise aufgegriffen, wie etwa in den aufkommenden Totentänzen oder durch die Entstehung neuer Motive des Makabren, des Verwesenden und Vergehenden in geradezu übertriebener Intensität. Zugleich intensivierten und vermehrten sich überall die klassischen Formen von Memoria.

Aus diesen Erfahrungen heraus und mit den bekannten Memorialinstrumenten im spirituellen Gepäck, wandte man sich seit dem 14. Jahrhundert verstärkt dem Sterben als Lebensabschnitt zu. Die Menschen traten so bewusst den intensivierten und vermehrten Todeserfahrungen entgegen; vielleicht wurden sich viele auch erst jetzt der Gefahr bewusst, die eine schlecht oder gar nicht organisierte Memoria für die Seele bedeutete, zumal ihre Vorbereitung ja vor allem vor und während des Sterbens höchste Relevanz besaß. Gerade dann rückten die daher sog. »Letzten Dinge« – Tod, Gericht, Himmel und Hölle – in den Fokus.

Die Theologie hatte sich dem Sterben bereits im Hochmittelalter zugewandt. Auf Anselm von Canterbury (ca. 1033–1109) gehen die mit seinem Namen verbundenen, sog. Anselminischen Fragen zurück. Sie dienten der Vorbereitung und sollten einen aktiven Umgang mit dem Sterben anleiten. Pädagogisch waren sie auf die Vermittlung von Zuversicht und Freude ausgerichtet, wie es der christlichen Heilsbotschaft des Erlösungstodes Christi entsprach. Anselms Fragen wurden zur Grundlage verschiedener Text-Gattungen und Rituale. Er selbst setzte sich in eigenen Traktaten wie der »Ermahnung des Sterbenden« (*Admonitio morienti et de peccatis suis nimis formidanti*) damit auseinander. Sie enthielt einen praktischen Leitfragen in Frageform, der bei der Sterbebegleitung zugrunde zu legen war. Weil das Werk ursprünglich nur für Geistliche gedacht war, enthielt es eine große *Admonitio* mit Fragen an den Priester und eine kleine mit Fragen an den Sterbenden. Es setzte sich jedoch seit dem 12. Jahrhundert auch unter Laien durch.

Neben Anselms erlangten auch andere Werke Popularität und etablierten das Sterben – ähnlich wie die mittelalterlichen Schul- und Wissenschaftsfächer – als *ars*, wörtlich »Kunst«, in der Gesellschaft: Dazu gehören Heinrich Seuses »Büchlein der ewigen Weisheit« (*Horologium aeternae sapientiae*, um 1330) oder Jean Gersons *Opusculum tripartitum* (1403).

Richtig zu sterben war die letzte, aber nicht die einzige Herausforderung des mittelalterlichen Glaubens. Sie war immer auch Bestandteil der gesamten christlichen Lebenspraxis, und diese konnte sich nur in Gemeinschaften vollziehen: zwischen Gott und den Menschen, zwischen Christen untereinander sowie zwischen Lebenden und Verstorbenen. Unter dem institutionellen und spirituellen Dach einer einzigen Kirche hatten sie über Jahrhunderte ihre jeweiligen Plätze gefunden. Doch seit dem Beginn des 13. Jahrhunderts entwickelten sich immer wieder religiöse Gemeinschaften, die kirchliche Traditionen bewusst verließen, um den Glauben besser zu leben. Sie veränderten in unterschiedlicher Weise die Kirche oder wurden von dieser als Häresie abgelehnt und verfolgt. Die bekanntesten waren wohl die Armutsbewegung mit den Franziskanern und Dominikanern sowie die spätmittelalterlichen Laienbruderschaften.

Diese entsprachen der veränderten Religiosität der Gesellschaft, in der breite Bevölkerungsschichten ihre Spiritualität neu entdeckten und ihren Glauben stärker als bisher selbst gestalteten. Man grenzte sich in diesen Kreisen sowohl gegenüber dem klassischen (Benediktiner) als auch dem modernen Mönchtum (Bettelorden) ab, war es doch hier schwer vorstellbar, wie jene die spirituellen Bedürfnisse der Zeit mit ihrer Konformität und Traditionsverbundenheit bedienen sollten. Seit dem 12. und 13. Jahrhundert waren die Menschen zunehmend durch neue, kommunale Sozial- und Handlungsformen geprägt, die sich besonders in den Städten bildeten und dabei von überkommenen Bindungen wie dem Stadtherrn zu emanzipieren suchten. Es gab dabei ein weit verbreitetes Bedürfnis, in religiösen Gemeinschaften zu leben, um grundlegende Werte wie das Gebet und der eigenen Hände Arbeit zu verwirklichen. Man hielt aber die dafür etablierten Bindungsformen wie das Gelübde für hinderlich, da dieses die Freiwilligkeit der Zugehörigkeit zur Gemeinschaft und damit die Spiritualität des Glaubenslebens zu beschädigen schien.

Die Entstehung der »Brüder vom Gemeinsamen Leben« oder auch Fraterherren am Ende des 14. Jahrhunderts war unmittelbar aus der Devotio moderna entstanden, einer Frömmigkeitsbewegung, die diesen Bedürfnissen Ausdruck verlieh und sich von den Niederlanden aus in Nordwestdeutschland verbreitete. Die Brüder lebten in ordensähnlichen Gemeinschaften, verzichteten aber auf die ewigen Gelübde. Die Gemeinschaft bestand also auf der Basis freiwilliger Zugehörigkeit. Ihren Lebensunterhalt bestritten die Fraterherren durch handwerkliche Tätigkeiten, insbesondere die Buchherstellung. Hier liegt ihre nachhaltige kulturhistorische Bedeutung, da sie mit ihren Handschriften und Drucken wesentlich für die Überlieferung zeitgenössischen Schriftguts sorgten. Auch in Hildesheim, wo sie sich 1440 niederließen und drei Jahre später eine dauerhafte Bleibe im Lüchtenhof bezogen, arbeiteten die Fraterherren vor allem im Buchwesen. Die Brüder kopierten Texte, verzierten und illustrierten sie, stellten Pergamentcodizes her und banden Druckwerke ein. Ihre Produkte verkauften sie in der Regel, aber sie stellten auch Bücher für den eigenen Bedarf her, die sie in einer Bibliothek verwahrten.

Die *Ars moriendi* stammt aus dieser Sammlung. Der anonym überlieferte Traktat teilt sich, wie es im Mittelalter bis weit in die Neuzeit besonders für schmale Werke üblich war, auch in dieser Ausgabe mit elf weiteren Druckwerken den Raum zwischen den zwei Buchdeckeln.

Bereits auf dem vorderen Einbanddeckel ist der Codex als Konvolut sowie als Bibliothekseigentum erkennbar. Denn am oberen Rand ist ein Signaturschild aufgeklebt, das neben dem Großbuchstaben »H« für die Systemstelle den Kurztitel des ersten eingebundenen Werkes, *Lavacrum conscientiae*, »Badezimmer des Gewissens«, sowie den Vermerk *cum aliis*, »mit anderen [Schriften]«, trägt (Abb. 5). Ein näherer Blick auf die kleine, in dem Band vereinte Sammlung zeigt, dass sie dem praktischen Bedarf der priesterlichen Mitbrüder, die in jeder und daher auch der Hildesheimer Gemeinschaft lebten, Rechnung trug:

So wendet sich der Kartäuser-Prior Jakob von Gruytrode (1400/1410–1472) mit seinem *Lavacrum conscientiae* ausdrücklich an Priester, sein umfangreiches aszetisch-erbauliches Oevre zielt insgesamt aber überwiegend auf Ordensleute. An Priester richtet sich auch Heinrich von Hessens »Geheimnisse« (*Secreta sacerdotum*). Zwei Traktate behandeln die Messe als Sakrament. Zwei weitere Schriften setzen sich mit der Bußproblematik speziell für Priester auseinander. Wahrscheinlich war auch Theobalds »Köcher des katholischen Glaubens oder Streitgespräch zwischen Christen und Juden« (1494 in Leipzig gedruckt) für den Priester einer mittelgroßen Stadt, in der sich die Religionen alltäglich begegneten, von Vorteil (Abb. 7).

Eine anonyme, in Leipzig 1497 von Melchior Lotter gedruckte Legende der Heiligen Anna, die ebenfalls in dem Band aufgenommen wurde, trug zweifellos der Beliebtheit Rechnung, der sich die Mutter Marias gerade in dieser Zeit bei den Laiengemeinschaften erfreute. Ihre Popularität war so enorm, dass eigens ihr gewidmete Gemeinschaften, die sog. Annenbruderschaften, gegründet wurden. In dieser Epoche voller Krisen und Umbrüche faszinierte ganz offenbar ein Lebensweg, der in besonderer Weise durch die Gnade Gottes bestimmt wurde. Denn der Legende nach schenkte Gott nicht nur einer älteren Frau nach Jahrzehnten die späte Empfängnis und Geburt eines Kindes (Maria), sondern er befreite sie auch von jeglicher Sünde. Interessanterweise

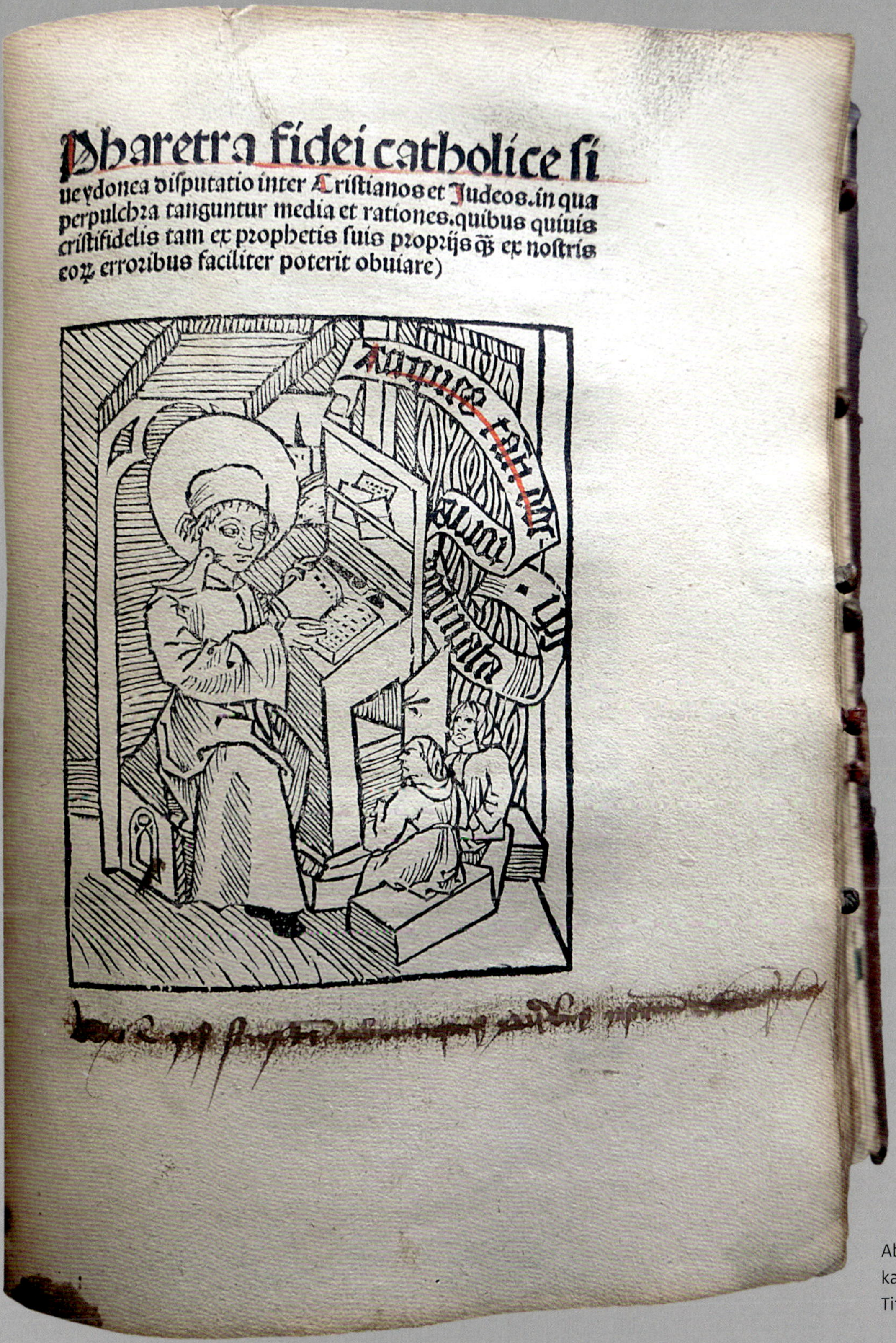

Pharetra fidei catholice si
ue ydonea disputatio inter Cristianos et Judeos. in qua
perpulchra tanguntur media et rationes. quibus quiuis
cristifidelis tam ex prophetis suis proprijs q̄z ex nostris
eoꝝ erroribus faciliter poterit obuiare)

Abb. 7. »Köcher des katholischen Glaubens«. Titelblatt

enthält der Fraterherren-Codex des Weiteren eine der populärsten Papstgeschichten seiner Zeit, Bartholomaeus Platinas *Vitae summorum Pontificum*, gedruckt 1481 in Nürnberg bei Anton Koberger. In dem Sammelband findet sich schließlich ein weiterer Traktat über das Sterben. Er wurde von Jakob de Clusa oder Jakob de Paradiso verfasst, der als Benedict Stolzenhagen geboren wurde, ein produktiver Autor und Zisterzienser-Mönch aus dem Kloster Paradies in der Neumark. Aus seiner Feder stammt auch eine andere, sehr populäre »Sterbekunst«, die aber in diesem Band keine Berücksichtigung fand.

Einige der in dem Codex vereinten Autoren sind aus der Sicht der damaligen Kirche mindestens progressiv. So interessierte sich der Pariser Universitätsabsolvent und Theologe Heinrich von Hessen (oder von Langenstein, 1325–1397) nicht nur für Astronomie und Naturwissenschaften, sondern setzte sich auch mit dem Abendländischen Schisma (1378–1417) auseinander, dessen Zeitgenosse er war. Dabei vertrat er eine konziliare Kirchenkonzeption, die erst eine Generation später auf dem Konstanzer Konzil (1414–1418) verwirklicht wurde. Er gehörte zu den Mitbegründern der Wiener Universität und wurde schließlich deren Rektor. Von seinen zahlreichen Werken sind nur wenige erhalten – wie eben dieses in dem Hildesheimer Sammelband. Mit den Papst-Viten schrieb der italienische Humanist Bartolomaeus Platina (1421–1481) nicht nur einen Bestseller, sondern auch eine der umstritteneren historischen Darstellungen dieses Sujets, die gut hundert Jahre nach ihrem Erscheinen 1580 auf den Index gesetzt wurde. Denn es findet sich darin u. a. erstmals die Behauptung, Papst Johannes VIII. sei eine Frau gewesen, die Päpstin Johanna.

Die *Ars moriendi* bildet den Abschluss des Fraterherren-Bandes. Bei ihr handelt es sich um eine anonyme Überlieferung der einschlägigen Lehrsätze, die sich, wie in der Fortsetzung des Titels hervorgehoben wird, durch vierzehn ganzseitige Holzschnitte auszeichnet. Wahrscheinlich geht der Text auf eine Vorlage eines der bedeutendsten Theologen und Reformer seiner Zeit zurück, Jean Gerson (1363–1429). Neben seiner wissenschaftlichen sowie administrativen Tätigkeit als Kanzler an der Universität Paris genoss Gerson auch innerhalb der Kirche enormes Ansehen; als Teilnehmer und Mitgestalter des Konstanzer Konzils profilierte er sich bei der drängenden Reform der Gesamtkirche. Wahrscheinlich trug diese Funktion zur Verbreitung des Werks erheblich bei. Gersons Traktat sollte, wie der Autor im Vorwort betont, den Umgang der Priester mit Kranken und Sterbenden vereinheitlichen und zugleich verbindlich machen. Es war ihm darüber hinaus ein Anliegen, die *ars moriendi* in Schulen zu unterrichten und in der Öffentlichkeit durch Aushänge zu vermitteln. Sein Werk verfasste er entgegen den wissenschaftlichen Gepflogenheiten der Zeit zuerst auf Französisch, erst dann wurde es ins Lateinische übersetzt. Gersons Traktat verlieh dem Genre wie auch der Praxis den Namen: *ars moriendi*.

Die anonyme, in diesem Fall in Leipzig bei Konrad Kachelofen um 1495/96 gedruckte Ausgabe enthält 14 Holzschnitte, die nach den Kupferstichen des sog. Meisters E. S. geschnitten sind und die Vermittlung des Textinhalts erleichtern sollen. Die Bildfolge stellt in fünf Gegensatzpaaren die Versuchungen des Teufels und die Tröstungen des Glaubens gegenüber.

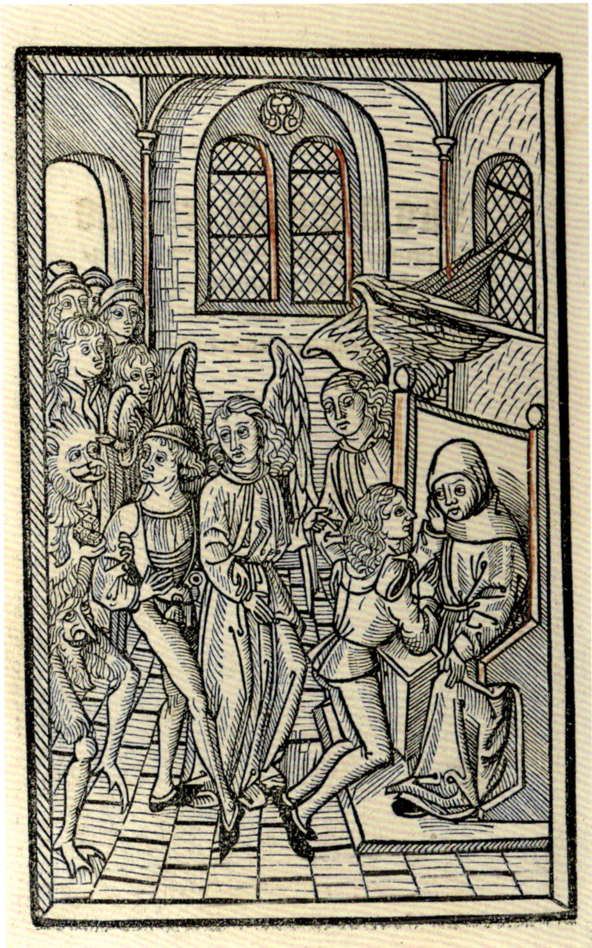

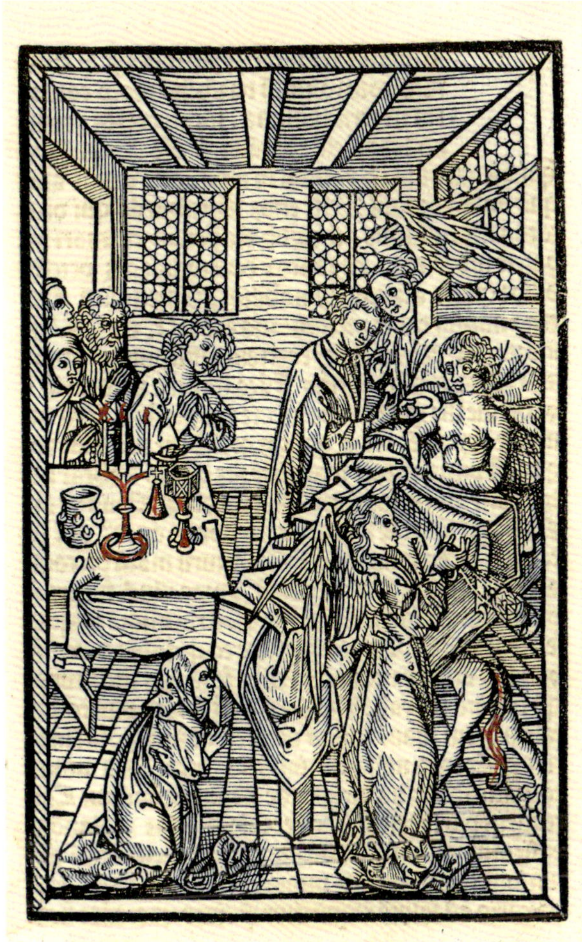

Der zu Tode Erkrankte wird von Freunden und Verwandten in ein Hospital gebracht. Dabei wird er auch vom Unglauben begleitet, symbolisiert durch die Gestalt des Teufels. Der Engel vertritt dagegen die aus dem Glauben erwachsene Stärke. Für die Aufnahme in das Hospital war von dem Kranken zunächst eine geistliche Reinigung durch das Sakrament der Beichte gefordert, bei der wiederum ein Engel dem Kranken beisteht. (Abb. 8)

Zur Vorbereitung des Kranken gehören nach der Beichte auch die Eucharistiefeier mit dem Kommunionempfang. Während der Priester die Kommunion spendet, umstehen zwei Engel das Lager, von denen einer ein Weirauchfass schwenkt. Der Teufel hingegen flüchtet unter das Bett. (Abb. 9)

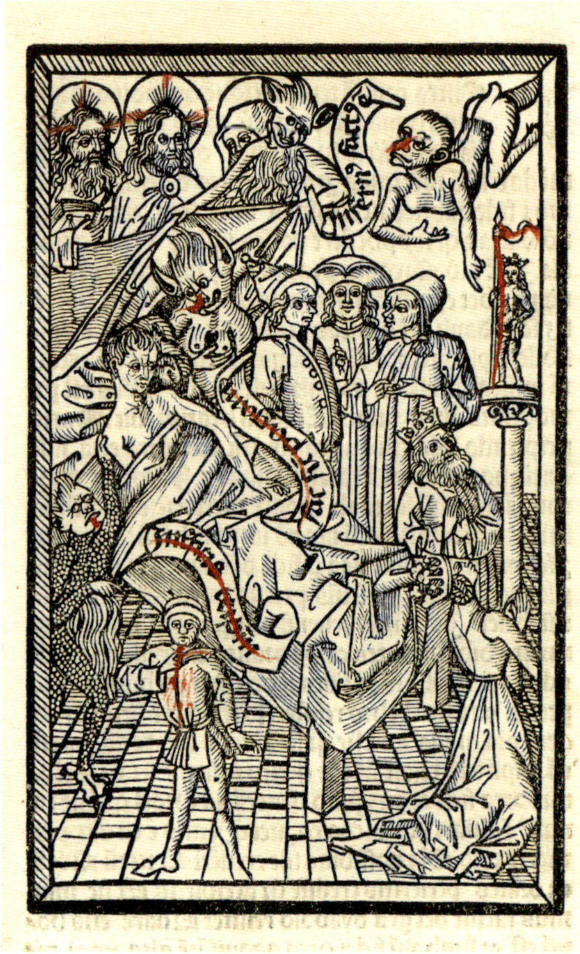

Der Sterbende wird durch den Teufel versucht, er will dessen Glauben durch Zweifel zerstören. Dabei ruft er im Hintergrund stehende Gelehrte auf, diese zu bestätigen. Die Anfechtungen wie Götzendienst oder Selbstmord werden als Figuren dargestellt. Die Heiligen als Fürsprecher bleiben für den Kranken mit ihrem Beistand gegenwärtig. Deshalb versucht ein Dämon, ihre Anwesenheit zu verheimlichen, indem er sie durch eine Decke von dem Kranken abschirmt. (Abb. 10)

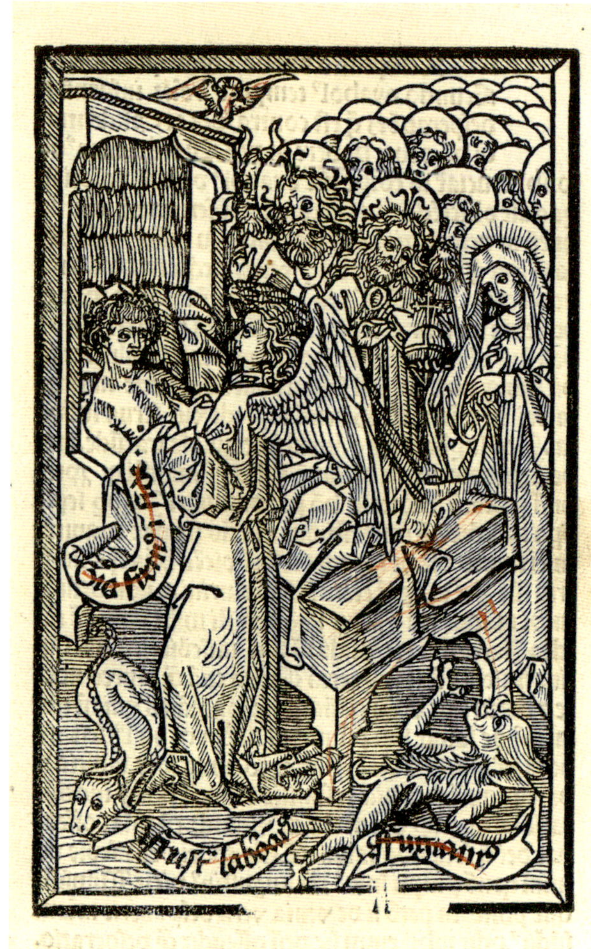

Die Gegenrede des Engels ermutigt den Kranken und soll dessen Glauben festigen. Als Zeugen sind Gottvater, Christus und der Heilige Geist in Gestalt einer Taube auf dem Bett sichtbar. Auch Maria und die Heiligen umstehen das Sterbelager. Die Dämonen beklagen ihre vergebliche Mühe und lassen sich zurückdrängen. (Abb. 11)

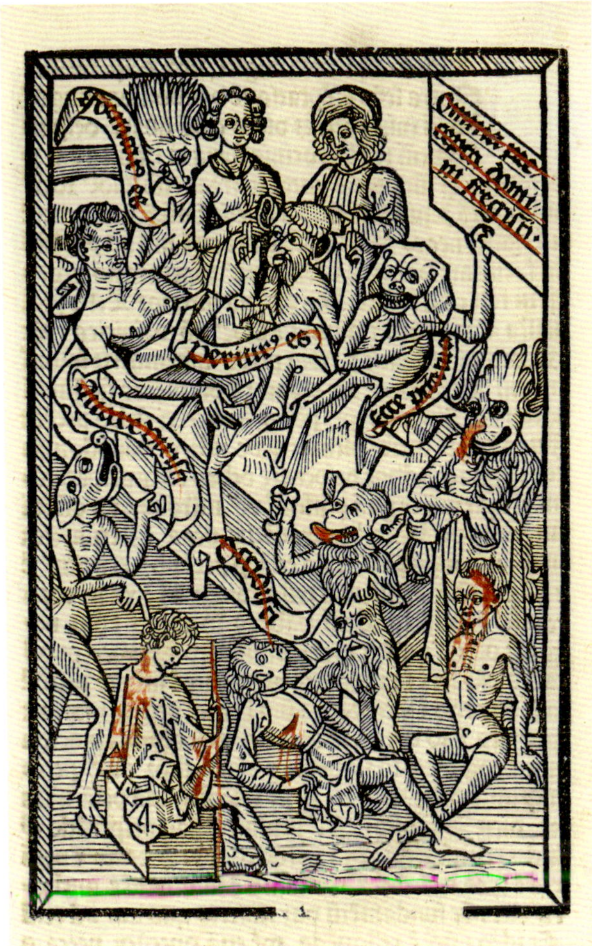

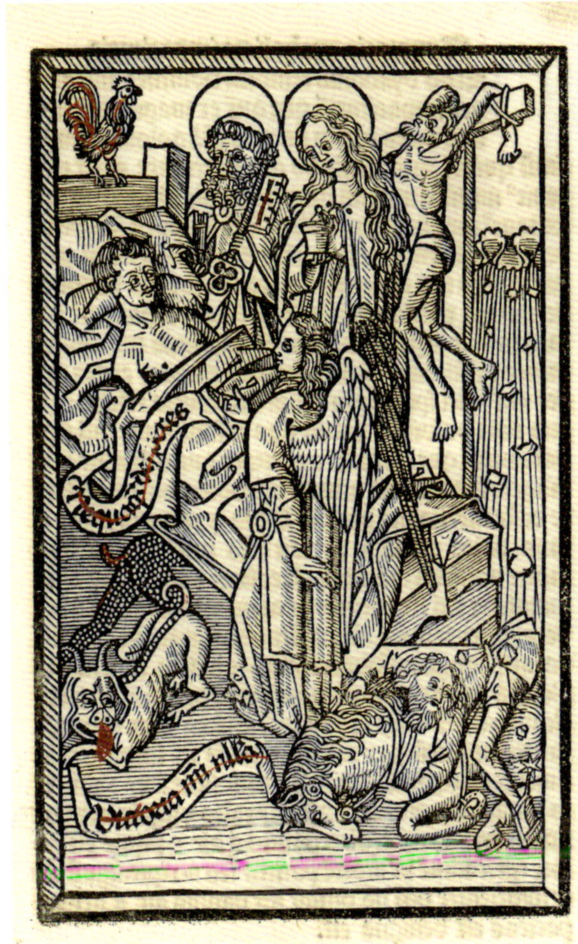

Die Dämonen setzen den Sterbenden der Verzweiflung aus, indem sie ihm die Sündhaftigkeit seines Lebens vorführen. Auch hier stellen Figuren die Laster Mord, Hurerei, Geiz und Hartherzigkeit gegenüber Bedürftigen dar. Die Angehörigen stehen dem Treiben hilflos gegenüber oder sie spekulieren bereits auf das Erbe. (Abb. 12)

Der Engel wehrt die Bilder der Verzweiflung ab, indem er Beispiele für Gnade und Vergebung zeigt: den guten Schächer, der mit Christus gekreuzigt wurde; die Sünderin Maria Magdalena sowie Petrus, hier abgebildet mit dem Hahn als Zeichen für seinen Verrat an Christus; am unteren Bildrand stürzt Saulus mit dem Pferd, um zu Paulus bekehrt zu werden. (Abb. 13)

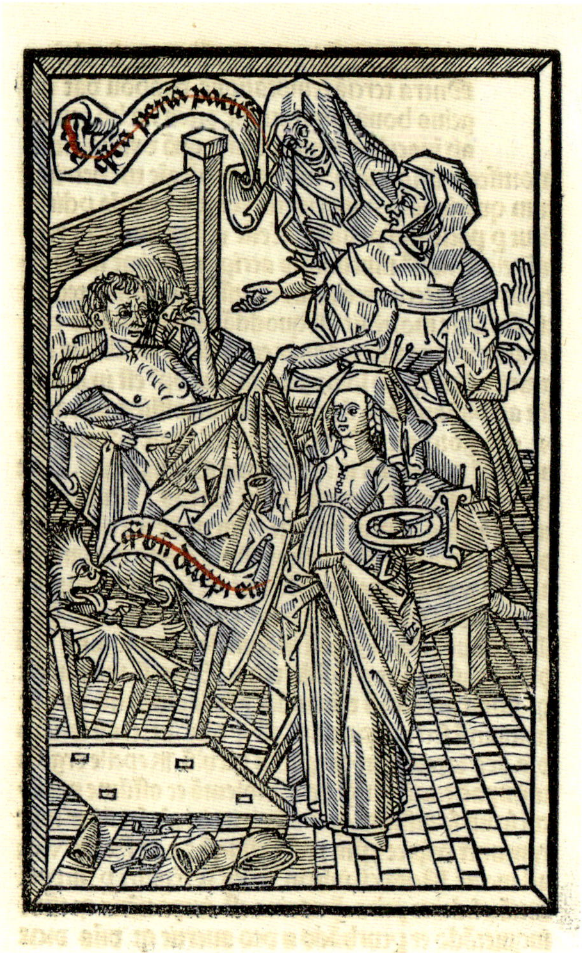

Der ausgezehrte Kranke hadert mit seinem Schicksal. Ungeduld und Jähzorn bemächtigen sich seiner. Er hat den Tisch umgeworfen und verweigert die Nahrungsaufnahme; er zerrt an der Decke und versucht sie abzuwerfen. Die Angehörigen stößt er vor den Kopf; deren falsches, hilfloses Mitgefühl beantwortet er mit Fußtritten. (Abb. 14)

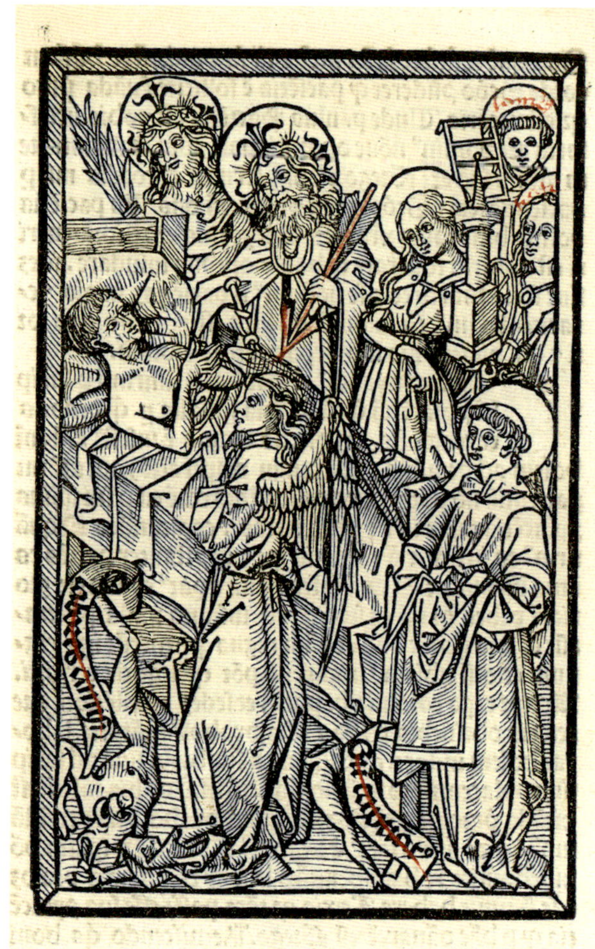

Der Engel lehrt den Sterbenden, geduldig zu sein und fordert ihn auf, sich in sein Schicksal zu fügen. Die umstehenden Märtyrer bekräftigen den Sinn des Leidens mit den Folterwerkzeugen, durch die sie zu Tode kamen. Auch Christus zeigt sich mit der Dornenkrone und den Marterinstrumenten. Gott trägt die Geißel und den Pestpfeil und kennzeichnet damit das Leiden als seine Schöpfung. Der prominent in den Vordergrund gerückte Ordensheilige verweist auf die Herkunft der Schrift in der klösterlichen Krankenseelsorge. (Abb. 15)

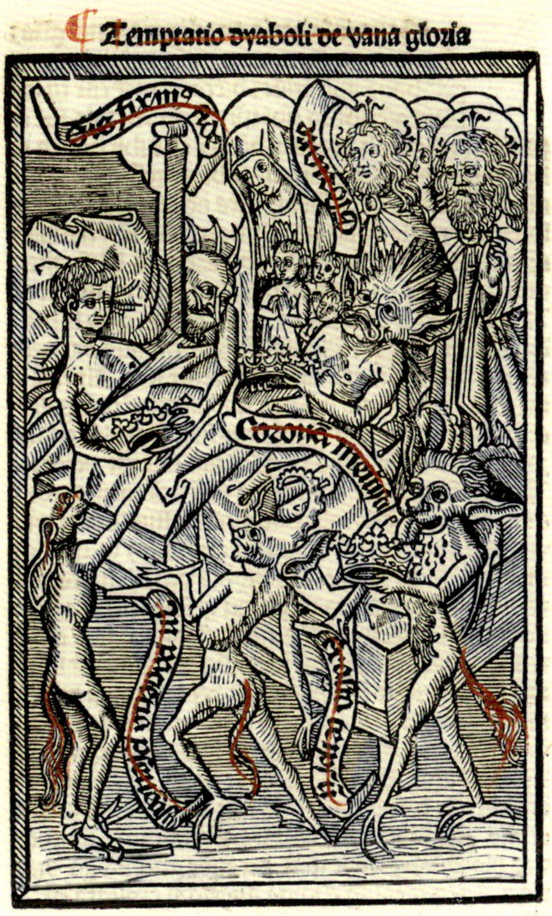

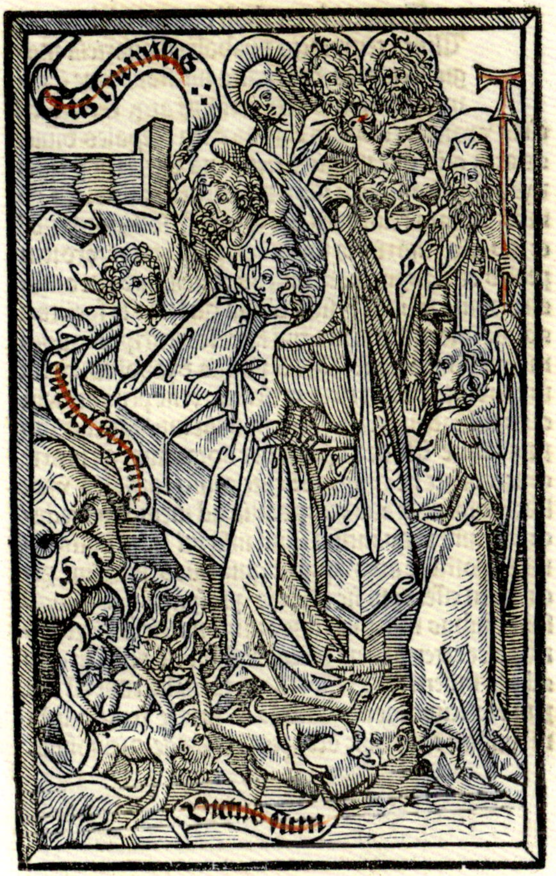

Die Schar der Teufel verleitet den Sterbenden zur Selbstüberschätzung. Sie flüstert ihm Hochmut und Selbstgerechtigkeit ein. Dafür halten sie ihm die Kronen des ewigen Lebens hin und reden ihm ein, er habe einen Anspruch auf den Himmel und einen Platz unter den Heiligen bei Gott. (Abb. 16)

Um den Sterbenden sind zahlreiche Engel versammelt. Sie reden ihm energisch zu, demütig zu sein (»*Sis humilis*«). Ein Engel weist auf den Höllenrachen, der die Hoffärtigen verschlingt; ein anderer deutet auf das Vorbild des Einsiedlers Antonius (um 251–356), der den zahlreichen Versuchungen widerstand und als Begründer des christlichen Mönchtums gilt. Auf einer Wolke stehen die Dreifaltigkeit sowie Maria dem Kranken bei und halten den Blickkontakt mit ihm. (Abb. 17)

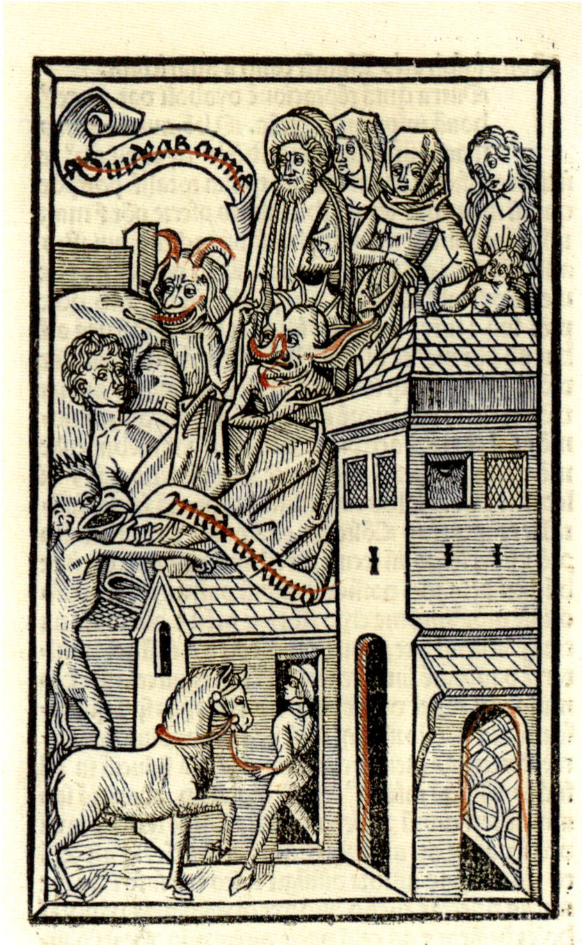

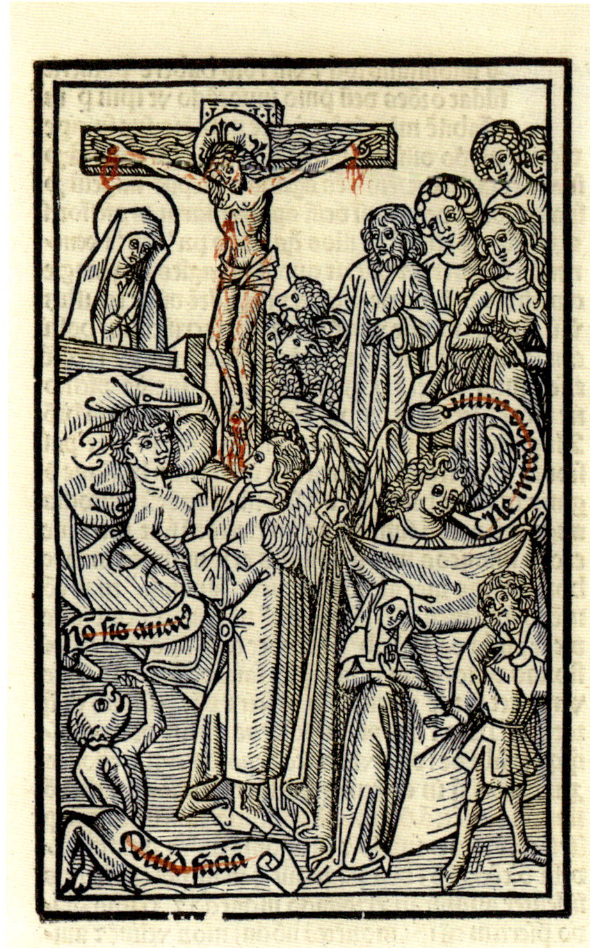

Zuletzt versuchen die Teufel den Sterbenden mit Habgier. Sie führen ihm all seinen weltlichen Besitz vor, der seinen Stolz und seine soziale Identität begründet – und den er nicht loslassen kann. Im Einzelnen zeigen die Teufel auf das Haus mit seinen Vorräten, das stolze Ross mit dem Knecht und die vielköpfige Familie mit Eltern, Schwester, Frau und Kind, die den Sterbenden ebenfalls in der Welt halten. (Abb. 18)

Die Engel fordern nun von dem Kranken die Absage an alles Weltliche. Das Bild des Gekreuzigten führt ihm noch einmal die demütige Aufgabe des menschlichen Lebens vor Augen. Der Sterbende wird nun aufgefordert, allen Besitz loszulassen, die Bindung an die versammelten Verwandten und Freunde aufzugeben, ja sogar die irdische Liebe, die das Paar im Vordergrund zeigt. (Abb. 19)

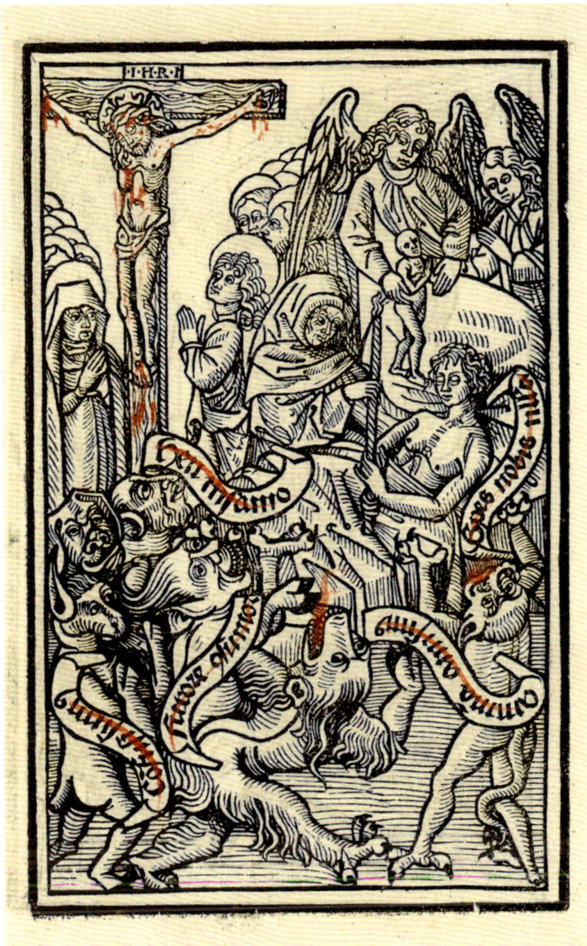

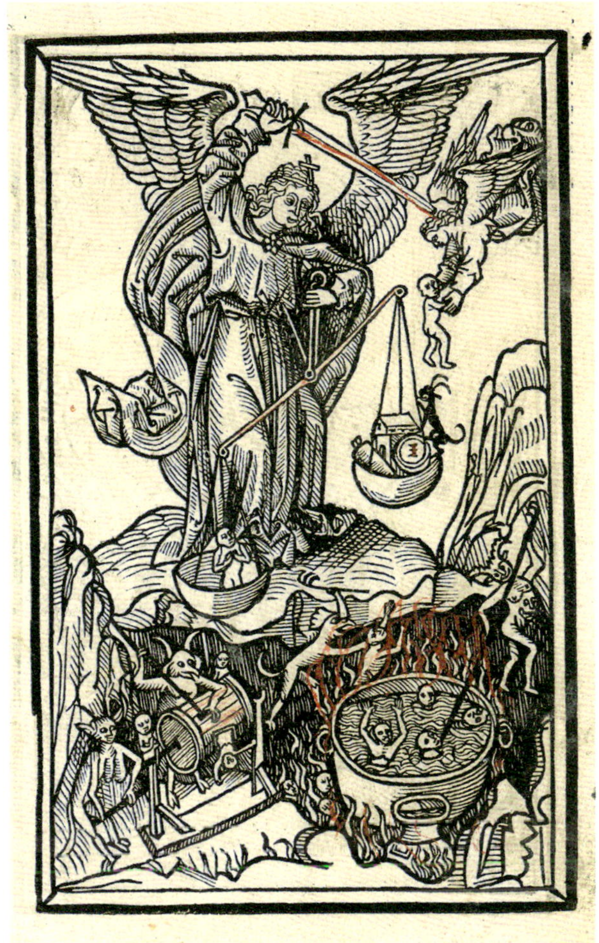

Die dargestellte, eigentliche Sterbestunde stellt die Anbetung Christi am Kreuz mit der Fürbitte der vielen Heiligen in das Zentrum. Eine Ordensfrau reicht dem Sterbenden eine Kerze, während er unter dem Wehgeschrei der Dämonen seinen Geist aufgibt. Seine Seele wird als kleine, nackte Gestalt von Engeln in Empfang genommen. (Abb. 20)

Das letzte Bild zeigt den Erzengel Michael, der den Satan überwunden hat und nach der Apokalypse über die Verstorbenen zu Gericht sitzt. Daher ist er mit den Attributen Schwert und Waage dargestellt, mit der er die Seele wiegt und so deren Sünden feststellt. Zwei mögliche Urteile bzw. Vorgänge sind im Bild zugleich wiedergegeben. Die fromme, betende Seele wiegt schwerer als irdische Taten, Versuchungen und Besitztümer. Ihr eilt der Engel entgegen, um sie aufzunehmen. Für solch eine fromme Seele, die die *ars moriendi* praktiziert, stellt der dort ebenfalls sichtbare Höllenschlund keine Bedrohung dar, sondern es überwiegt buchstäblich die Verheißung auf Erlösung. (Abb. 21)

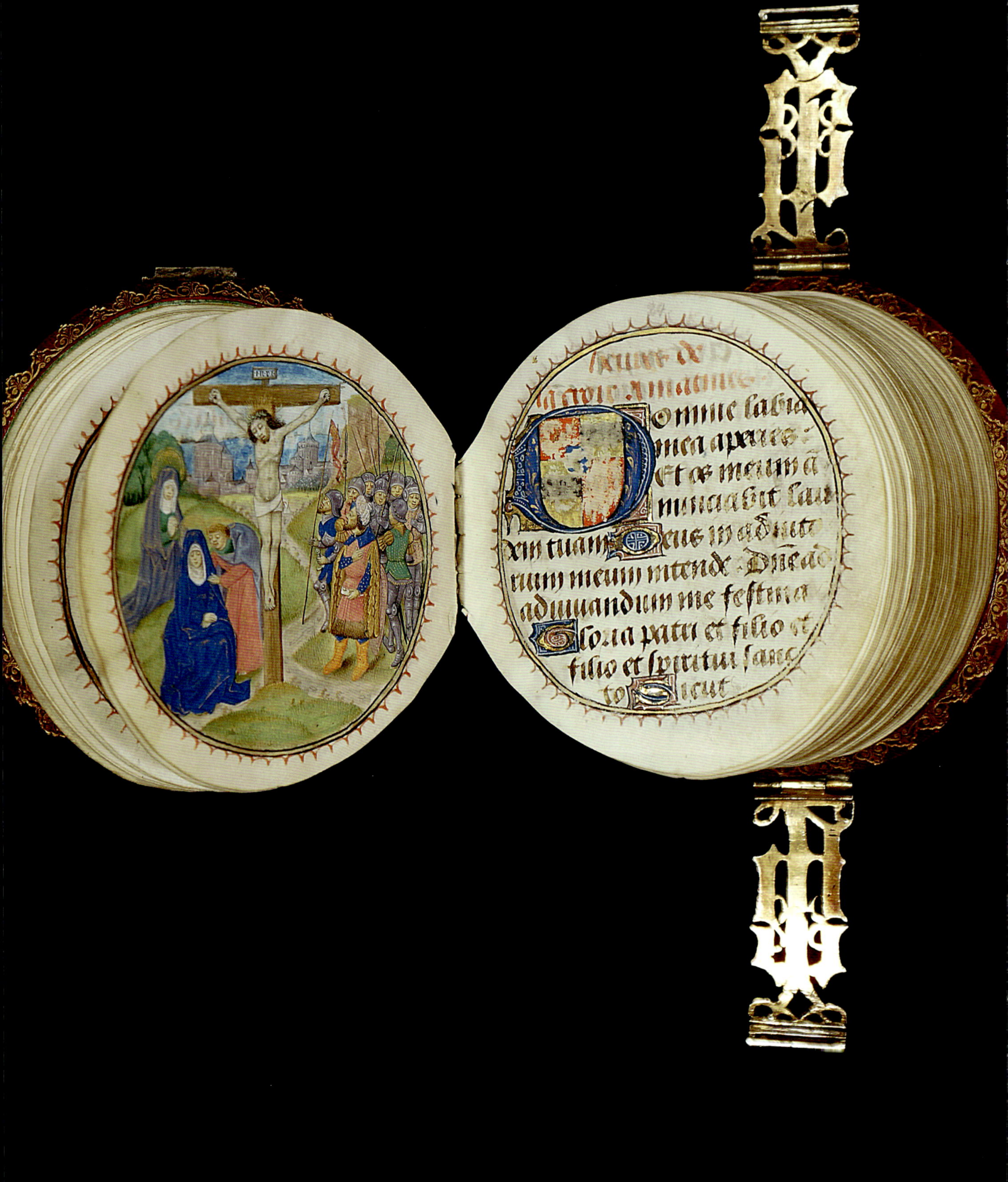
omine labia
mea aperies
Et os meum an
nunciabit lau
tuam eus in adiuto
rium meum intende Domine ad
adiuvandum me festina
loria patri et filio et
filio et spiritui sanc
to icut

Reich, schön – und fromm!

STUNDENBUCH, SOG. CODEX ROTUNDUS

PERGAMENT-HANDSCHRIFT, BRÜGGE, CA. 1470–1490

DOMBIBLIOTHEK HILDESHEIM, HS 728

Er zählt zweifellos zu den schönsten illuminierten Handschriften des Spätmittelalters, und in seiner runden Form ist er (beinahe) einzigartig: Der daher sogenannte Codex Rotundus. Sowohl handwerklich als auch künstlerisch stellt dieses Gebetbuch eine Höchstleistung dar, die weit über seine kulturhistorische Heimat, Brügge im späten 15. Jahrhundert, Bestand haben sollte. Doch nur dort konnte er vermutlich entstehen, in einer europäischen Metropole ihrer Zeit, die mit der Tuchindustrie und dem internationalen Handel reich und mächtig geworden war. Hier wurde Kapital erwirtschaftet, von dem auch die dort residierenden Herzöge von Burgund profitierten. Den Reichtum investierten sie in ihren Hof und damit nicht zuletzt in die zeitgenössische Kultur und Kunst. Diese war fest im christlichen Welt- und Wertehorizont des Mittelalters verankert. Der Codex Rotundus zeigt, wie in zeitgenössischer Weise Reichtum und Schönheit nicht nur mit Berühmtheit, so wie es uns vertraut erscheint, sondern vor allem mit Frömmigkeit einherging.

***

Der Codex Rotundus gehört zu den Stundenbüchern, einer Art von Gebetbuch, die im 13. Jahrhundert entstand und sich unter Laien rasch zum beliebtesten Vertreter dieses Genres entwickelte. Als Gebetbuch waren Stundenbücher essenzielle Instrumente des Glaubens, indem sie Lesung und Gebet miteinander verbanden. Diese Kombination hat ihre Wurzeln im Neuen Testament. Dort ist die Praxis des Betens als Ausdruck, ja als elementare Form des Glaubens mehrfach bezeugt: Um überhaupt glauben zu können, muss man Gottes Wort erst einmal wahrnehmen – und zwar durch das Hören im eigentlichen Sinn wie auch das Lesen in der Heiligen Schrift. In gleichsam umgekehrter Weise spricht der Gläubige durch das Gebet mit Gott, der sich ihm wiederum zuwendet und seinerseits zuhört. Hören und Lesen im Gebet als Praxis weisen den Christen als Angehörigen der Gemeinschaft der Kirche aus. Daher entwickelte sich vom Beginn ihrer Geschichte die grundsätzliche Verpflichtung für jeden Gläubigen, regelmäßig und zugleich täglich zu beten. Als Textgrundlage bildete sich ein Kanon, also eine Art Liste von Pflichtlektüren, heraus, zu

Abb. 22. Blick in den aufgeschlagenen Codex Rotundus; links fol. 23v: Kreuzigung; rechts fol. 24r: Beginn des Kreuzoffizium, Initiale mit Wappen des Herzogs Adolf III. von Kleve und der Mark im Binnenfeld

denen die Psalmen gehörten. Daher avancierte der Psalter als eigenständiger Buchtyp zum meistgelesenen Genre des Mittelalters. Erst das Stundenbuch beendete dessen Dominanz, so dass der Psalter praktisch vom Buchmarkt verschwand.

Das Stundenbuch wurde in Form und Inhalt durch das speziell für den Klerus bestimmte Gebetbuch, das Brevier, inspiriert. Dieses wiederum entwickelte sich aus den Traditionen des Klosterlebens. Die Ordensgemeinschaften konzentrierten sich in ihrer klassischen Aufgabenstellung auf das Beten und Arbeiten, oder: *ora et labora*, »Bete und arbeite«, wie es Benedikt von Nursia im 6. Jahrhundert für seine Brüder als Gebot festgelegt haben soll. Das Gebet bestimmte seit dieser Zeit nicht nur in grundsätzlicher, sondern auch in ganz praktischer Weise den Tagesablauf: In einem dreistündigen Abstand wurden jeweils festgelegte Gebete gesprochen; aufgrund ihrer Kontinuität und Regelmäßigkeit galten sie prinzipiell als immerwährend und sollten bis ans erwartete Ende aller Tage reichen. Als wichtigste Bestandteile bildeten sich bereits im Frühmittelalter Mariengebete sowie Totenoffizien heraus. Im weiteren Verlauf des Mittelalters wurde diese monastische Gebetspraxis zunehmend auch für den Klerus verpflichtend.

Obwohl es Stundenbücher für beide Stände, also Klerus und Laien, gab, setzten sie sich vor allem bei den Laien durch. Der zunehmend gebildete wie auch vermögende Adel in Frankreich und Flandern entwickelte für dieses Genre eine echte Begeisterung. Stundenbücher fanden so nicht nur Eingang in das Leben des höheren und sogar höchsten westeuropäischen Adels, sondern wurden ihrerseits durch deren höfische Kultur geprägt. Als Buchtyp erhielt das Stundenbuch daher seinen bis heute geläufigen Namen in französischer Sprache, Livre d'Heures, und erlebte eine künstlerische und handwerkliche Blüte, die im Mittelalter ihresgleichen suchte. Es ist daher nicht erstaunlich, dass zu den prächtigsten und künstlerisch anspruchsvollsten illuminierten Handschriften vor allem Vertreter dieser Gattung gehören. Ein Stundenbuch – ob aus dem spätmittelalterlichen Burgund oder Flandern – bot demnach einen Raum, in dem sich adlige Macht und höfische Repräsentation mit persönlicher Frömmigkeit, kurz: mit der Sorge um das eigene Seelenheil, verbinden konnten. Viele Stundenbücher enthalten daher unmissverständliche Hinweise auf ihre Herkunft, ihren Stifter oder ihren Auftraggeber, die sich an liturgischen Merkmalen oder individuellen Spuren ihrer Besitzer erkennen lassen.

Auch der Codex Rotundus offenbart seine Herkunft. Der erste Besitzer ließ sein Wappen standesgemäß und selbstbewusst in die Initiale »D« zeichnen, direkt hinter den Kalender und zu Beginn des eigentlichen Texts.

Obwohl versucht wurde, das Wappen und damit wohl die Zugehörigkeit des Stundenbuches zu zerstören, lassen sich genug Einzelheiten erkennen, um dieses – und damit seinen Besitzer – zu identifizieren. In den roten Feldern der Initiale befinden sich die Reste des klevischen Karfunkels, und die goldenen Felder enthielten jeweils geschachtelte Balken der Grafschaft Mark; in der Mitte ist noch ein blaues Herzschild sichtbar. Daher ist das Wappen als jenes des Herzogs Adolf III. von Kleve und der Mark, Herr zu Ravenstein und Winnendahl (1425–1492), zu erkennen. Die Gegenüberstellung von Kreuzigungsszene und Stifterwappen fokussiert die persönliche, spiri-

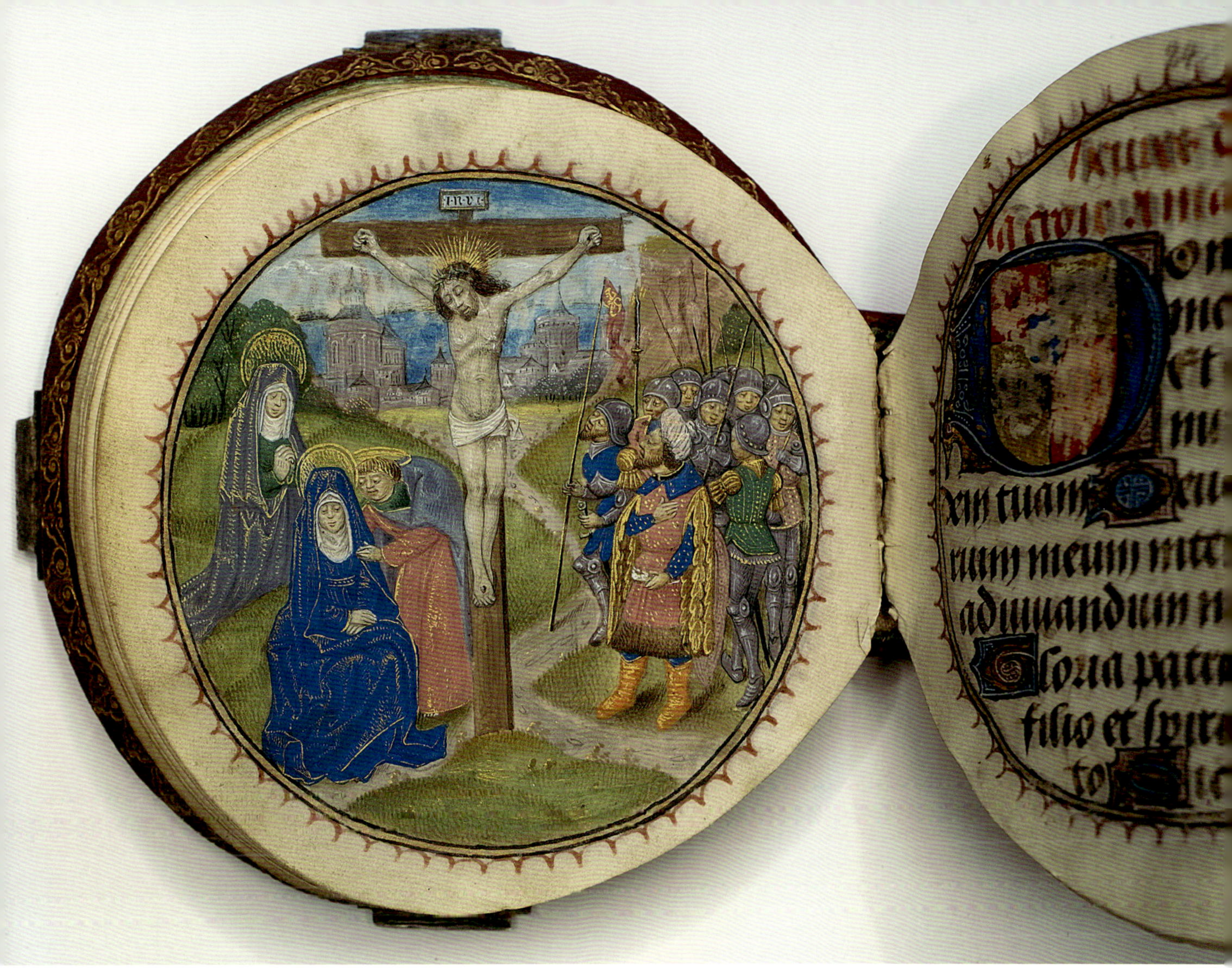

tuelle Intention, die Adolf mit dem Gebetbuch verfolgte (Abb. 22 und 23).

Als jüngster Sohn des Herzogs von Kleve war er ursprünglich für eine Karriere als Geistlicher bestimmt und hatte bereits in jungen Jahren die päpstliche Ernennung zum Erzbischof von Köln erhalten. Zugleich war er über seine Mutter ein Neffe Herzog Philipps des Guten von Burgund (1419–1467) und am Hof seines Onkels aufgewachsen. Dort erhielt er seine Prägung und schlug eine ritterliche Laufbahn ein. Bei den Turnieren während der höfischen Feste tat er sich hervor und kämpfte auch in den Kriegen Philipps des Guten sowie seines Nachfolgers Karls des Kühnen (1467–1477). Durch die Heirat mit der Tochter des portugiesischen Prinzregenten festigte Adolf die engen politischen Beziehungen zwischen Burgund und Portugal. In zweiter Ehe heiratete er eine Cousine, die uneheliche Tochter seines Onkels Philipp, Anna von Burgund, und festigte so seine zentrale Stellung am Hof und an der Spitze des Reiches. Denn Adolf von Kleve besetzte mittlerweile die höchsten poli-

Abb. 23. Links: Kreuzigung, rechts: Initiale mit Wappen des Herzogs

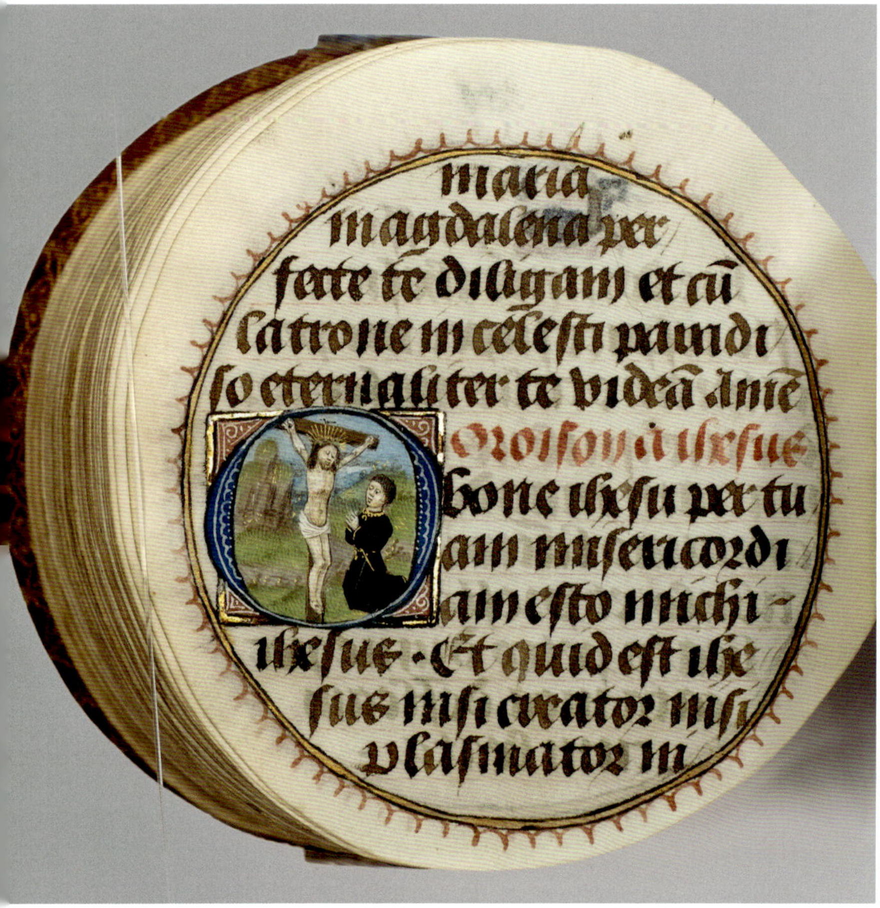

Abb. 24. Fol. 199v: Christus am Kreuz und kniender Dominikaner in Gebetshaltung

tischen Ämter Burgunds: 1475 wurde er von Karl dem Kühnen zum Generalstatthalter der burgundischen Niederlande ernannt und übernahm nach Karls Tod die Gesamtregentschaft für dessen einzige Tochter Maria (1477–1482). Diese musste als Frau um ihre Nachfolge fürchten und heiratete daher den mächtigen Erzherzog Maximilian von Österreich, der von 1508 bis 1519 auch die Kaiserkrone trug. Adolf von Kleve blieb Maria gegenüber loyal. So wurde er Pate des Thronfolgers Philipp (der Schöne, 1482–1506 Herzog von Burgund), den die Herzogin als Ehefrau Maximilians zur Welt brachte; und nach ihrem plötzlichen Unfalltod 1482 fungierte Adolf als Vormund und Erzieher des kleinen Prinzen mit entsprechenden Regierungsfunktionen.

Seine Zugehörigkeit zur Spitze des Herzogtums Burgund dokumentiert Adolfs Mitgliedschaft im Orden vom Goldenen Vlies, dem er seit 1455 angehörte. Der Orden war von Philipp dem Guten 1430 gegründet worden, um eine loyale Führungsriege an das Herzogshaus zu binden. Wie eng sich der Klever Adlige Burgund und seiner Herzogsfamilie verbunden fühlte, zeigt der Codex Rotundus: Adolf ließ sich in zwei kleinen Initialen (Abb. 24 und 25) als Ordensmitglied abbilden. Er trägt jeweils den charakteristischen langen schwarzen Rock sowie die Kette des Ordens, die von den Mitgliedern ständig getragen werden musste. Beide Darstellungen demonstrieren den Stiftungscharakter des Codex und damit zugleich das spirituelle Selbstverständnis seines Auftraggebers:

Die erste Stifter-Initiale greift das Motiv der Kreuzigung auf, das bereits zu Beginn des Texts in einer der drei ganzseitigen Miniaturen thematisiert und Adolfs Wappen gegenübergestellt war (Abb. 24). Sie zeigt, wie nunmehr der Stifter vor dem Gekreuzigten kniet und betet. Ikonographisch stellt die Gegenüberstellung beider Personen dar, wie Beten funktioniert. Der Betende erweist dem Opfertod Jesu seine Referenz, indem er (spirituell) vor ihm niederkniet und (praktisch) betet. Dadurch entsteht ein Dialog. Aus den mit Hilfe des Codex Rotundus gesprochenen Gebeten wächst der Glaube des Stifters. Die unmittelbare Hereinnahme des Stifters als Figur in das Gebetbuch verleiht diesem Gebet und darüber hinaus dem gesamten Beziehungsgeflecht aus Gekreuzigtem/Erlöser, Beter/Stifter und Codex/Stiftung Dauerhaftigkeit.

Die zweite Stifterinitiale (Abb. 25) zeigt Adolf von Kleve wiederum in knieender Haltung, hier aber vor einem aufgeschlagenen Buch; die Hände sind zum Gebet nach oben gerichtet. Ihm gegenüber sieht man Gottvater mit einem goldenen Nimbus, die rechte Hand zum Segen für den Betenden erhoben, in der Linken die Erdkugel als Zeichen universaler Herrschaft. Von der göttlichen Sphäre ziehen sich goldene Strahlen zum Betenden. Auch dieses klassische Gebetsmotiv zeigt in seiner individualisierten, auf Adolf von Kleve bezogenen Variation die Spiritualität des Gebets und seiner Memoria in der Stiftung des Codex. Dabei lässt sich diese Initiale durchaus als nächster, konkreter Schritt deuten, den der Gläubige bzw. Ordensmann, hier Adolf von Kleve, auf seiner Heilssuche vollzieht. Indem er beständig und mithilfe dieses seines Codex' betet, begegnet er Gott und tritt mit ihm in einen unablässigen Dialog. So ist es auch kein Zufall, dass der Codex Rotundus den Gebetsgebrauch der Brüsseler Dominikaner spiegelt, in deren Kirche sich Adolf von Kleve bestatten ließ.

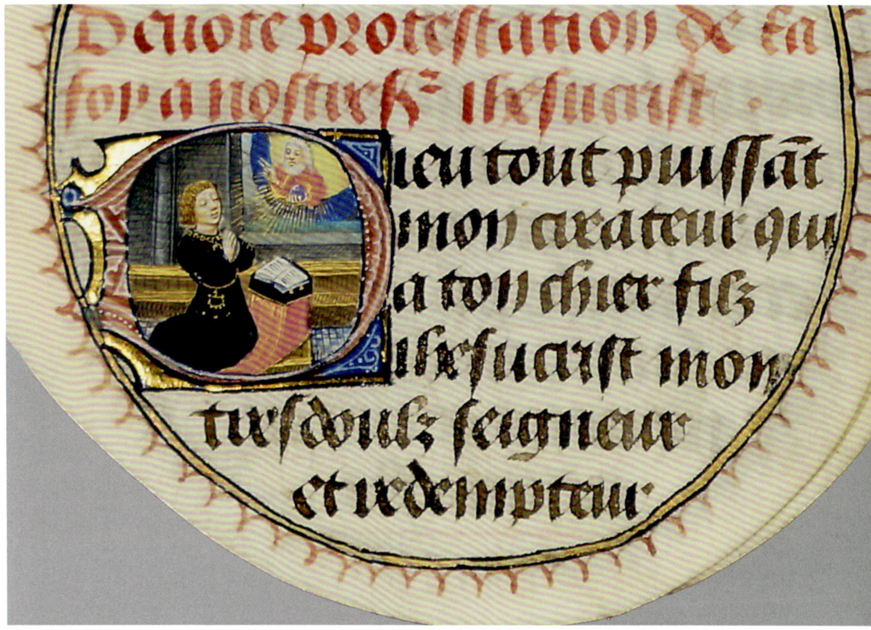

Abb. 25. Fol. 243r: Initiale mit kniendem Dominikaner am Betpult

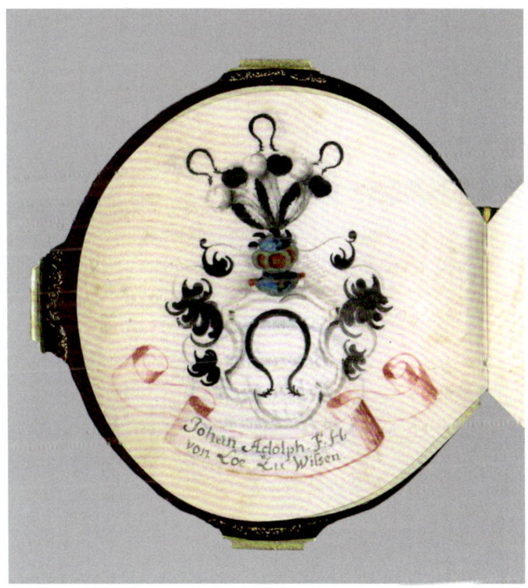

Abb. 26. Fol. 1v: Wappen mit Namen des Johann Adolph Freiherr von Loe zu Wissen

Was nach dem Tod seines Stifters mit dem Stundenbuch genau geschah, wissen wir nicht. Sicher ist, dass es im weiteren Umfeld der Familie blieb. Denn zu Beginn des Codex, auf der Rückseite des ersten Blattes, befindet sich ein weiteres Wappen, das einen neuen Besitzer ausweist: Johann Adolph von Loe (1656–1716) (Abb. 26). Er gehörte einer am Niederrhein beheimateten und weitverzweigten adligen Familie an, die seit mehreren Generationen im Dienst der Herzöge von Kleve stand, wahrscheinlich im Dienst des Neffen Adolfs von Kleve, Herzog Johann II. von Kleve und Mark (1458–1521). Bevor die Familie die Loeburg bei Werl erworben hatte, nannte sie sich Crampe van Sykenbecke; daher enthält das Wappen ein Fasseisen, das auch als Krampe bezeichnet wird; Johann Adolphs Linie stammte von Schloss Wissen an der Niers.

Johann Adolph von Loe dürfte die Weichen für den Weg des außergewöhnlichen Codex nach Hildesheim gestellt haben. Denn der Niederrheiner wurde 1678 mit Sitz und Stimme ins

Hildesheimer Domkapitel aufgenommen. So wie das Hildesheimer Domkapitel in einem weitgehend protestantischen Umfeld darauf angewiesen war, den »Nachwuchs« überregional zu rekrutieren, war die Mitgliedschaft in der Leitung des Diaspora-Bistums für Adelssprösslinge, die nicht das Familienerbe weiterführten, wirtschaftlich und sozial attraktiv. Johann Adolph sammelte, wie andere Standesgenossen in vergleichbarer Situation, mehr oder minder geistliche Ämter und die mit ihnen verbundenen Einkünfte, sog. Pfründen, wie beispielsweise in Trier.

In Hildesheim war der Niederrheiner jedoch in besonderer Weise beheimatet. So sorgte er dafür, dass über den Zugang zum Domkapitel Buch geführt und dafür ein eigenes, sog. Aufschwörungsbuch angelegt wurde. Diese bis heute erhaltene, künstlerisch und handwerklich aufwändig gestaltete Pergamenthandschrift enthält die Ahnentafeln und Wappen der im Hildesheimer Domkapitel vertretenen Familien. Darüber hinaus beanspruchte er für seine Aufenthalte vor Ort eine besonders repräsentative, große Kurie. Er bezog jenen Gebäudekomplex, der vermutlich Bruno gehörte, einem Mitglied des Domkapitels am Ende des 12. Jahrhunderts, von dessen offensichtlich großzügiger Stiftungstätigkeit eine zeitgenössische, künstlerisch außerordentlich qualitätvolle Grabplatte zeugt, die noch heute an der Südseite des Domchores angebracht ist. Um die Erinnerung an diesen Vorgänger im Amt lebendig zu halten, ließ Johann Adolph von Loe eigens für Bruno eine Gedenktafel an der Kurie anbringen; auch sie ist erhalten und befindet sich heute im Hildesheimer Römer-Pelizaeus-Museum. Ihr Text lautet: »Gott dem Besten und Größten. Dem seligen Gedenken an Bruno, den Priester und Domkanoniker, zu Lebzeiten Besitzer dieser Kurie und wahrhaft einen Vater der Armen, weil er [seinen Besitz] verteilte und den Armen gab, hat Johann Adolph Freiherr von Loe aus Wissen, Domkanoniker, im Jahre 1710 [diesen Stein] gesetzt«.

Die Sorge Johann Adolphs um die Memoria Brunos war nicht, wie es vielleicht auf den ersten Blick erscheint, ausschließlich eine Geste des dankbaren Respekts gegenüber seinem weit entfernten Vorgänger. Vielmehr konnte er darauf hoffen, nicht nur als Bewohner bzw. Inhaber der Kurie Brunos, sondern auch als Förderer von dessen Memorialstiftung zu profitieren. Denn indem er Brunos Memoria mit der Tafel als »Vater der Armen« präsent hielt und sich dort im gleichen Atemzug selbst als Stifter des Gedenksteins verewigte, sorgte er für die Erinnerung an beide und damit auch für das eigene Seelenheil.

Demnach wollte Johann Adolph von Loe mit der Gedenktafel für Bruno gerade auch die Repräsentativität seiner eigenen Memoria gewährleisten und insofern Reichtum und Frömmigkeit auf traditionelle Weise vereinen. Zugleich ging es ihm darum, ein grundlegendes Problem von Stiftungen zu entschärfen, das vielleicht schon Brunos Stiftung ereilt hatte: die Kontinuität der Memoria vom Zeitpunkt der Stiftung bis zum Jüngsten Gericht zu sichern. Denn eigentlich war man als Stifter von den nachfolgenden Generationen, den Lebenden, abhängig, erst sie leisteten die Memoria durch ihr Gebet zugunsten des verstorbenen Stifters. Um der Stiftung Leben und Dauerhaftigkeit zu garantieren, also dem Vergessen vorzubeugen, gab es für den Stifter verschiedene Mittel: Kapital einzusetzen, das regelmäßig zugunsten der Stiftung Gewinne abwarf; oder die Stiftung durch Abbildungen sowie Einträge sichtbar zu halten. Oft finden

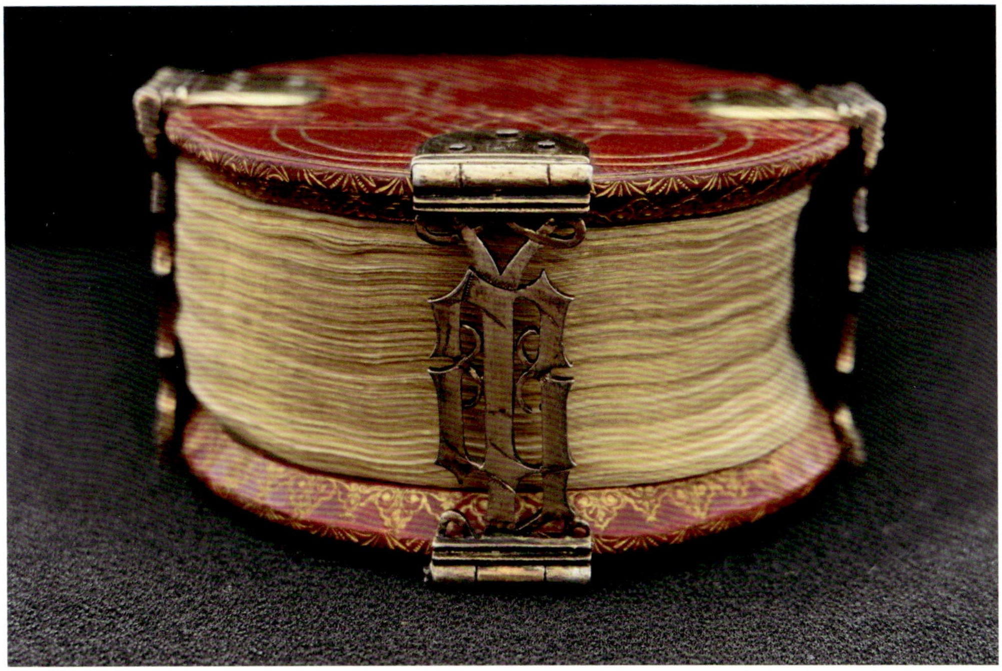

Abb. 27. Buchblock Seitenansicht

sich auch beide Varianten in Kombination. Indem man also die Memoria anderer aufgriff und lebendig hielt, sorgte man sowohl für das Seelenheil des ursprünglichen Stifters als auch für das eigene – ganz so, wie Johann Adolph von Loe es praktizierte.

Vielleicht betrachtete der Hildesheimer Domherr in ähnlicher Weise den Codex Rotundus: nicht nur als repräsentatives Geschenk zum Dank für einen generationenübergreifenden Dienst an der herzoglichen Familie, sondern auch als ein spirituelles Objekt, das eine Investition in ein nunmehr gemeinsames Memorialprojekt darstellte. Denn dadurch, dass der Codex Rotundus die Wappen beider Familien trug, wurde er zum gemeinsamen Memorialort von Adolf von Kleve und Johann Adolph von Loe. So sorgte der Niederrheiner, der im nördlichen Seitenschiff des Hildesheimer Doms beigesetzt ist, dafür, dass man in Hildesheim für seine Memoria an verschiedenen Orten und auf unterschiedliche Weise Sorge tragen konnte.

Aufgrund ihrer runden Form findet die Handschrift weltweit lediglich ein weiteres Mal ihresgleichen. Wie ein im frühen 13. Jahrhundert entstandener und heute in der Pariser Nationalbibliothek aufbewahrter Codex, wurde das Brügger Stundenbuch von Anfang an zwar als Rund konzipiert, aber erst etwa 200 Jahre nach seiner Entstehung vom Buchbinder in diese Form gebracht. Bei seiner Fertigung wurde es zuerst auf viereckige Pergamentlagen geschrieben und auch gebunden, also wie jede durchschnittliche Handschrift geheftet. Zwei Schließen hielten den vorderen Buchschnitt zusammen. Erst im 18. Jahrhundert wurde die kreisrunde Form, für die das Buch gedacht war, verwirklicht. Das stellte den Buchbinder auf eine harte Probe, musste er dabei doch mit einer denkbar kleinen Fläche auskommen, um die Grundform nicht zu beeinträchtigen und zugleich die Holzdeckel mit dem Buchblock stabil zu verbinden.

Für den nunmehr gerundeten und neu gebundenen Buchblock wurde eine dritte Schließe erforderlich, die den ursprünglichen Schließen nachgearbeitet wurde. Die Schließen selbst sind nach verschlungenen Buchstaben geformt, die Adolf von Kleve als persönliches Kennzeichen immer wieder verwendete, denn am burgundischen Hof war die Verrätselung von Initialen eine populäre Modeerscheinung (Abb. 27). Bis heute konnte die Buchstabenkombination in den Schließen nicht eindeutig aufgelöst werden. Weil dieselben Zierbuchstaben einige Bordüren eines anderen Stundenbuchs aus Adolfs Besitz schmücken, das sich heute in Baltimore befindet, ist sicher, dass sich sowohl die Initialen in den Schließen (wie auch das beschädigte Wappen am Beginn des Stundenbuches) auf Adolf von Kleve beziehen.

Die Rotunde als Buchform war an der Wende vom Spätmittelalter zur frühen Neuzeit, als der Herzog den Codex in Auftrag gab, auf jeden Fall eine ungewöhnliche Buchform, deren Herstellung einen erheblichen Aufwand und besonderes handwerkliches Können erforderte. Daher handelte es sich schon damals um eine bibliophile Kostbarkeit, die sich nur die Wohlhabenden wie Adolf von Kleve leisten konnten.

Es lässt sich bis heute zu Recht darüber spekulieren, ob das Rund als Form des Brügger Stundenbuches mehr als eine modische Extravaganz darstellte, ob es darüber hinaus vielmehr Bestandteil eines seriösen liturgisch-spirituellen Konzepts war. Denn aufgrund seiner einzigartigen mathematischen Eigenschaften besaß der Kreis im Mittelalter einen hohen symbolisch-mystischen Wert. Weil er weder Anfang noch Ende hat oder – anders betrachtet – Anfang und Ende überall in sich vereinigt, stand er für den allmächtigen und alles durchdringenden Schöpfergott. Darüber hinaus wurde der Kreis genutzt, um die damit zusammenhängenden Größen des Kosmos zu symbolisieren, beispielsweise das Universum als Ganzes, die (irdische) Welt und ihre Abbildung auf Karten und seit der Renaissance auch den Mikrokosmos des menschlichen Körpers. Der Codex aus Burgund, der die Gebete des Herzogs von Kleve enthält, könnte daher auch als Rotundus, also in seiner physisch runden Form, das unablässige, permanente Gebet zugunsten der Memoria seines Besitzers repräsentieren. Dafür spricht auch das Genre Stundenbuch. Dieses beinhaltet vor allem Marien- und Psalmengebete, die ursprünglich alle drei Stunden gebetet wurden und damit den Tageslauf rhythmisierten. Die Kreisform greift symbolisch dieses unablässige Beten auf. Insofern steht sie auch für die Gemeinschaft der Christen, der Lebenden und der Verstorbenen, die durch das gemeinsame und gleichzeitige Gebet begründet wird.

Als Stundenbuch enthält der Codex Rotundus zu Beginn einen Kalender, hier in französischer Sprache, in dem die Heiligen nach dem Kanon der burgundischen Niederlande benannt sind. Der folgende Hauptteil wird durch die bereits vorgestellte ganzseitige Miniatur der Kreuzanbetung eingeleitet. Auf der gegenüberliegenden Seite beginnen die sog. Kreuz-Horen, also Stundengebete (lat. *hora*: Stunde), die an die Passion Jesu am Kreuz erinnern. An die Kreuzhoren schließen sich Evangelien-Perikopen (griech. περικοπή: Herausgeschnittenes, Ausschnitt), die die für die Messliturgie notwendigen Passagen aus den Evangelien enthalten, sowie das Marienoffizium als Kern-Text des gesamten Buches an. Insgesamt ergeben die Abschnitte einen über einen Tag verteilten Gebetszyklus.

Das zentrale Marienoffizium wird wiederum mit einer ganzseitigen Miniatur eingeleitet (Abb. 28). Sie zeigt die Verkündigungs-Szene, in der der Engel Gabriel Maria die Empfängnis des Gottessohnes ankündigt. Das verbreitete und vielgenutzte Motiv weist einige ungewöhnliche Details auf: So tritt der Engel von rechts heran, ebenso auffällig ist die Deutlichkeit, mit der er auf Maria weist; obwohl der Raum durch das Bett im Hintergrund als Schlafgemach ausgewiesen wird, ist die Raumarchitektur insgesamt sakral gehalten; schließlich ist Maria mit der Lektüre beschäftigt, als der Engel eintrifft, während sich bis dahin bei vielen anderen Darstellungen die Näh- und Stickarbeit durchgesetzt hatte.

An das Marienoffizium schließen sich, wie es im Stundenbuch üblich ist, die Sieben Bußpsalmen an. Dabei handelt es sich um eine Auswahl aus den insgesamt 150 Psalmen, bei denen die Buße im Zentrum steht. Auch sie werden von einer ganzseitigen, ungewöhnlichen Miniatur eingeleitet.

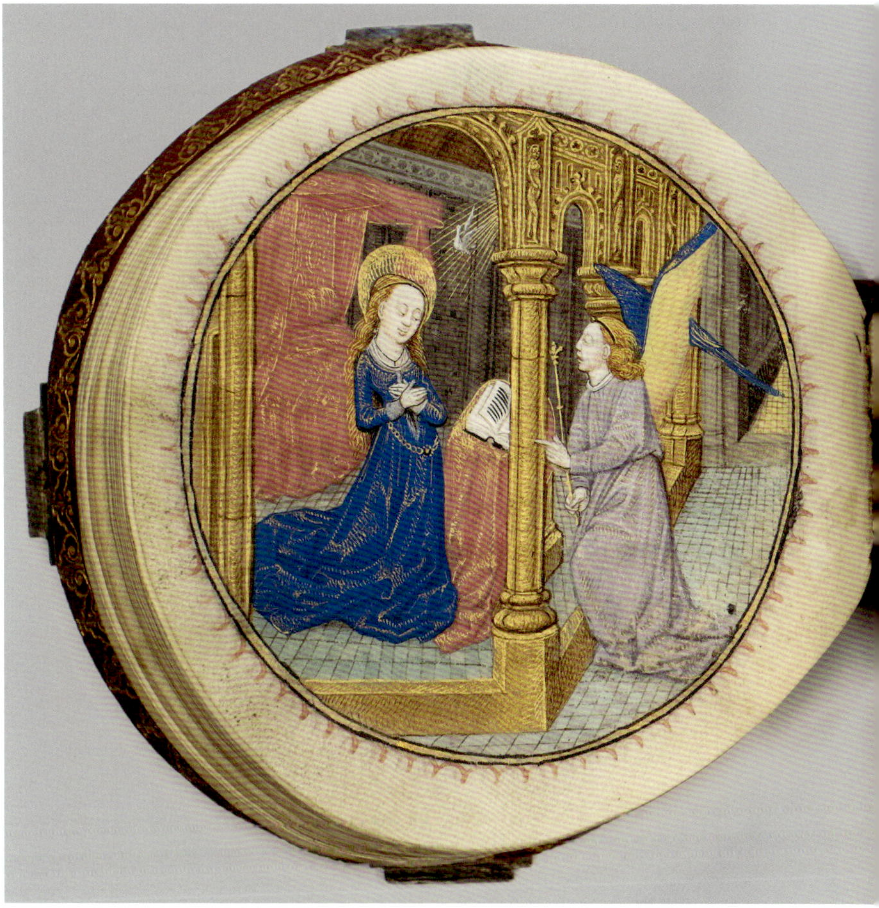

Abb. 28. Fol. 47v: Verkündigung des Engels an Maria

Abgebildet ist der Autor der Psalmen, David – aber nicht als Dichter oder König, sondern thematisch passend als Büßer (Abb. 29). Er ist barhäuptig, hat alle Insignien – auch sein Szepter – abgelegt und kniet mit gefalteten Händen demütig auf der Erde. Der Grund für seine demonstrative Buße ist ebenfalls in einem separaten Garten im linken Hintergrund zu sehen: die schöne Bethseba, hier in burgundischer Mode gekleidet, von David geschwängert, nachdem er ihren Mann in einen tödlichen Kampf geschickt hatte. Im Hintergrund rechts gegenüber steht der Prophet Nathan, der David dafür Gottes Strafe verkündet. Weitere Details in Architektur oder Kleidung übertragen das Motiv des büßenden Sünders auf die Gegenwart des spätmittelalterlichen Burgund und aktualisieren auf diese Weise die Problematik für die Bedürfnisse der zeitgenössischen Spiritualität.

Im Anschluss an die Bußpsalmen folgt die im Genre des Stundenbuchs übliche Heiligenlitanei. Durch sie werden ausgewählte Heilige als Fürsprecher angerufen, damit sie dem Gebet bei Gott mehr Gewicht verleihen. Die im Codex Rotundus getroffene Auswahl ist vielleicht persönlich, am Geschmack des Auftraggebers orientiert, sicher aber den Präferenzen der Region in ihrer Zeit geschul-

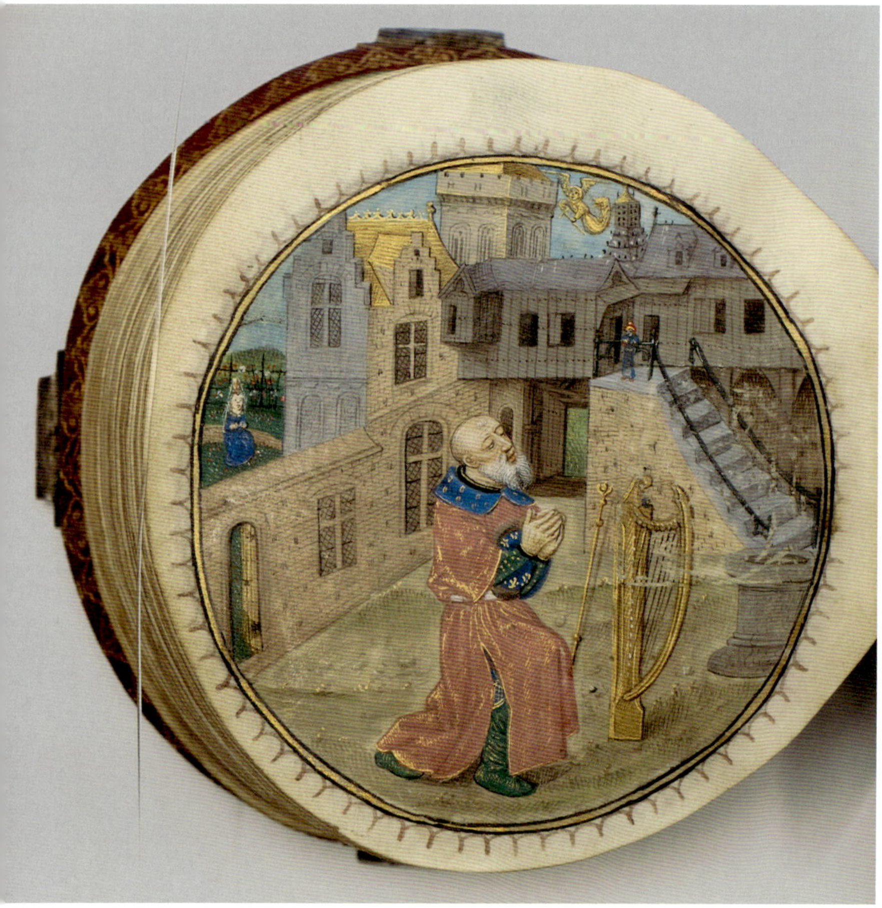

Abb. 29. Links fol. 144v: Betender David in Bußhaltung

det. So findet man u. a. die in Flandern und Nordfrankreich populäre Gertrud von Nivelles sowie die Dominikaner-Heiligen Dominikus und Thomas von Aquin.

Knapp 30 der Heiligen sind durch Miniaturen abgebildet, die wiederum einzelne Initialen schmücken. Dazu gehört Antonius der Große, der in der ersten Hälfte des 4. Jahrhunderts in der ägyptischen Wüste als Eremit lebte und als Begründer des Mönchtums gilt. Auch seine Darstellung ist kaum authentisch, sondern setzt zeitgemäße Akzente (Abb. 30).

So ist der Heilige als Patron des Antoniter-Ordens dargestellt, ursprünglich eine Laienbrüder-Gemeinschaft, die am Ende des 11. Jahrhunderts entstand und sich vor allem der Krankenpflege widmete. Deren Brüder waren an ihrem schwarzen Chorkleid und dem darüber getragenen schwarzen Mantel, vor allem aber an dem Antonius-Kreuz erkennbar. Auch der Antonius des Codex Rotundus trägt solch ein Kreuz in der Form des griechischen Buchstaben Tau. Hinter dem Heiligen steht ein Schwein als weiteres Erkennungsmerkmal, weil die Antoniter für die Haltung dieser Nutztiere bekannt waren.

Der Künstler all dieser hochrangigen Miniaturen ist anonym geblieben und daher in der Wissenschaft nur als »Meister des Codex Rotundus« bekannt; eine Reihe weiterer Gebetbücher konnte ihm zugeordnet werden. Kunsthistorisch lassen sich Parallelen zwischen seinen und den Werken des sog. Dresdner Gebetbuchmeisters, der ebenfalls in Brüssel seine Werkstatt besaß, erkennen. Insgesamt bleibt der Meister des Codex Rotundus jedoch frei und durchaus originell im Umgang mit den tradierten Bildmotiven. Davon zeugt neben den bereits vorgestellten Initialen auch der Hirtenhund, der zur Musik der Sackpfeife tanzt (Abb. 31).

Reich, schön – und fromm. Im Mittelalter ging dies also tatsächlich zusammen. Was uns als innere Grundhaltung wie auch als Merkmale eines im weitesten Sinn religiösen Artefakts auf den ersten Blick mindestens suspekt erscheinen würde, vereint der Codex Rotundus in sich. Er war ein Instrument der persönlichen Frömmigkeit seiner Besitzer, indem er ihre Memoria bewahrte. Zugleich zeugt er von der Vielfalt und dem Reichtum einer Kultur, die diese Privilegierung Gott und der Welt vor Augen führte.

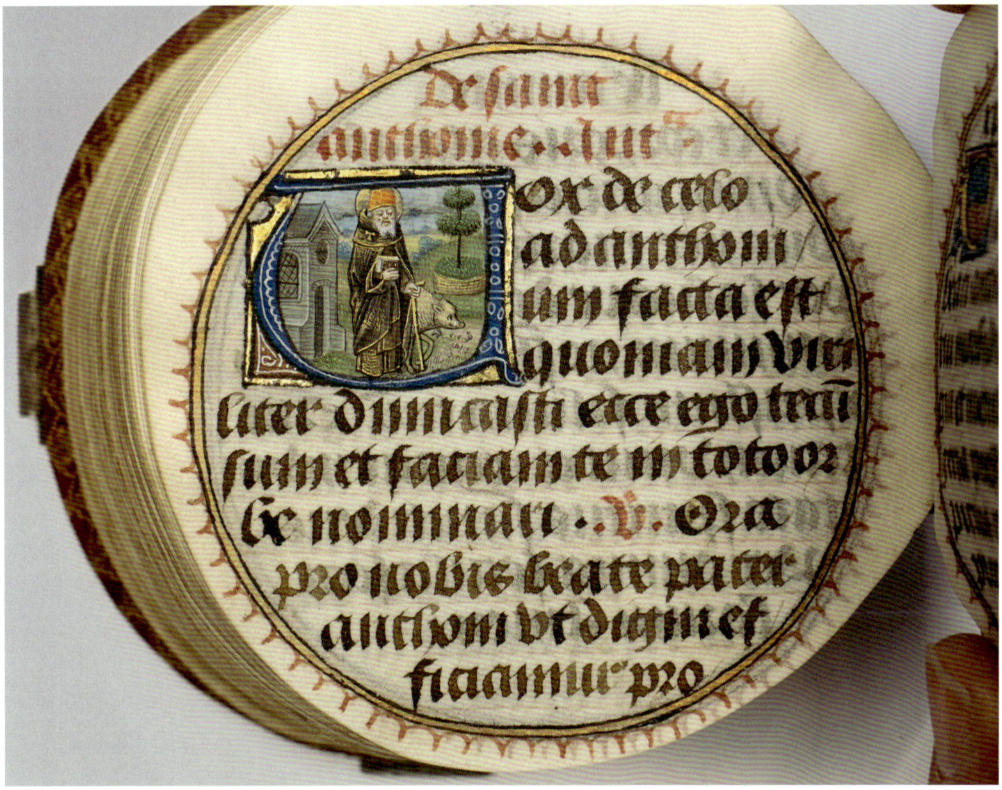

Abb. 30. Fol. 208v: Heiliger Antonius

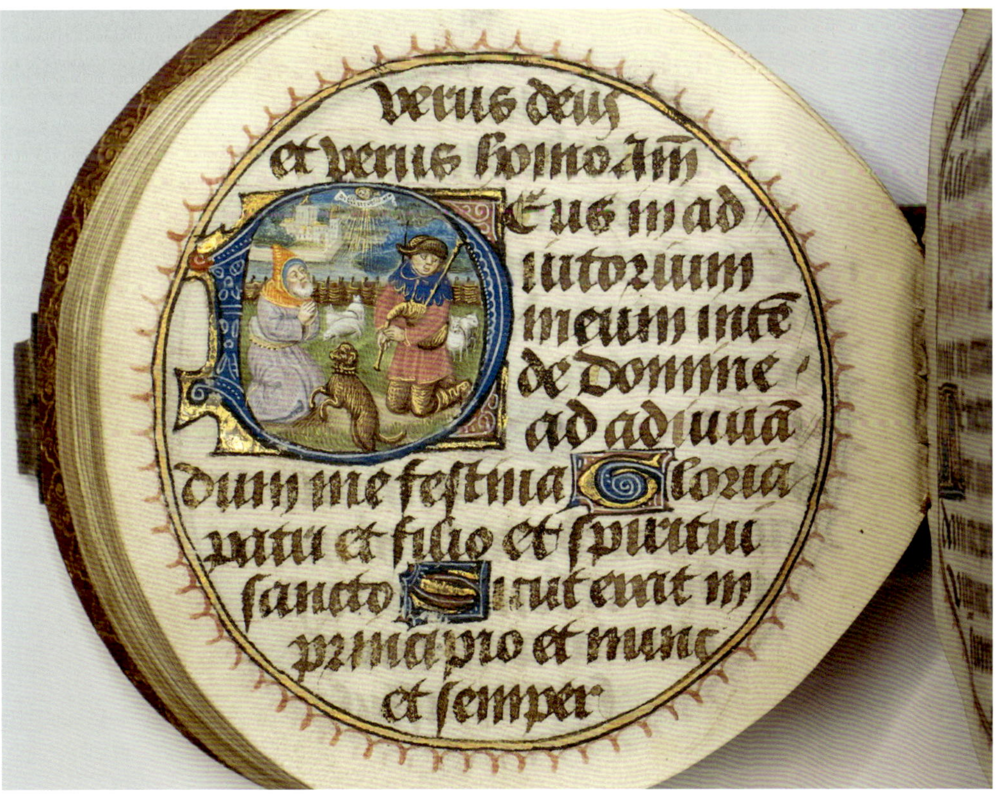

Abb. 31. Fol. 95v: Hirten auf dem Feld mit Hund

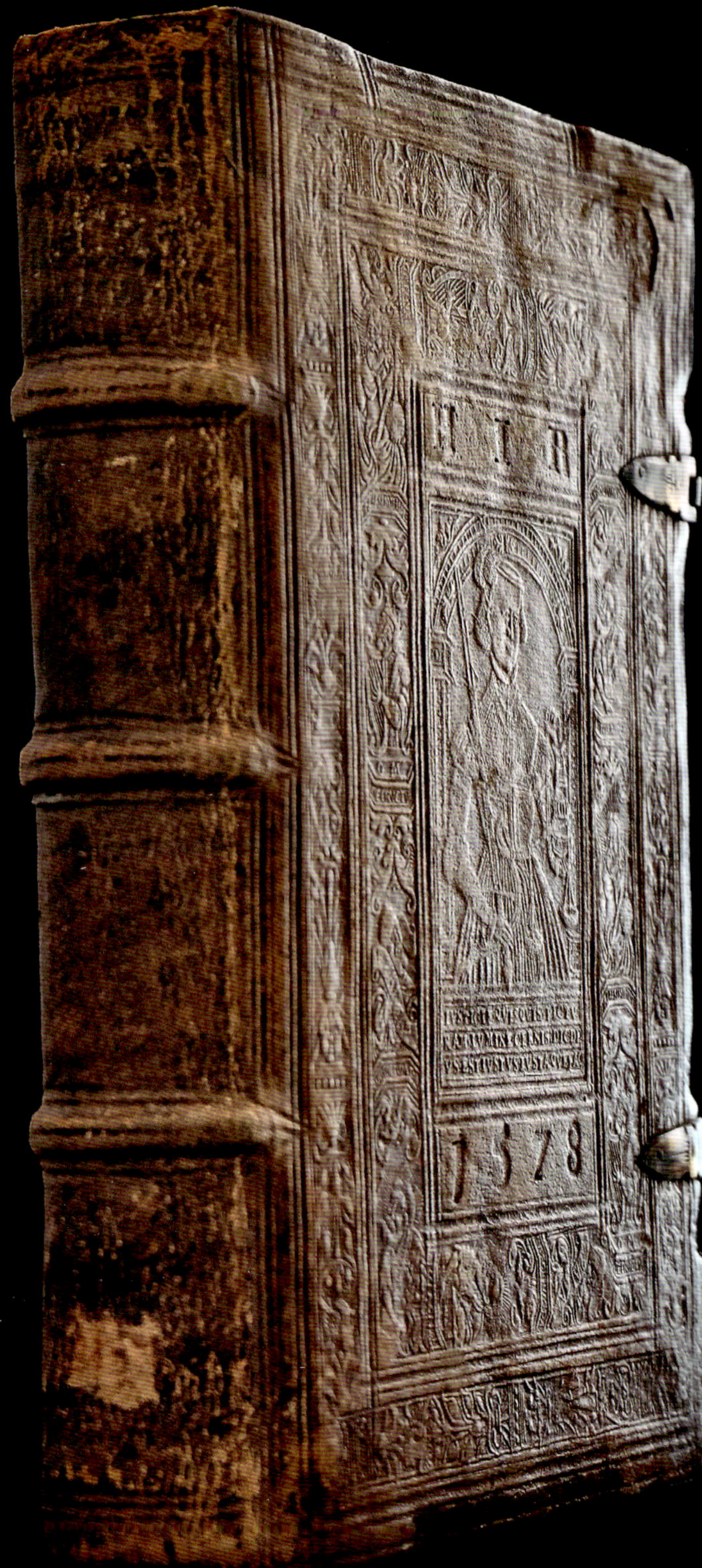
H I R
1578

Wie der Rattenfänger nach Hildesheim kam

GEORG EDER, EVANGELISCHE INQUISITION WAHRER UND FALSCHER RELIGION

INGOLSTADT: ALEXANDER WEISSENHORN III., 1574

DOMBIBLIOTHEK HILDESHEIM, 2 JB 392

Georg Eder legte mit der »Evangelischen Inquisition wahrer und falscher Religion« eine der bissigsten Schriften des 16. Jahrhunderts gegen den Protestantismus vor. Den Wiener Hofrat hätte sie sogar fast die Karriere gekostet. Denn in der Person des Autors und der Entstehung des Werkes spiegeln sich die Auseinandersetzungen zwischen den Konfessionen auf Reichsebene um die Ausgestaltung des Augsburger Religionsfriedens von 1555. Eder richtete das Buch eigentlich an Katholiken, die im kirchlichen Alltag mit den Konsequenzen der Glaubensspaltung zu tun hatten und dabei aus seiner Sicht um das Überleben der Kirche kämpfen mussten, also Pfarrer, Diakone, Lehrer und Stiftsgeistliche. Auch in Hildesheim wurde diese aufsehenerregende Streitschrift gelesen. Das in der Dombibliothek erhaltene Exemplar ermöglicht uns einen konkreten Eindruck davon, wie ein Kanoniker des Hildesheimer Kreuzstifts diese existenziellen Herausforderungen wahrnahm und mit ihnen umging. Das Buch zeigt auch, dass der Rattenfänger von Hameln dabei Hilfe leistete.

***

Auf den ersten Blick präsentiert sich dieses mehr als 500 Jahre alte Druckwerk ganz im Stil der Zeit, in der recht beliebten Ausgabe eines klassisches deutschen Renaissance-Einbandes (Abb. 32): Die mit Schweinsleder überzogenen Holzdeckel wurden mit Rollen- und Plattenstempeln verziert. In der Mitte des Vorderdeckels ist die römische Göttin Justitia abgebildet, die sich durch ihre Attribute Waage und Schwert ausweist. In dem rechteckigen Feld darüber wurde das Monogramm des ursprünglichen Besitzers, »H I R«, in dem unterhalb der Figur liegenden die Jahreszahl 1578 eingetragen, vielleicht das Jahr des Erwerbs und damit auch der Einbindung. Justitia ist von mehreren, wiederkehrenden Abbildungen biblischer Personen umgeben: des Königs David und des Propheten Jesaja aus dem Alten Testament sowie Jesus Christus aus dem Neuen Testament.

Auf dem hinteren Deckel befindet sich eine weitere Römerin, die legendäre Lucretia, die im 6. Jahrhundert v. Chr. zur Zeit des berüchtigten Etrusker-Fürsten Tarquinius Superbus gelebt haben soll. Sie wird just in dem Moment dargestellt, als sie sich das

Abb. 32. Vorderer Buchdeckel

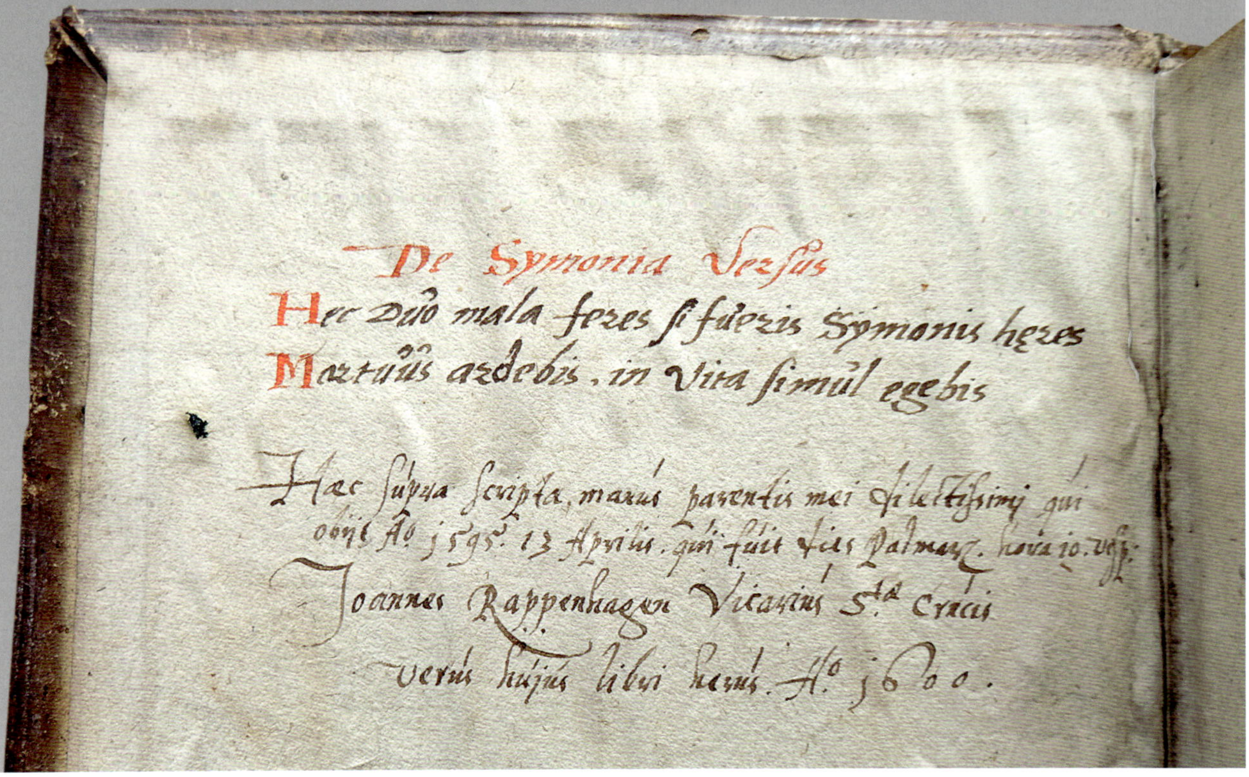

Abb. 33. Vorderer Innendeckel

Messer in die Brust stößt. Mit ihrem Selbstmord setzte sie ein Zeichen zum Aufstand gegen den Tyrannen; zugleich dokumentiert ihr Opfertod ihre Tugend, die für viele Zeitgenossen zum Vorbild wurde und so letztlich Tarquinius' Schreckensherrschaft beendete. Lucretias Tat galt weit über die Antike hinaus als eines der stärksten Sinnbilder für Tugend, ja für moralisches Verhalten überhaupt, so dass auch diese »Heidin« auf dem frühneuzeitlichen Buchdeckel von David, Jesaja und Christus umrahmt wird.

Dieser Einband ist ein Statement des Buchbesitzers. Denn seit dem Mittelalter und bis weit in die Frühe Neuzeit wurden geschriebene wie gedruckte Werke zunächst ohne schützenden Deckel hergestellt und lediglich als Konvolute ineinander gelegter Pergament- bzw. Papierlagen weitergegeben bzw. verkauft. Erst der Besitzer sorgte für die Bindung zu einem Kodex, die dann gemäß seinen Vorstellungen bzw. finanziellen Möglichkeiten erfolgte. Vielfach wurden gleich mehrere Werke zwischen dieselben Buchdeckel gebracht, sei es, um Material und insofern auch Geld bzw. Platz zu sparen, sei es aus inhaltlichen oder persönlichen Gründen. Diese Spezifika des frühneuzeitlichen Buchmarktes sorgten also dafür, dass auch gedruckte Bände wie dieser Unikate sind.

Die durchaus populären Motive der Justitia und der Lucretia bringen aber vermutlich mehr als den künstlerisch-ästhetischen Geschmack von »HIR« zum Ausdruck. Dass ihm der Zusammenhang von individueller Lebensführung und Gerechtigkeit für alle ein Anliegen war, wie es die gewählte Metaphorik nahelegt, zeigen verschiedene Einträge am Beginn und am Ende des Buches. Im vorderen Innendeckel sind zwei handschriftliche Blöcke

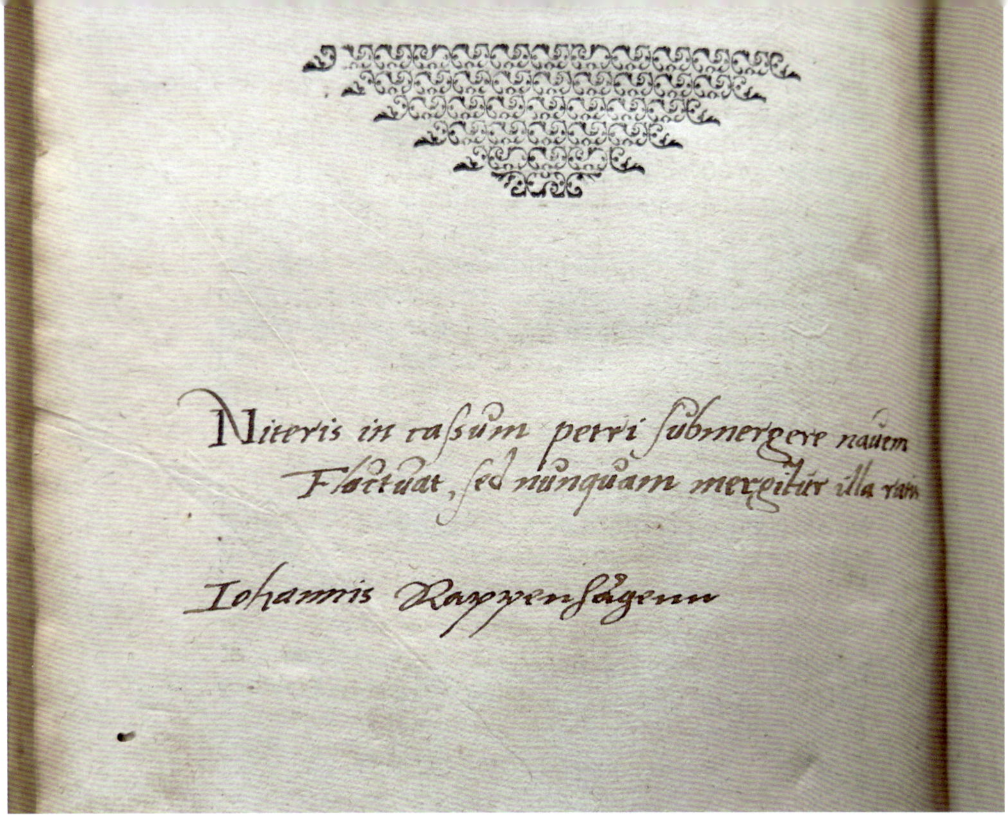
Niteris in cassum petri submergere navem
Fluctuat, sed nunquam mergitur illa ratis
Iohannis Rappenhagenn

Abb. 34. Eintrag letzte Seite

zu erkennen, die von zwei Personen stammen. Der obere ist als »Vers über die Simonie« überschrieben und umfasst den folgenden Zweizeiler (Abb. 33):

> »Diese zwei Übel trägst du, wenn du der Simonie anhängst
>
> Im Tod wirst du brennen, und im Leben wirst du Not erleiden«
>
> *(De symonia versus*
> *Hec duo mala feres si fueris symonis haeres*
> *Mortuus ardebis, in vita simul egebis)*

Darunter steht von einer anderen Hand geschrieben:

> »Diesen Vers hat eigenhändig mein geliebter Vater, der am 13. April 1595 gestorben ist, eingetragen. Dieser war … Johannes Rappenhagen, Vikar von Heiligkreuz, ihm gehört wahrhaft dieses Buch, im Jahre 1600«
>
> *(Haec supra scripta manus parentis mei dilectissimi qui*
> *obiit AO 1595 13. Aprilis, qui fuit dies Palmarum …*
> *Ioannes Rappenhagen, Vicarius St.a Crucis verus huius libri AO 1600)*

Das Buch gehörte demnach dem Vikar des Hildesheimer Kreuzstifts Johannes Rappenhagen, der es seinem Sohn hinterließ. Den vom Vater verfassten Simonie-Vers kann man mühelos als einen konkreten Anwendungsfall für Gottes Gerechtigkeit deuten, wie sie sich der Hildesheimer Geistliche offenbar vorstellte. So fasst er auf drastisch-dichterischer Weise die Auffassung zusammen, dass Simonie eine schwere Sünde sei, die auf Erden wie auch im Himmel entsprechend geahndet würde.

Auf der letzten Seite des Buches trug Rappenhagen senior einen weiteren Zweizeiler ein (Abb. 34):

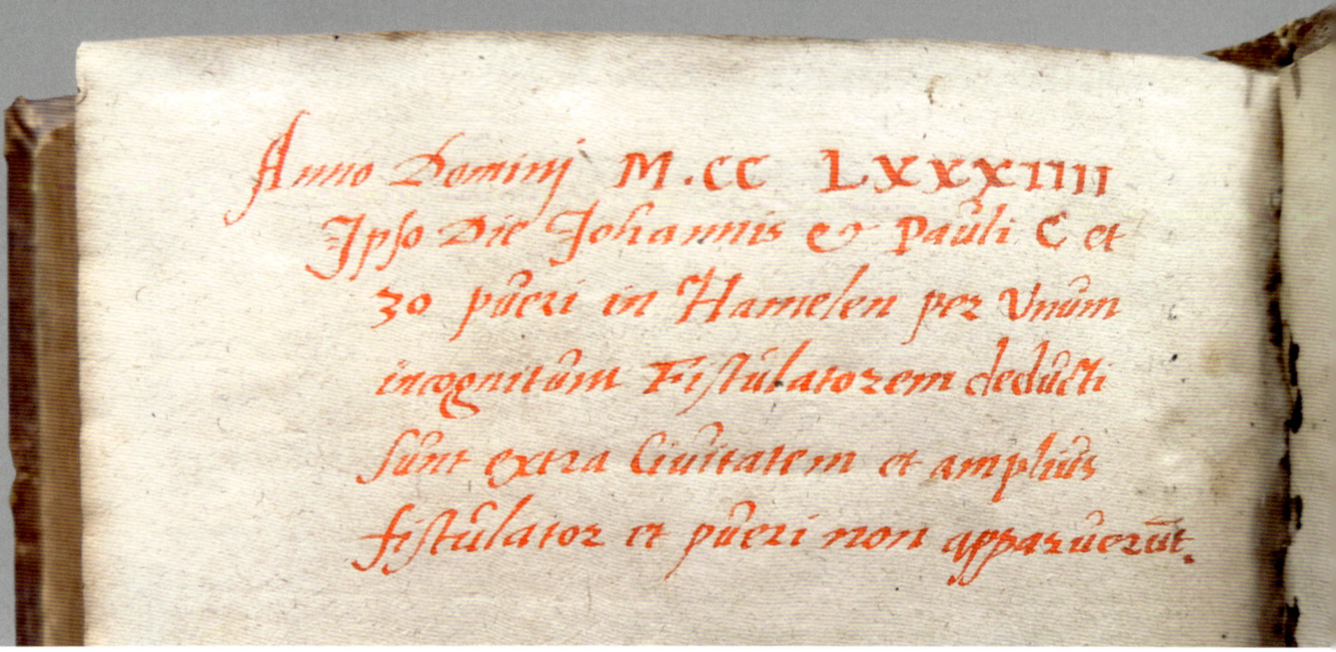

Abb. 35. Eintrag hinterer Buchspiegel

»Versuchst du, das Schiff Petri untergehen zu lassen

so schwankt es vielleicht, aber es geht niemals unter«

Niteris in cassum petri submergere navem
Fluctuat, sed nunquam mergitur illa ratis

Im hinteren Spiegel des Bandes befindet sich ein letzter handschriftlicher, lateinischer Eintrag des Vaters, dieses Mal ganz in roter Tinte geschrieben – und scheinbar zu einer komplett anderen Thematik, die berühmte Sage des Rattenfängers von Hameln in Kurzform (Abb. 35):

»Im Jahre des Herrn 1284 am Tage Johannis und Pauli sind 130 Kinder in Hameln von einem unbekannten Pfeifer aus der Stadt fortgeführt worden; Pfeifer und Kinder sind nicht mehr aufgetaucht.«

Anno Dominj M.CC.LXXXIIII. Ipso Die Johannis Et Pauli C et 30 pueri in Hamelen per Unum incognitum Fistulatorem dedûcti sunt extra Ciutitatem et amplius fistulator et pûeri non apparuerunt

Wir wissen nicht viel über Vater und Sohn Rappenhagen, das über dieses Buch hinausreicht. Demnach wurde der ältere als Johannes Hagen zwischen 1588 und 1599 als Diakon, Lehrer und Schreiber des Kapitels des Hildesheimer Kreuzstifts geführt, und der Sohn folgte ihm in diesen Funktionen, die er bis zum Jahr 1613 innehatte, nach. Hildesheim wurde in dieser Zeit, wie andere Regionen des Reiches auch, von schweren, in allen Bereichen des täglichen Lebens spürbaren, konfessionellen Auseinandersetzungen erschüttert. Auch Georg Eder, der Autor des Buches, das die Rappenhagens besaßen, wurde dadurch geprägt, ja sie hatten ihn eigentlich erst zu diesem Werk veranlasst. Für die beiden Hildesheimer Geistlichen, vor allem aber für den Älteren, besaß es offensichtlich einen hohen, vielleicht sogar persönlichen, Wert, wie die Einträge bezeugen.

Um die Rappenhagens und »ihr« Hildesheim um 1600 besser kennenzulernen, wenden wir uns daher zunächst dem Autor und seinem Werk zu. Georg Eder und seiner

»Evangelischen Inquisition wahrer und falscher Religion«. Die erstmals 1573 in Dillingen erschienene – hier in der ein Jahr jüngeren Ingolstädter Ausgabe – ist so polemisch wie anti-lutherisch. Bei ihrem Erscheinen wirbelte sie politisch erheblichen Staub auf, der sich im gesamten Reich verbreitete. Dafür verantwortlich waren nicht allein Inhalt und Stil des Buches, sondern auch die Person des Autors.

Der gebürtige Freisinger Georg Eder (1523–1587) schlug bereits in jungen Jahren eine glänzende Karriere ein. Denn es gelang ihm, während des Studiums in Köln einflussreiche Persönlichkeiten kennenzulernen und für sich einzunehmen. Dazu zählten u. a. der Jesuit Petrus Canisius (1521–1597), einer der wichtigsten katholischen Theologen der Zeit, sowie der kaum weniger bekannte Humanist und Theologe Johannes Cochlaeus (1479–1552), wie Canisius ein profilierter Gegner Luthers. Schon 1547 verließ Eder die Domstadt, um in Passau das Amt eines Schulrektors zu übernehmen; nur zwei Jahre später zog es ihn nach Wien an den kaiserlichen Hof, wo er die Stellung eines Ratgebers Kaiser Ferdinands I. erhielt. Zugleich setzte Eder an der dortigen Universität seine Studien fort und wurde 1551 zum Doktor beider Rechte, also des kanonischen und des weltlichen Rechts, promoviert. Obwohl er keinen Lehrstuhl innehatte, fungierte er mehrfach als Rektor und Dekan sowohl der juristischen als auch der theologischen Fakultät und vier Mal hintereinander schließlich auch als Rektor der Universität Wien – ein Unikum in der Geschichte. Eder war ein Mann der Wissenschaft, der deshalb gerade auch in seinen Leitungspositionen auf die Freiheiten der Universität achtete. So ließ er einen Kollegen aus dem Lehrkörper, einen von seinen Mitbrüdern ins Klostergefängnis gesteckten Dominikaner, gewaltsam befreien. Denn nach Eders Ansicht hatte der Konvent durch diese Maßnahme die Rechte der Universität geschmälert. Die Dominikaner verhängten darauf den Kirchenbann über Eder, der von nun an eher mit den Jesuiten kooperierte.

In Wien waren der Hof und die Universität personell gut vernetzt, was wiederum Eders Karriereverlauf förderte: Er wurde Fiskalanwalt der niederösterreichischen Landschaft, darüber hinaus erhielt er den Titel eines königlichen Rats, wurde Kammerprokurator und schließlich 1563 in den Reichshofrat berufen; damit verfügte er über Sitz und Stimme im höchsten Gericht des Reichs.

Georg Eder war in allem, was er anpackte, so ambitioniert wie engagiert. Dies galt vor allem für seine konfessionelle, anti-lutherische Grundhaltung, die aus einer traditionellen katholischen Prägung erwachsen war. Um die Mitte des 16. Jahrhunderts gehörte er zu den ersten, die ihre Sozialisierung durch ein Universitätsstudium wissenschaftlich fundierten. Dabei galt Eder rhetorisch wie auch literarisch als herausragend und schuf ein dementsprechend umfangreiches Œvre. So arbeitete er zur Geschichte der Universität Wien, schuf katechetische Werke auf der Basis des Tridentinums, hielt zahlreiche akademische Reden und verfasste eine Reihe konfessioneller, gegen den Protestantismus gerichteter polemischer Schriften. Zu diesen gehört die »Evangelische Inquisition«.

Wie üblich in dieser Zeit, besteht der Titel aus einer kurzen, mehrzeiligen Inhaltsangabe des Werkes, vergleichbar mit Abstracts, wie man sie heute auf dem Schutzumschlag eines Buches oder im Katalog des Verlages findet. Demnach führt Eder eine genaue, an den Evangelien orientierte Untersuchung der Konfessionen; sein Ziel ist es, die angemessene, also die »wahre« von der »falschen« zu unterscheiden. Dadurch will er dem allgegenwärtigen Problem seiner Zeit in grundsätzlicher Weise begegnen: dass die Menschen im Verlauf der seit Jahrzehnten anhaltenden Konflikte um den rechten Glauben den Überblick verloren hatten, dass sie Orientierung, ja Hilfe brauchten: »Wider das gemain unchristliche Claggeschray«. Denn: »Daß schier niemands mehr wissen künde, wie oder was er glauben solle.« In dieser Situation wollte Eder mit seinem Buch in praktisch-analytischer Weise Lösungen bieten: »In Forma eines Christlichen Rathschlags/ Wie ein jeder Christen Mensch seines Glaubens halben gäntzlich vergewißt und gesichert sein möge«.

Die »Inquisition« bildet mit einem zweiten, wenige Jahre später im Jahr 1579 erschienenen Buch ein Gesamtwerk: »Das guldene Flüß christlicher Gemein und Gesellschafft/ das ist: ain allgemeine richtige Form der ersten vralten prophetischen vnd apostolischen Kirchen gleich als ein Kurtze Historia/ von der hailigen Statt Gottes/ wie es vmb dieselbe vor dieser Spaltung ain Gestalt gehabt« (Abb. 36). Darin bietet Eder mit anderen Worten eine dreiteilige Bestandsaufnahme der Kirche: wie sie war, wie sie sich derzeit präsentierte und wie sie eigentlich sein sollte.

Der Titel »Goldenes Vlies« spielt auf den gleichnamigen Ritterorden an. Dieser hatte sich, 1430 durch den Herzog Philipp den Guten von Burgund gegründet, nach dem Aussterben der Valois im Jahr 1477 zu einem Hausorden der Habsburger entwickelt, da diese das Erbe der burgundischen Herzöge angetreten hatten. Zur Zeit Eders wurde die Mitgliedschaft vom Kaiser für besondere Verdienste um die Dynastie verliehen. Das »Vlies« ist die zeitgenössische Bezeichnung für ein Schaf- bzw. Widderfell, die einen uralten Kern in der griechischen Mythologie besitzt. Zur Zeit Eders symbolisierte das Vlies zugleich die Einheit der Kirche und wurde daher eben auch als politisches Statement genutzt: Ob als Name eines habsburgischen Hausordens oder als Buchtitel, es brachte unter den Bedingungen der Konfessionalisierung die Forderung auf den Punkt, die Gesellschaft religiös und politisch unter der Hoheit des (katholischen) Kaisers zu einen.

Abb. 36. Georg Eder: »Das guldene Flüß« (1579). Titelblatt

Eders Position war also von vornherein und inhaltlich völlig eindeutig und klar: Die Einheit der Kirche war unverhandelbar. Daher waren die Protestanten für Eder Ketzer und mussten als solche entlarvt, ja diskreditiert werden. Einer entsprechend drastischen Metaphorik bedient sich der kaiserliche Hofrat in der »Inquisition«. So führt er die unterschiedlichen Variationen glaubensbedingter Irrungen, in seiner Diktion »Secten«, als »Ketzertanz« in 47 Tafeln detailliert und übersichtlich auf. Warum Eder hier den Tanz als kategoriegebende Metapher (Abb. 37) wählt, lässt sich nur vermuten, weiß man für diese Epoche über dieses Phänomen doch vergleichsweise wenig. Die Konnotation dürfte hier in jeden Fall eine negative sein, da er sie benutzt, um – aus seiner Sicht – unterschiedliche Ausprägungen von Häresie zu kennzeichnen.

Allerdings bringt sich der gelehrte Theologe Eder mit dem Werk und seiner Konzeption in eine grundlegende argumentative Zwickmühle. Denn indem er den Gegner als Ketzer präsentiert und diskreditiert, negiert er ihn als Kommunikationspartner, schließlich konnte und durfte man mit Ketzern buchstäblich nicht reden – es fehlte ja die gemeinsame Glaubensbasis. In letzter Konsequenz musste Eders Position dazu führen, konfessionel-

Ex libris Laurentii Keiter Canonici Lubecensis

Das guldene Flüß Christlicher Gemain und Gesellschafft / das ist / ain allgemaine richtige Form der ersten / uralten / Prophetischen und Apostolischen Kirchen gleich als ain

Kurtze Historia,

Von der hailigen Statt Gottes / wie es umb dieselbe vor dieser Spaltung ain Gestalt gehabt / und wie sich das jetzig Religionwesen darmit vergleiche / Für den anderen Thail Euangelischer Inquisition / mit angehäffter

Erinnerung / Collegii Hildesiensis Soc. Jesu 1647

Was ain Zeit hero zu gütiger Hinlegung und Vergleichung gegenwirtiges Religionstreits für Weg und Mittel gesucht und gebraucht worden / Woran auch dieselben biß daher entstanden / Und welches entgegen die rechten Mittel seyen.

Durch

H. Georgen Eder D.

PSAL. VII.

NISI conuersi fueritis, gladium suum vibrauit, arcum suum tetendit, & parauit illum.

Getruckt zu Ingolstatt / durch Dauidem Sartorium.

ANNO M. D. LXXIX.

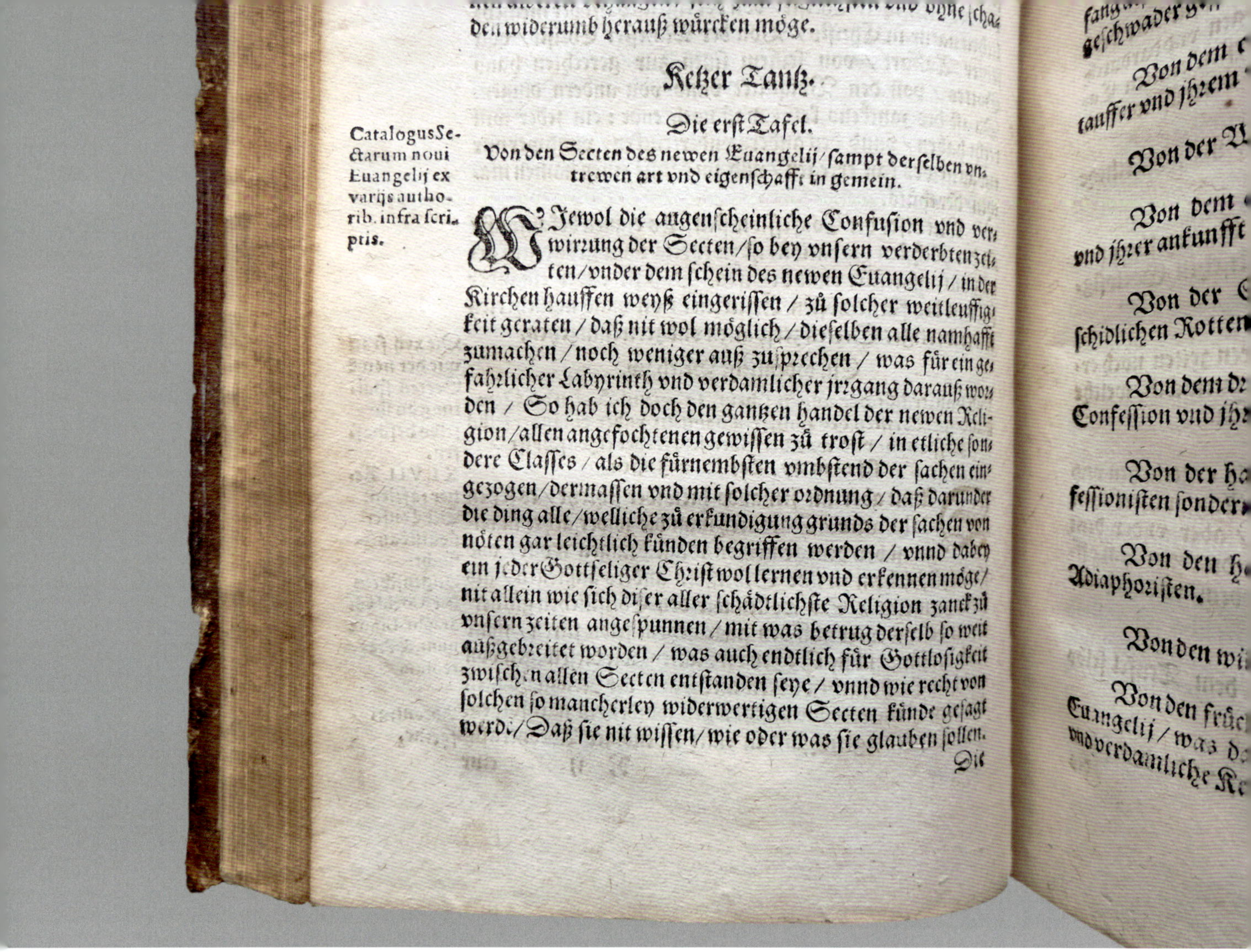

den widerumb herauß würcken möge.

Ketzer Tantz.

Die erst Tafel.

Von den Secten des newen Euangelij/ sampt derselben vntrewen art vnd eigenschafft in gemein.

Catalogus Sectarum noui Euangelij ex varijs authorib. infra scriptis.

WIewol die augenscheinliche Confusion vnd verwirrung der Secten/ so bey vnsern verderbten zeiten/ vnder dem schein des newen Euangelij/ in der Kirchen hauffen weyß eingerissen/ zů solcher weitleuffigkeit geraten/ daß nit wol möglich/ dieselben alle namhafft zumachen/ noch weniger auß zusprechen/ was für ein gefährlicher Labyrinth vnd verdamlicher jrrgang darauß worden/ So hab ich doch den gantzen handel der newen Religion/ allen angefochtenen gewissen zů trost/ in etliche sondere Classes/ als die fürnembsten vmbstend der sachen eingezogen/ dermassen vnd mit solcher ordnung/ daß darunder die ding alle/ welliche zů erkundigung grunds der sachen von nöten gar leichtlich künden begriffen werden/ vnnd dabey ein jeder Gottseliger Christ wol lernen vnd erkennen möge/ nit allein wie sich diser aller schädtlichste Religion zanck zů vnsern zeiten angespunnen/ mit was betrug derselb so weit außgebreitet worden/ was auch endtlich für Gottlosigkeit zwischen allen Secten entstanden seye/ vnnd wie recht von solchen so mancherley widerwertigen Secten künde gesagt werden/ Daß sie nit wissen/ wie oder was sie glauben sollen.

Die

Abb. 37. Eders »Ketzer Tantz« (Inquisition, S. 48)

le Kontroversen auf allen Ebenen, in jeder Alltagssituation und in jeder Beziehung zu umgehen – und sie damit letztlich den Protestanten zu überlassen. Dies wiederum würde zur weiteren Ausbreitung des Protestantismus führen, der ja zurückgedrängt werden sollte. Dieses Dilemma war Eder bewusst. Um es zu vermeiden, wandte er sich mit dem Werk nicht direkt an den Gegner, sondern an ein fiktives neutrales Publikum. Eder bindet daher im »Flüß« u. a. ein, »was bey ainem jedwederen gütlichen oder rechtlichen Religionstractat zubedencken« sei. Diese »Bedenken« sind eine Art Lektürehilfe für die Rezipienten konfessioneller Polemik, um diese grundsätzliche Problematik zu reflektieren. In der Dombibliothek Hildesheim befindet sich natürlich auch ein zeitgenössisches Exemplar dieses Werkes.

Als Eder beide Bücher publizierte, wurde jedoch von höchster Stelle ein anderer politischer Kurs gefahren und stattdessen Religionsfrieden gefordert wie gefördert. Der Hofrat hielt dies theologisch und politisch für falsch. Eder befürchtete sogar, dass ein Religionsfriede dazu genutzt werden könnte, um der katholischen Seite zu verbieten, sich angemessen, d. h. mit passenden Argumenten, gegen den Protestantismus zu verteidigen.

Hier stößt man auf das vielleicht stärkste Motiv Eders, sich inhaltlich mit den protestantischen Positionen auseinanderzusetzen. Er betrachtete das Verhältnis von Protestantismus und Katholizismus nicht nur als inhaltlich antagonistisch, sondern er glaubte die Katholiken argumentativ im Nachteil. Sie verfügten seiner Ansicht nach nicht über ausreichend Bücher in deutscher Sprache, die sich mit der Problematik befassten – und wenn es sie doch gab, waren sie nicht in allgemein verständlicher Weise geschrieben, so dass sie die durchschnittlichen Gläubigen wie auch die unzureichend ausgebildeten Geistlichen verstanden. Daher bedurfte es seiner Ansicht nach neuer Gattungen und damit neuer Texte, die sich mit der Problematik tagesaktuell, verständlich und zeitgemäß auseinandersetzten. Kurz, es musste Bücher wie seines geben.

Eder machte mit seiner deftigen Kritik auch vor Katholiken nicht halt. Wer seines Erachtens nicht klar Stellung bezog oder zu Kompromissen bereit war, betrachtete er als »Wetterhähne«, »Lavierer«, »Neutralisten« oder »Hofchristen«. Damit traf Eder mehr oder minder direkt auch seinen Herrn, Kaiser Maximilian II. (1564–1576). Denn dieser war während seiner gesamten Regierung darum bemüht, das Gespräch mit den Protestanten nicht abreißen zu lassen, um die Konfessionen wieder zu vereinigen. Aus diesem Grund widmete Eder das Werk auch nicht ihm, sondern dessen Brüdern, den Erzherzögen Ferdinand II. von Tirol (1564–1595) und Karl II. von Österreich (1564–1590), die beide als Streiter gegen den Protestantismus bekannt waren. Auf diese Weise zeigte der Hofrat gegenüber der Habsburger-Dynastie seine Dankbarkeit für die bisherige Unterstützung seiner Karriere; zugleich forderte er aber auch ihren Schutz für den Fall ein, dass ihn das Werk in Schwierigkeiten bringen würde.

Tatsächlich entwickelte sich die Situation am Wiener Hof zu Ungunsten Eders. Im Oktober 1573 verbot Maximilian das Buch und forderte von ihm die restlichen sowie diejenigen Exemplare ein, die er verschenkt hatte; darüber hinaus belegte der Kaiser seinen Kammerrat mit einem Publikationsverbot für seine theologischen Streitschriften. Bezeichnenderweise hatte der Drucker Alexander Weissenhorn aus Ingolstadt von vornherein seinen Namen sowie den Druckort auf dem Titelblatt weggelassen.

Eder erhielt aber auch mächtige Fürsprecher, darunter Papst Gregor XIII. (1572–1585) sowie Herzog Albrecht V. von Bayern (1550–1579). Letzterer war selbst ein Jesuitenschüler und unterstützte daher den Orden Zeit seines Lebens; so sorgte er dafür, dass die Jesuiten die Universität Ingolstadt übernehmen konnten. Bis zum Augsburger Religionsfrieden verhielt sich Albrecht konfessionspolitisch einigermaßen moderat. Erst als sich der Protestantismus nach 1555 weiter ausbreitete, änderte er seinen Kurs. So sollte beispielsweise ein von ihm gegründeter Religionsrat die Einheit des Glaubens in seinem Herrschaftsbereich kontrollieren; darüber entstand sogar ein bewaffneter Widerstand unter den Landständen, die sog. Ortenburger Adelsverschwörung. An Eders Situation konnte der Bayernherzog, immerhin der Schwager des Kaisers, nichts ändern. Erst der Tod Maximilians II. während des Regensburger Reichstages 1576 beendete dessen publizistische Untätigkeit. Weiterhin unterstützt durch den bayerischen Herzog, nahm Eder seine Arbeit wieder auf; einige Jahre später konnte er daher den zweiten Teil des Gesamtwerkes, das »Goldene Fließ«, veröffentlichen.

Über die Person Albrechts verknüpfen sich nun in mehrfacher Weise Eders publizistische Arbeit mit der Geschichte der Hildesheimer Exemplare des Autors. Denn der Bayernherzog verfügte über unmittelbare, persönliche und mehrjährige Beziehungen nach Hildesheim, und zwar in das Domkapitel. Hintergrund ist die ernste politische Situation des Bistums um 1570. Bedingt durch den ungünstigen Verlauf der Stiftsfehde zu Beginn der 1520er Jahre, hatte es massive Territorialverluste hinnehmen müssen. In Kombination mit der im 16. Jahrhundert fortschreitenden Ausbreitung des Protestantismus ging es für das Fürstbistum Hildesheim um nichts weniger als das politische Überleben. Das Domkapitel verhandelte daher um 1568 mit Albrecht von Bayern über die Einsetzung seines Sohnes Ernst als Koadjutor des Bistums. Ein derartiges Bündnis mit den Wittelsbachern sollte Hildesheim gegenüber den mächtigen welfischen Nachbarn sowie gegen eine weitere Ausbreitung der Reformation schützen. Umgekehrt war das Bistum insofern für die Wittelsbacher interessant, weil sie mit diesem Fürstentum sowohl den Katholizismus im Nordwesten stärken als auch etwas für die Konsolidierung ihrer eigenen Macht leisten konnten.

Aber zunächst scheiterte der Plan, nicht zuletzt auch an Rom: weil Ernst mit etwa 14 Jahren zu jung und darüber hinaus bereits als Koadjutor eines weiteren Bistums, nämlich Freising, eingeplant war. Doch die Lage spitzte sich aus der Perspektive der Hildesheimer Bistumsleitung weiter zu. Denn nach dem Tod des »letzten katholischen Fürsten in Niedersachsen«, des Welfen Heinrichs des Jüngeren von Braunschweig-Wolfenbüttel, trat sein lutherischer Sohn Julius die Nachfolge an, so dass mit der konfessionellen Isolation die politische Bedrohung Hildesheim zunahm. Nun legten sich der amtierende Bischof Burchard von Oberg sowie das Domkapitel – obwohl sie eigentlich seit Jahren zerstritten waren – auf Ernst als Nachfolger auf dem Hildesheimer Bischofsstuhl fest. Nach Burchards Tod 1573 wurde tatsächlich Ernst gewählt (1573–1612), und auch aus Rom erfolgte kein Widerstand mehr. Aus der historischen Retrospektive betrachtet wurde damit ein für die nächsten 200 Jahre geltender informeller Kontrakt geschlossen. Dieser beinhaltete Vorteile für beide Seiten: für die Wittelsbacher den Zugriff auf den Hildesheimer Bischofsstuhl und für das Fürstbistum schlicht den Fortbestand seiner Existenz.

Die politische Konstellation war in dieser Epoche immer auch eine Frage der Konfession – und der damit verbundenen Streitigkeiten. Dies war in Hildesheim deutlich zu spüren. Indem man sich innerhalb der Bistumsleitung über die Nachfolge des Wittelsbachers Ernst zusammenraufte und den ebenso mächtigen wie profilierten Katholiken nach Hildesheim holte, positionierte man sich auch gegenüber dem Protestantismus.

Diese Konsolidierung war aber nicht nur machtpolitisch, sondern vor allem auch aus innerkirchlichen Gründen notwendig. Denn das Bistum brauchte auf allen Ebenen und bis in die letzten Winkel dringende Reformmaßnahmen: Es gab immer weniger Pfarreien sowie immer weniger und vor allem nicht solide ausgebildete Priester; daher nahm die Zahl der Gottesdienste ab, und immer weniger Sakramente wurden gespendet, kurz: Katholisches Leben befand sich massiv auf dem Rückzug. Zugleich breitete sich der Protestantismus aus, indem er katholische Positionen in Frage stellte oder bereits ersetzte. Für die (noch) verbliebenen Katholiken war Hildesheim insofern das Pflaster, wo man mit Büchern wie der »Evangelischen Inquisition« Georg Eders unter dem Arm unterwegs sein konnte, ja musste. Dies galt insbesondere für diejenigen, die qua Amt den Glauben vertraten wie Priester, Diakone und Lehrer. Sie leisteten die pastorale Basisarbeit, waren unmittelbar mit den Problemen der Menschen konfrontiert und erlebten die Herausforderungen des Protestantismus hautnah.

Aus dieser Perspektive ist es nicht erstaunlich, dass sich das Werk im Besitz der Rappenhagens befand, geht man davon aus, dass sie zu den überzeugten katholischen Funktionsträgern im Bistum gehörten, die sich für ihre Kirche und ihren Glauben engagierten. Weil sie speziell dem Hildesheimer Kreuzstift angehörten, war ihre Situation noch ein wenig prekärer: Gerade dieses Stift war seit Jahren tief in die konfessionellen Konflikte innerhalb der Stadt verstrickt. So forderte der Stadtrat bereits im Jahr 1554 vom Dekan, dass der (lutherische) Superintendent Tilemann in der Kreuzkirche Vorlesungen über die Paulus-Briefe halten dürfe. Dies wurde dank der Unterstützung des damaligen Bischofs Friedrich (1551–1556) verhindert. Nach Jahren zähen Ringens um die konfessionelle Zugehörigkeit von Kirche und Stift durften 1573 wieder katholische Gottesdienste in der Kreuzkirche gefeiert werden. Gerade jetzt zeigten sich aber wohl auch die tiefgreifenden Reformprobleme, weil die Gottesdienste nicht die notwendige Qualität und Quantität besaßen.

Darüber hinaus gab es im Kreuzstift einen weiteren massiven Missstand, der innerhalb der Gesamtkirche weit verbreitet war und immer wieder Anlass zu Krisen geboten hatte: Simonie, also der Kauf bzw. Verkauf vor allem geistlicher Würden. Dies verstieß insofern gegen das Kirchenrecht, als die Verfügung über ein Amt per definitionem nur durch persönliche Qualifikation und reguläre Verfahren erreichbar sein sollte. In Mittelalter und Früher Neuzeit waren davon Kanonikate bzw. Präbenden von Stiftungen in besonderer Weise betroffen, hatten sie sich faktisch über Jahrhunderte zu Versorgungsstellen des Adels entwickelt. Dort wurden die meist jüngeren oder auch illegitimen Söhne untergebracht, die nicht das Familienerbe übernahmen, aber eine wirtschaftlich und sozial attraktive – eben eine standesgemäße – Position benötigten. Die Vergabe solcher Positionen erfolgte vielfach schlicht aufgrund eines Kaufpreises, war substanziell also Simonie. Innerhalb der Familien wurden diese Stellen dann oft selbst wie ein Teil des Besitzes an die Erben weitergegeben.

Für das Hildesheimer Kreuzstift besaß die Simonie-Problematik zur Zeit Rappenhagens eine ganz aktuelle Brisanz. Denn hier sowie im Moritzstift hatte sich seit 1558 der (illegitime) Sohn des Herzogs Heinrichs des Jüngeren, Karl von Kirchberg, praktisch eingekauft; die Pfründen des Stifts waren finanziell so attraktiv, dass sie sich der Welfenherzog auf Dauer sichern wollte. Dies war jedoch nicht der einzige Stein des Anstoßes, weil Karls Mutter Eva von Trott, die langjährige Mätresse Herzog Heinrichs, bis zu ihrem Tod 1567 in der Propstei des Kreuzstifts wohnte. Der Streit über diese Pfründe zwischen dem Kapitel des Kreuzstifts und Karl von Kirchberg bzw. den Welfen zog sich über Jahre hin; er eskalierte so weit, dass es darüber sogar innerhalb des Kapitels zum Bruch kam. Erst 1587 gelang ein Vergleich zwischen den Parteien, trotzdem schwelte der Konflikt selbst weiter bis zu Karls Tod 1591. In eben dieser Zeit war der ältere Rappenhagen Diakon, Scholasticus und Schreiber des Kapitels. Daher war er also nicht nur bestens informiert, sondern auch unmittelbar involviert. Seine Haltung in der Sache und insofern gegenüber dem Herzogssohn dürfte eindeutig gewesen sein, wie wir diesem Buch entnehmen: Mit seinem Zweizeiler bezieht sich Rappenhagen zweifelsfrei auf die welfischen Ansprüche auf die Propstei und kennzeichnet sie als Simonie, für die seiner Ansicht nach eine entsprechende Strafe im Leben wie im Sterben zu erwarten sei.

Vor diesem Hintergrund offenbart nun auch der zweite Vers auf der letzten Textseite der »Evangelischen Inquisition« seinen Sitz im Leben. Anders als der Simonie-Vers handelt es sich beim »Schiff Petri im Sturm« um einen Ausspruch, der auf den Streit zwischen Papst Gregor IX. und Kaiser Friedrich II. um die Führung der Christenheit im frühen 13. Jahrhundert zurückgehen soll und den der Papst dem Staufer angeblich entgegengehalten hatte. Rund 200 Jahre später, um die Mitte des 15. Jahrhunderts, wurde die Formulierung von Papst Pius II. (1458–1464) aufgegriffen, um die Bedrohung Konstantinopels durch die Türken rhetorisch deutlich zu machen. Sie taucht in der Frühen Neuzeit dann immer wieder in Diskursen um das Verhältnis von weltlicher bzw. kaiserlicher auf der einen und kirchlicher Macht auf der anderen Seite auf; die Rolle des kirchlichen Widersachers erhielt meist der Kaiser. Rappenhagen kannte dieses geflügelte Wort – zumal es im »Goldenen Vließ« ebenfalls zitiert wird –, bezieht es als Angehöriger des Hildesheimer Kreuzstifts aber zweifellos auf den dort unerwünschten welfischen Herzogssohn.

Warum aber verband der engagierte Kanoniker den Rattenfänger von Hameln mit der Konfessions- bzw. Simonieproblematik? Warum gehörte die Sage für Rappenhagen in Eders Buch? Und was bewegte den Hildesheimer Geistlichen so sehr an dieser Geschichte, die gegen Ende des 16. Jahrhunderts immerhin auch schon dreihundert Jahre zurücklag? Aufgrund der räumlichen Nähe Hamelns war die Sage sicher auch in Hildesheim geläufig. Darauf deutet auch die Ähnlichkeit zwischen Rappenhagens Eintrag zu einer Version hin, die praktisch zur gleichen Zeit, im Jahr 1603, in Hameln öffentlich angebracht wurde. Diese Inschrift ist noch heute auf dem Balken des sog. Rattenfängerhauses zu sehen, das nach der Hauptfigur benannt ist und als eines der bedeutendsten Fachwerkhäuser der Hamelner Altstadt im Stil der sog. Weserrenaissance gilt:

ANNO 1284 AM DAGE JOHANNIS ET PAULI WAR DER 26. JUNI - DORCH EINEN PIPER MIT ALLERLEY FARVE BEKLEDET GEWESEN CXXX KINDER VERLEDET BINNEN HAMELN GEBOREN - TO CALVARIE BI DEN KOPPEN VERLOREN

Der Rattenfänger ist eine der bekanntesten Sagen-Gestalten überhaupt, nicht nur im deutschsprachigen Raum, sondern weltweit (Abb. 38). Sie wurde vielfach überliefert und erlebte unzählige Adaptionen, vor allem in der Literatur und im Brauchtum. Die mit der Figur verbundenen Traditionen sind so vielfältig wie lebendig und reichen vielfach vom Spätmittelalter bis heute. Daher ist der Rattenfänger selbst zu einer Metapher und die von ihm handelnde Sage zum Kulturgut geworden, die vor wenigen Jahren in das von der UNESCO geführte Verzeichnis des Immateriellen Kulturerbes aufgenommen wurde.

Die Sage lautet nach einer der bekanntesten Überlieferungen durch die Brüder Grimm

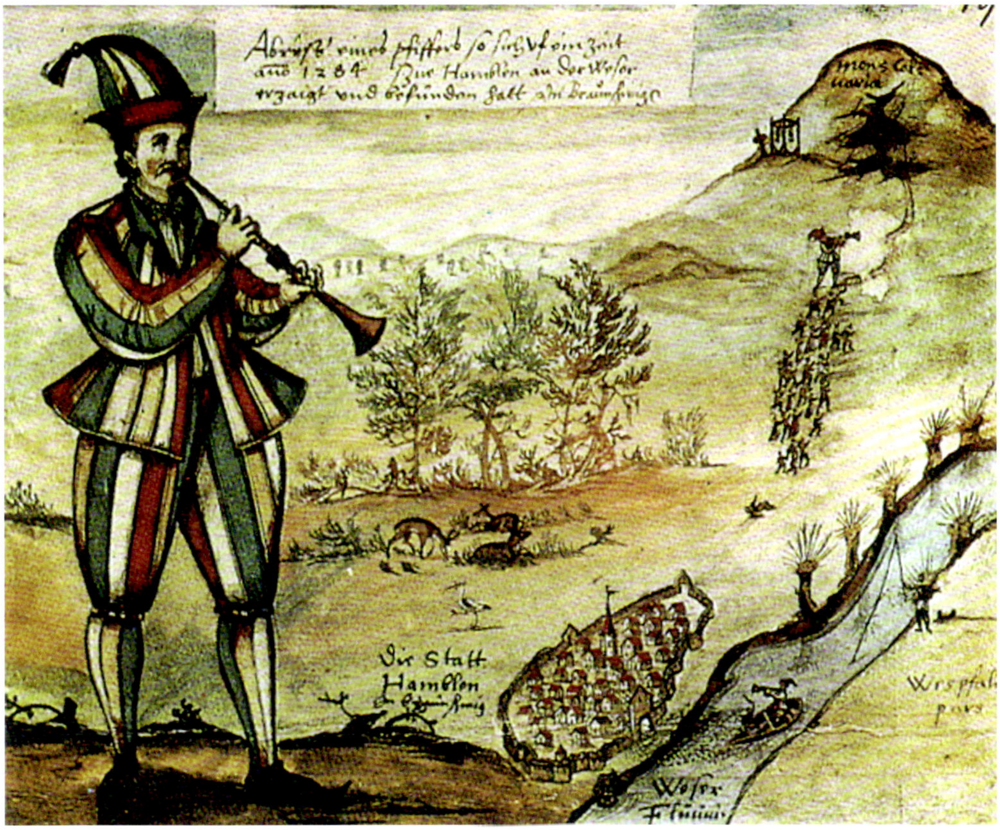

Abb. 38. Die mutmaßlich älteste Darstellung des Rattenfängers in der Kopie eines Kirchenfensters der Marktkirche von Hameln (frühes 17. Jh.)

folgendermaßen: Als Hameln im Jahr 1284 unter einer Ratten- und Mäuseplage litt, kam ein auffällig bunt gekleideter Fremder in die Stadt. Gegen ein Entgelt bot der Mann den Bewohnern an, sie von den Tieren zu befreien. Indem er mit der Flöte eine Melodie spielte, gelang es ihm, die Tiere aus der Stadt und in die nahe Weser zu locken, wo sie ertranken. Die Bürger verweigerten jedoch den versprochenen Lohn und trieben den Mann aus der Stadt. Voller Zorn und in der Absicht sich zu rächen kehrte der Rattenfänger als Jäger verkleidet wenig später – der Überlieferung nach am 26. Juni 1284 – nach Hameln zurück. Während die Bewohner den Gottesdienst in der Marktkirche besuchten, begann er erneut, Flöte zu spielen. Doch dieses Mal lockte er die Kinder und Jugendlichen zu sich, insgesamt 130, namentlich auch die erwachsene Tochter des Bürgermeisters. Er führte alle aus der Stadt zu einem nahegelegenen Berg, wo er mit ihnen auf Nimmerwiedersehen verschwand. Lediglich ein stummes und ein blindes Kind sowie eines, das unterwegs umkehrte, um sein Obergewand zu holen, entgingen der Entführung. Das Ende der Sage liegt in unterschiedlichen Versionen vor; nach Grimm führte die Höhle des Berges nach Siebenbürgen, wo die Kinder wieder nach draußen gelangten.

Ursprünglich handelt es sich um zwei Sagen, und zwar um eine Rattenfänger- sowie um eine Kinderauszugssage. Die älteste Überlieferung einer einzigen Sage lässt sich zwischen 1430 und 1450 datieren, mit Sicherheit wurden beide am Ende des 16. Jahrhunderts verknüpft – auch Rappenhagen mit seinem Bucheintrag liefert dafür einen unmittelbaren Beleg. Der älteste gedruckte Bericht von der Kinderauszugssage erschien um 1555/56.

Den unmittelbaren historischen Hintergrund der Rattenfänger-Sage liefern die Probleme, die praktisch alle mittelalterlichen Städte und Dörfer mit diesen Nagetieren hatten. Man verfolgte die Ratten weniger aus hygienischen Gründen, sondern weil sie schlicht die Nahrungsvorräte auffraßen, insbesondere das Getreide. Auch in der Kirche genossen sie alles andere als hohes Ansehen, weil sie für Kreaturen des Teufels gehalten und daher verdammt wurden, ebenso wie Katzen, die ihnen als effiziente Jäger hätten beikommen können. Unter diesen Bedingungen etablierte sich der Beruf des Rattenfängers. Wer ihn ausübte, stand mit den verfolgten bzw. verdammten Tieren außerhalb der Gesellschaft – ähnlich wie ein Scharfrichter –, verfügte aber in der Regel über ein existenzielles Auskommen. Zugleich entwickelte sich aus der den Ratten und ihren Fängern haftenden Ausgrenzung eine gewisse Scheu und sogar Faszination, so dass etliche den Ruf von Zauberern und Magiern genossen. Das Phänomen Rattenfänger lässt sich aber auch anders herum erklären: Im Mittelalter existierten generell Vorstellungen von Magie bzw. von Menschen, die Zauberkräfte besaßen. Und diesen wurde u. a. auch die Macht zugeschrieben, Ratten- und Mäuseplagen wirksam zu bekämpfen. Auf jeden Fall verankerte der Beruf des Rattenfängers denjenigen, der ihn ausübte, fest in seiner gesellschaftlichen Außenseiterposition; konkret war ihm ein Wohnsitz oder wenigstens das Sesshaft-Werden verwehrt und zwang ihn, von Ort zu Ort zu ziehen.

Dieses Schillern zwischen Verdammnis, Ausgrenzung, Verfolgung und Faszination, das Rattenfängern anhaftete, transportiert auch die mit ihm verbundene Metapher. Sie steht für das Doppelbödige, ja die Ambiguität des Menschen selbst, der zu guten und gleichermaßen zu schlechten Taten fähig ist, der, um im Bild zu bleiben, die Menschen von den Ratten befreit und dann deren Kinder aus Rache entführt. Diese Spannung und damit die von solchen Menschen vermeintlich ausgehende Gefahr transportiert das Rattenfängermotiv überzeugend. Daher war es so erfolgreich und ist bis heute lebendig geblieben.

Als historischer Kern der Auszugssage wurden bisher mehrere Erklärungen in Betracht gezogen: ein Kinderkreuzzug, die Flucht vor der Pest, die Entführung der Kinder durch einen heidnischen Sektenführer und schließlich die Anwerbung von Jugendlichen und jungen Familien für die Ostsiedlung. Während die ersten Thesen offensichtlich anachronistisch sind, passen etliche Elemente der Sage zur zeitgenössischen, sog. hochmittelalterlichen Ostsiedlung. Unter diesem Begriff werden Siedlungs- und Akkulturationsvorgänge gefasst, die den Osten und Südosten Mitteleuropas von der Mitte des 12. bis zum Ende des 14. Jahrhunderts veränderten. Eine ihrer Hauptkomponenten war die Einwanderung landfremder, vornehmlich deutscher und westeuropäischer Bauern sowie Händler und Handwerker. Die Ostsiedlung ging jedoch nicht auf den spontanen Entschluss einzelner Personen oder Gruppen zurück, sondern sie wurde durch die Grund- und Landesherren vor Ort angestoßen und gesteuert. Sie entwickelten in dieser Zeit die Vorstellung, dass sie nicht nur standesgemäß leben, sondern auch wirtschaftlich erfolgreich sein wollten. Kurz,

Erträge und vor allem Gewinn wurden als neue Ziele in die mittelalterliche Wirtschaftsweise eingeführt. An der Wende des Mittelalters war dies ein naheliegender, vielleicht sogar überfälliger Schritt, zumal die Grundlagen von Macht in dieser Epoche vor allem auf der Verfügung über Grund und Boden sowie die darauf lebenden Menschen beruhte.

Da nun also Erträge gesteigert und Effizienz erzielt werden sollten, musste systematisch gewirtschaftet werden. Weil jedoch gerade der Osten und Südosten Mitteleuropas wirtschaftlich, sozial und politisch sehr heterogen war, weil dort zudem großräumige Brachlandschaften dominierten und es bei vielen verstreuten Bauernstellen mit wenigen Menschen nur punktuelle Handelsplätze gab, sahen die weltlichen wie auch die geistlichen Herren Bedarf an zusätzlichen Arbeits- und Fachkräften. Zugleich hatten sich im Westen seit dem 11. Jahrhundert die Agrartechniken erheblich verbessert, insbesondere die Dreifelderwirtschaft, verbesserte Pflüge und funktionale Mühlen steigerten die Erträge erheblich. In der Folge nahm im Westen die Bevölkerung insgesamt kontinuierlich zu, und es entstanden zugleich die ersten Städte mit neuen Wirtschafts- und Sozialformen, die nunmehr durch Kaufleute, Handwerker und eine Bürgerschaft geprägt waren.

Der Westen hatte also die Ressource Mensch im Überfluss zu bieten. Daher suchten die adligen und geistlichen Grundherren im Osten dort die Lösung ihrer Probleme. Sie schickten im Reich sowie in Flandern, Frankreich oder Dänemark gezielt Werber aus, die Arbeits- und Fachkräfte ins Land holen sollten. Als Anreiz wurde Siedlern bzw. Bauern Land zur freien Bewirtschaftung und zugleich als Erbgut versprochen; zudem wurde dieses mit geringeren Abgaben belastet, als sie die Einheimischen zu tragen hatten; Kaufleute schließlich erhielten attraktive Marktprivilegien.

Die Organisation und Durchführung dieses komplexen Siedlungs- und Kultivierungsprozesses wurde sogenannten Lokatoren, »Siedlungsmeistern«, übertragen. Sie stammten aus dem niederen Adel oder dem Bürgertum und agierten wie Unternehmer (Abb. 39): Sie führten die Werbung von Interessierten im »alten« Land durch, planten und organisierten die Ansiedlung. Als Gegenleistung erhielten

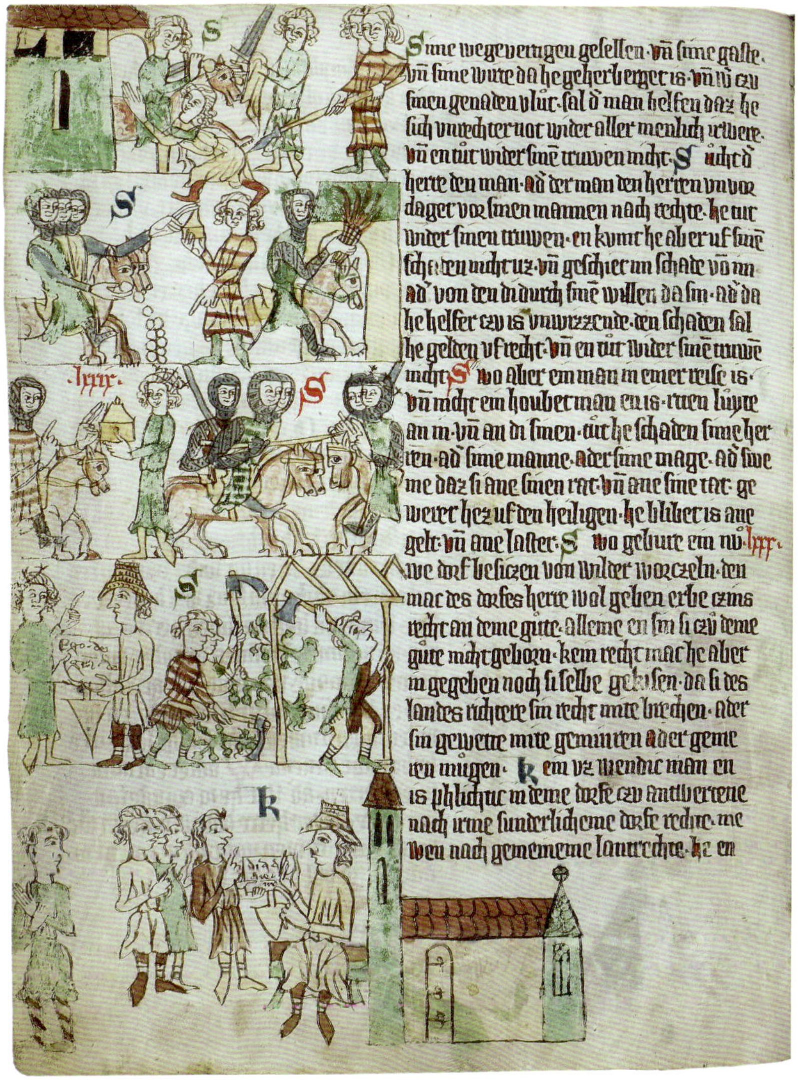

Abb. 39. Szene aus dem Heidelberger Sachsenspiegel, Cod. Pal. germ. 164, fol. 26v: In der zweiten Szene von unten erhält ein Lokator, erkennbar am Hut, eine Gründungsurkunde von einem Grundherrn und beginnt mit der Gründung eines Dorfes. Im unteren Bildteil agiert der Lokator in einem fertiggestellten Dorf als Richter

sie selbst abgabenfreies Land zur Bewirtschaftung, darüber hinaus Führungsaufgaben wie das erbliche Schulzen- oder Dorfrichteramt bzw. die Vogtei in den Städten; diese Ämter wiederum waren mit Einkünften verbunden, die als Entgelt für ihren Aufwand fungierten.

Ein Lokator dürfte als Vorbild für die Figur des Rattenfängers gedient haben, weil er diesen in mehrfacher Hinsicht »abbildet«: Er trug wie der Protagonist der Sage auffällige, bunte Kleidung und machte bei der Ausübung seines Berufes Lärm. Denn er trat, um die Leute auf sich aufmerksam zu machen, in Begleitung eines Trommlers oder Pfeifers auf. Insofern dienten Töne tatsächlich dazu, Menschen zu sammeln, allerdings nur diese und nicht Ratten oder Mäuse. Auch das Ende der Sage weist auf einen Lokator, war doch Siebenbürgen seit dem 12. Jahrhundert eines der Hauptgebiete der Ostsiedlung. Daher darf man den Kern der Kinderauszugssage innerhalb des kulturhistorischen Kontexts der Ostsiedlung vermuten.

Demnach hätten Lokatoren in Hameln am Ende des 13. Jahrhunderts besonders erfolgreich geworben und viele Jugendliche und wohl auch junge Familien veranlasst, ihre Heimat zu verlassen und in der Fremde ein neues Leben zu beginnen. Für die Stadt dürfte dies mit dramatischen Konsequenzen verbunden gewesen sein. Denn wenn ein großer Teil der heranwachsenden bzw. neuen Generation auswanderte, konnte sich dies zu einer existenziellen Bedrohung entwickeln. Ob das Ziel der jungen Leute tatsächlich Siebenbürgen war, ist zweifelhaft. Die Erforschung der dort verbreiteten Orts- und Personennamen sowie deren Herkunft spricht dagegen. Namen aus Hamelner Provenienz und damit ein Hinweis auf Siedler aus Hameln lassen sich eher für Olmütz zeigen. Dort findet man Namen wie beispielsweise *Hamel*, *Hämler*, *Hamlinus*, *Leist*, *Fargel*, *Ketteler*, die es auch unter den Bürgern der kleinen Weserstadt gab. Für Olmütz als Ziel junger Hamelner Auswanderer könnte auch sprechen, dass in der zweiten Hälfte des 13. Jahrhunderts mehrere Tausend Menschen in das Gebiet des heutigen Tschechien auswanderten. Diese für die Region dramatische Migration wird mit dem damaligen Bischof Bruno von Olmütz (1245–1281) unmittelbar in Verbindung gebracht, einem gebürtigen Sohn des Grafen von Schauenburg. Dieser hätte als böhmischer Landesherr auf diese Weise sein Territorium ausgebaut und zugleich den Osten des Reiches gesichert. Denkbar ist jedoch auch, dass die mutmaßlichen Auswanderer aus Hameln nach Brandenburg gegangen waren; dort gibt es ungewöhnlich viele Ortsnamen, die sich so oder sehr ähnlich auch in der Umgebung Hamelns finden wie etwa Hamelspring in der Uckermark oder Dahlhausen in der Prignitz.

Viele der zurückgebliebenen Hamelner dürften den Auszug vielleicht einer ganzen Generation insofern als einen erheblichen emotionalen sowie sozialen und wirtschaftlichen Verlust erlebt haben, den sie nicht gutheißen konnten. Die Verantwortung oder gar Schuld dafür nicht den Umständen bzw. den Beteiligten, sondern dem Fremden zu geben, der die Kinder und Heranwachsenden dazu verleitet, ja verführt hatte, lag wohl ebenfalls nicht allzu fern. »Verführung« ist also eine wesentliche Facette der Rattenfänger-Thematik – und diese ist auch Georg Eder ein wesentliches Anliegen. Er wollte als Katholik, als Theologe, als Wissenschaftler und sicher auch als politisch engagierter Mensch die Menschen vor der Verlockung durch die seiner Ansicht nach häretischen Positionen des Protestantismus bewahren. Er schrieb die »Evangelische Inquisition«, um ihnen ein Instrument in die Hand zu geben, mit dem sie dieser Gefahr etwas entgegensetzen konnten. Der »Verführung« sollte durch Prävention in Gestalt der Lektüre des Werkes entgegengewirkt werden. Diese Intention setzt er pointiert an das Ende des Werktitels: ... *Dermassen/ das jeder Christen Mensch leichtlich nit künde betrogen noch verfürt werden*.

Rappenhagen Vater und Sohn teilen mit Sicherheit diese Auffassung. Denn die Konfessionalisierung mit ihren Auswirkungen in allen Bereichen des täglichen Lebens prägte ihren gemeinsamen Erfahrungshorizont und bestimmte ihre Arbeit in der Seelsorge und in der Verwaltung des Kreuzstifts. Im Ergebnis drohten aus ihrer Sicht existenzielle Verluste, letztlich des »richtigen«, katholischen Glaubens und damit des Seelenheils. Diese zu verhindern war die Aufgabe jedes Christen – eine Auffassung, die die Rappenhagens mit Eder teilten. Dazu musste man ihres Erachtens die Ursachen bekämpfen, sprich: die Verführung durch die Protestanten verhindern.

Auch der Verlust, den die Werbung für die Ostsiedlung im mittelalterlichen Hameln hinterlassen hatte, ging an die Substanz und bedrohte Stadt und Region in ihrer Existenz. Auch hier sah man die Ursachen primär wohl nicht in einer überzeugenden Werbung, den schlechten Bedingungen in der Heimat oder verstand Mobilität und Migration als herkömmliche Kulturphänomene. Man suchte vielmehr »außerhalb« nach Verursachern und Verantwortlichen für die Misere. Als Rappenhagen seinen »Rattenfänger« in das Buch Eders eintrug, dürfte er eine solche Parallelität der Gefahren durch »Verführung« – wir würden es heute Propaganda oder vielleicht auch Fake News nennen – gesehen und auf diese Weise zum Ausdruck gebracht haben.

Das eigentliche, inhaltliche Thema, vor allem für Rappenhagen senior, war die Simonie, nicht zuletzt, weil sie den Streit um die Propstei seines Stifts über Jahrzehnte dominierte und er selbst daran in seinen Funktionen teilgenommen hatte. Ansprüche, wie sie die Welfen auf die Propstei des Kreuzstifts formulierten, gehörten zwar seit Jahrhunderten zur politischen Normalität, blieben aber ein kirchenrechtliches Vergehen – eine Spannung, die unter den Bedingungen der Konfessionalisierung sowie der prekären Situation des Bistums, das in diesen Jahren buchstäblich um sein Fortbestehen rang, kaum aufzulösen war. Um die unumgängliche Erneuerung der Kirche voranzubringen, so die Überzeugung Rappenhagens, musste auch diese »heilige Kuh« kirchlicher Verwaltungs- und Politikpraxis geschlachtet werden, noch dazu, weil sie gleichzeitig Argumente gegen die protestantischen Hoheiten lieferte. Die Rattenfänger waren überall und längst auch in Hildesheim angekommen.

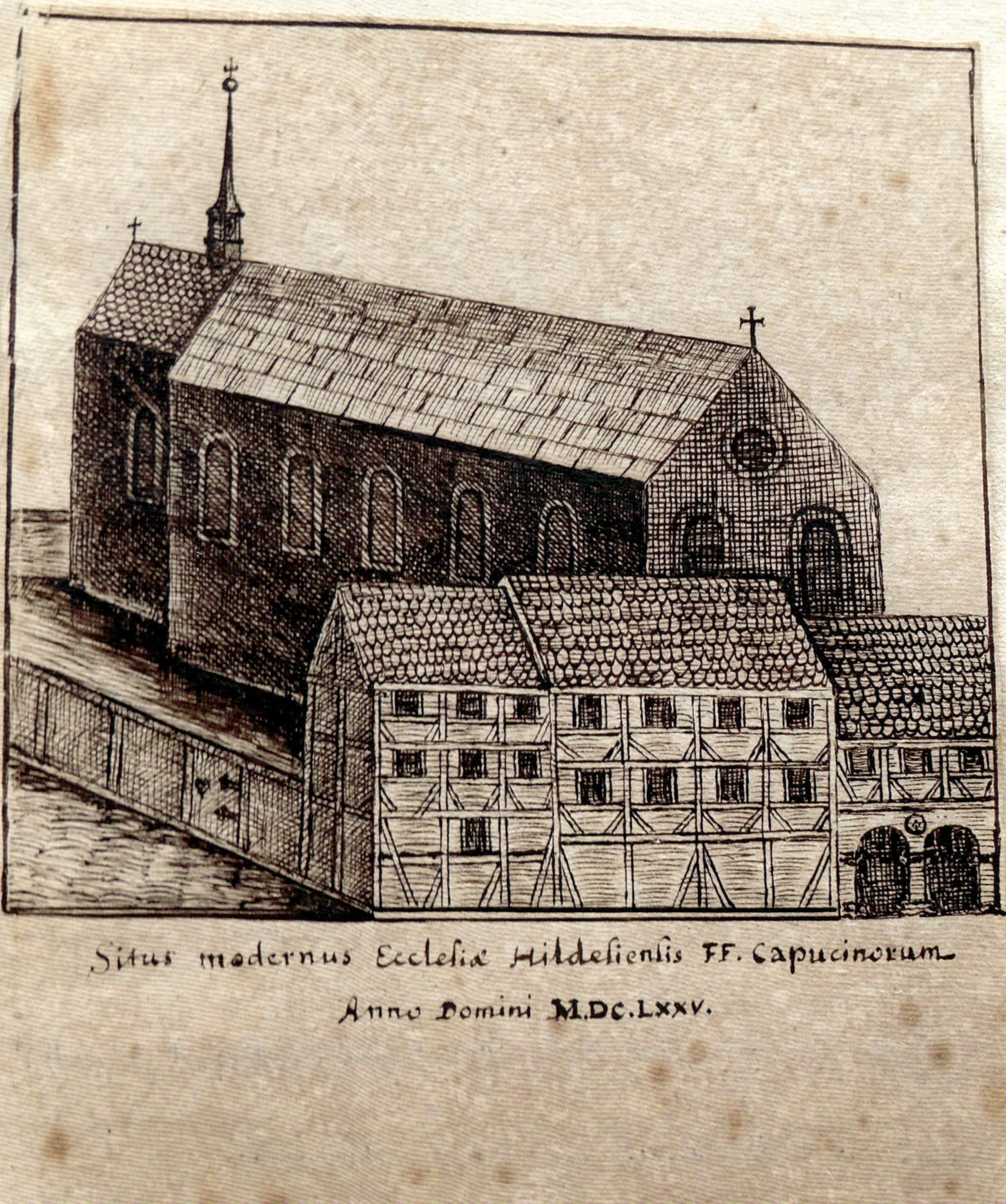

Situs modernus Ecclesiæ Hildesiensis FF. Capucinorum
Anno Domini M.DC.LXXV.

Das Tausendblatt des Polycarp von Münster

POLYCARP VON MÜNSTER, MYRIOPHILLON

PAPIERHANDSCHRIFT: HILDESHEIM, 1688,
DOMBIBLIOTHEK HILDESHEIM, HS 763

Reformation, Konfessionalisierung und Dreißigjähriger Krieg hatten in der 2. Hälfte des 17. Jahrhunderts tiefe Spuren, ja Risse in den europäischen Gesellschaften hinterlassen, die in unterschiedlicher Ausprägung in jede Stadt und jedes Dorf reichten. Das Fürstbistum Hildesheim befand sich damals in einer gleichermaßen komplexen wie prekären Situation, da der bischöfliche Landesherr eine protestantische Bevölkerungsmehrheit regierte. Dadurch ergaben sich nicht nur politische Spannungen zwischen Bischof, Domkapitel, Stadt bzw. Bürgerschaft, Pfarreien, Stiften und Ordensgemeinschaften; vielmehr nahmen die konfessionellen Differenzen auch Einfluss auf den Alltag der Menschen, veränderten ihr Wissen voneinander und beeinflussten dadurch ihren Umgang miteinander. Insbesondere die katholische Seite sah sich genötigt, dem Rückzug des Katholizismus durch eine gleichsam erneute Mission entgegenzuwirken. Die Ansiedlung der Kapuziner in Hildesheim noch während des Dreißigjährigen Krieges sollte hier mehr als nur ein Zeichen setzen und vor allem Seelen zurückgewinnen. Doch das Engagement dieser Bettelordensgemeinschaft war vielschichtiger. Dies zeigt der aus Münster stammende Bruder Polycarp mit seinem umfangreichen Œvre, das tatsächlich noch mehr als tausend Blätter umfasst.

***

Was bedeutete Konfessionalisierung für die Menschen des 16. und 17. Jahrhunderts, die sich täglich als Bürger und Bürgerin, Gemeindemitglieder oder Untertanen begegneten? Um dies im Allgemeinen und für Hildesheim im Besonderen besser abschätzen zu können, sollte man sich einen grundlegenden Zusammenhang von Religion mit den sozialen und politischen Machtverhältnissen deutlich machen, der vom Mittelalter bis weit in die Moderne Gültigkeit besaß und dessen historische Wurzeln sich bis in die frühen Hochkulturen zurückverfolgen lassen: Das Wohl jeder Gemeinschaft – ob nun einer Gemeinde, eines Bistums, einer Stadt, eines Fürstentums oder eines Reichs – hingt essenziell nicht nur faktisch, sondern vor allem auch mit Blick auf die Wahrnehmung der Menschen von der Qualität ihrer Leitung ab. Deren Bewertungsmaßstab gab die Religion vor; sie

Abb. 40. Hildesheimer Lüchtenhof. Zeichnung Polycarps; HS Ps 22, Dombibliothek Hildesheim

lieferte ein übergreifendes Deutungs- und Sinnstiftungskonzept, das in der Wirklichkeit einer Stadt, eines Bistums oder Fürstentum ausgestaltet und dort mit Leben erfüllt wurde. Daher war eine christliche, den Willen Gottes erfüllende und insofern gerechte Regierung (der Stadt bzw. des Rats, des Bischofs, des Landesherrn etc.) die Grundvoraussetzung für das Wohl aller; umgekehrt legitimierte das auf diese Weise hergestellte Gemeinwohl soziale, vor allem aber politische Macht. Ganz diesen mittelalterlichen Traditionen verpflichtet, deutete man auch noch in der frühen Moderne die Misswirtschaft innerhalb des Stadtregiments, verwaiste Pfarreien oder eine verlorene Fehde als Zeichen für Gottes Zorn, den die Menschen für ihren Unglauben oder Ungehorsam gegenüber Gottes Willen erleiden mussten. Solche Heilsgemeinschaften markieren insofern nicht von ungefähr die wichtigsten Zusammenhänge von Religion und Politik überhaupt, weil sie in den Köpfen und Herzen der Menschen präsent waren und deren Denken und Handeln bestimmten.

Durch die konfessionelle Komponente wurde dieser Zusammenhang im 16. und 17. Jahrhundert erweitert und daher in der Regel vor Ort, in der unmittelbaren Situation einer Kommune oder einer Kirchengemeinde verkompliziert. Von nun an bestimmte die jeweilige Konfession bzw. die Konkurrenz zwischen den Konfessionen, was und nach welchen Kriterien bewertet wurde. Das bedeutete für Hildesheim im frühen 17. Jahrhundert konkret, dass sich der lutherische Rat der Stadt für das Wohl »seiner«, also der evangelischen, Bürger, die die Mehrheit der Bevölkerung stellten, für zuständig erachtete, während die Katholiken vornehmlich der Sorge des Fürstbischofs zugeordnet waren.

Vor allem dem Bischof war dieser Verlust der prinzipiell alle Hildesheimer umfassenden Heilsgemeinschaft unter seiner einst unbestrittenen, übergeordneten Stadtherrschaft mehr als nur ein Dorn im Auge. Die Bevölkerung war nach der Reformation in ihrer Mehrheit protestantisch geworden, und Verlauf wie Ergebnisse der Stiftsfehde (1519–1523) hatten diese Spaltung erheblich vertieft. Der katholische Fürstbischof von Hildesheim regierte im Ergebnis Untertanen, die mehrheitlich lutherisch waren. Diese Grundkonstellation wurde durch den Westfälischen Frieden 1648 verstärkt, obwohl die territorialen Verluste der Stiftsfehde überwiegend wettgemacht wurden. Daher musste der Landesherr vor allem geistlichen Boden gutmachen – und missionieren.

Effektiv waren diesen Rekatholisierungsversuchen jedoch von Beginn an deutliche Grenzen gesetzt. So wurden die im Verlauf des 16. und frühen 17. Jahrhunderts eingetretenen Verluste katholischen Lebens bzw. Milieus nicht mehr aufgeholt; die Katholiken waren und blieben daher eine Minderheit. Nachteilig dürfte sich hier auch der Umstand ausgewirkt haben, dass der Fürstbischof seit der zweiten Hälfte des 17. Jahrhunderts von den Wittelsbachern gestellt wurde, diese aber gar nicht mehr vor Ort waren, weil sie noch wichtigere und größere Herrschaften regieren mussten als das Diaspora-Bistum im Nordwesten des Reichs. Gleiches galt für eine Mehrheit der weiteren geistlichen Würden- und Pfründenträger, insbesondere für das Domkapitel. Weil dieses sich traditionell aus dem niederen Adel rekrutierte, der regionale Adel jedoch ebenfalls mehrheitlich protestantisch war, musste man auf Westfalen oder Niederrheiner zurückgreifen; diese residierten dann ebenfalls nicht in der Domstadt. Ein katholisches Bewusstsein mit entsprechenden sozialen Ausdrucksformen blieb unter diesen Rahmenbedingungen und wie schon in den vorangegangenen Generationen weiter auf dem Rückzug.

Die neuen Orden der angebrochenen Moderne setzten hier an. Allerdings hatten Jesuiten oder Kapuziner ein grundlegendes Problem. Wie kaum eine andere Institution befanden sich die Orden während der Konfessionalisierung an einer Schnittstelle zwischen »oben« und »unten«: Einerseits wurden sie als Reforminstrumente von der Obrigkeit zur Durchsetzung des tridentinischen Katholizismus eingesetzt, andererseits sahen sich die Ordensleute in der Praxis bei der Durchsetzung ihrer Ziele mit einer inkongruenten Alltagskultur konfrontiert, die sie nötigte, ihre Inhalte und Methoden den Gegebenheiten anzupassen. In Hildesheim hatten Ende des 16. Jahrhunderts bereits die Jesuiten die Domschule übernommen und ein Kolleg errichtet. Sie unterrichteten und predigten vornehmlich, setzten also aus der Perspektive der Missstände an den richtigen Stellen an – und blieben wohl auch daher in der Stadt nie unumstritten.

Die Kapuziner kamen gut drei Jahrzehnte später nach Hildesheim. Dieser »Orden der Minderen Brüder Kapuziner« war zu Beginn des 16. Jahrhunderts als ein reformorientierter Ableger der Franziskaner in Italien entstanden. Wegen der spitzen Kapuze (ital. *cappuccio*) ihres franziskanischen Habits wurden die Brüder vom Volk Kapuziner genannt (Abb. 41). Auch sie gerieten in der Domstadt schnell in die grundlegenden Konflikte zwischen dem (protestantischen) Rat und dem (katholischen) Bischof und die damit verwobenen konfessionellen Differenzen. So waren die Kapuziner

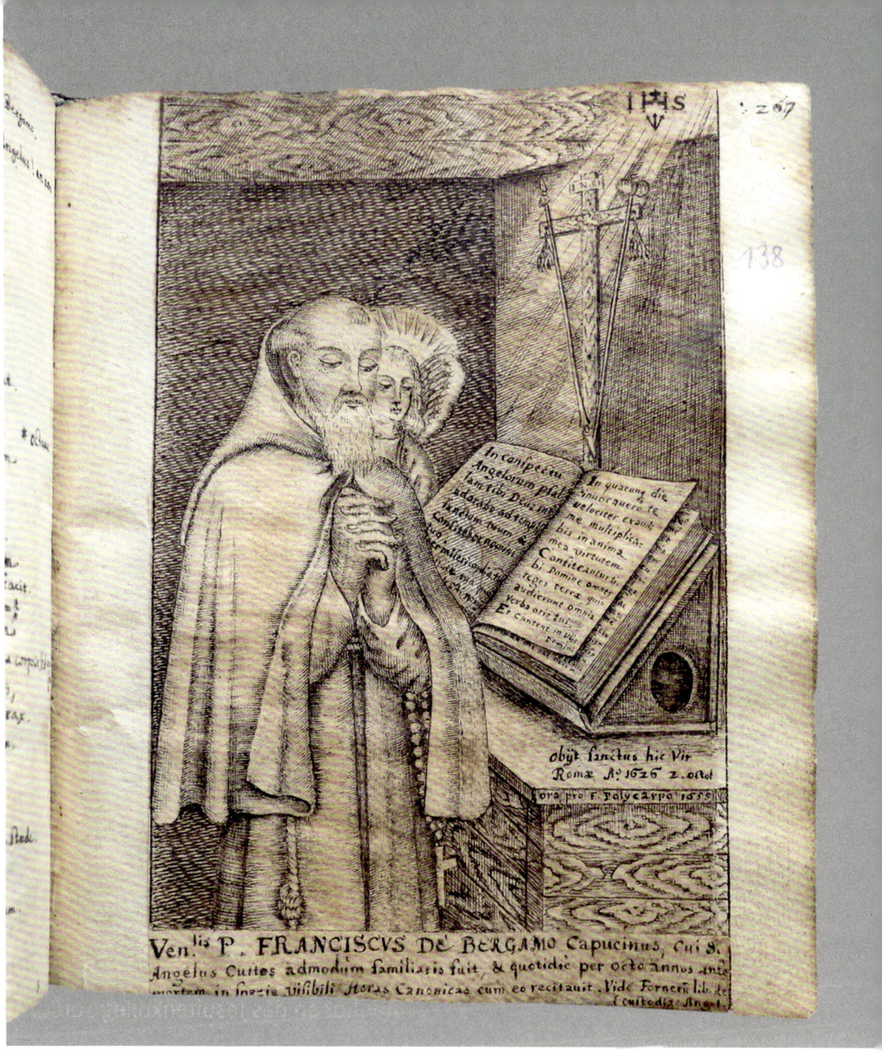

Abb. 41. Polycarp. Zeichnung des Kapuzinerpaters Franciscus von Bergamo († 1626), fol. 138

dem Hildesheimer Rat schon bei ihrer Ankunft 1630 nicht willkommen, galten sie doch per se als ein Instrument und zugleich als ein Symbol für die fürstbischöflichen Hoheits- und Rekatholisierungsansprüche. Daher waren sie genötigt, zunächst auf dem damals außerhalb der Stadt gelegenen Moritzstift unterzukommen.

Im folgenden Jahr zogen sie in den Lüchtenhof, der den Fraterherren zwischen der Mitte des 15. Jahrhunderts bis zum Jahr 1604 gehörte. Der Bischof hatte das Gebäude nach der Auflösung der Hildesheimer Gemeinschaft übernommen und dort eine Unterkunft für Schüler des Jesuitenkollegs eingerichtet, die aus armen Verhältnissen stammten. Mit ihnen teilten sich die Kapuziner das Haus zunächst. Wenige Jahre später übergab Bischof Ferdinand (1612–1650), ein gebürtiger Wittelsbacher, der über mehrere geistliche Herrschaften verfügte und einer der profiliertesten Vertreter der Rekatholisierung in Norddeutschland war, den Lüchtenhof vollständig dem Orden. Dies geschah mit der für sich sprechenden Begründung, dass sie »zur Zeit der vergangenen Lüneburgischen Persekution viel Nutzen geschafft, und da [...] alle Religiosen ausgewichen, sie allein zu Trost der verbliebenen Katholischen die Religionsübung gehalten«. Dabei setzte er sich mehrfach über die Mitbestimmung des Domkapitels hinweg, so dass dieses nun seinerseits die Kapuziner als Bedrohung, konkret als Instrumente des Bischofs, auffasste, um die Rechte des Domkapitels in der Leitung des Bistums zu verletzten. Seit 1643 ging dieses direkt gegen die Kapuziner vor, indem es sich dafür einsetzte, den Lüchtenhof an das Jesuitenkolleg zurückzugeben.

Die Kapuziner gerieten also in Hildesheim zwischen mehrere Konfrontationen um die Macht in der Stadt und innerhalb des Bistums, die miteinander verflochten waren. Weil um 1630 zudem der Dreißigjährige Krieg auch in der Domstadt Einzug hielt, erwiesen sich die folgenden Jahre für die junge Ordensgemeinschaft als sehr wechselhaft. So konnten die Kapuziner während der Besetzung Hildesheims durch die Truppen des protestantischen Welfenherzogs zwischen 1634 und 1643 – anders als die anderen katholischen Orden – vor Ort bleiben. Die Stadt wollte sie jedoch weiterhin loswerden. Nach Abschluss des Westfälischen Friedens 1648 und mit Hilfe von auswärtiger, protestantischer Unterstützung waren diese Versuche 1649 von Erfolg gekrönt: Die Kapuziner mussten die Stadt verlassen, und das Domkapitel übernahm wieder den Lüchtenhof. Ihre Ausweisung erfolgte, wie es dem zeitgenössischen Ratsprotokoll zu entnehmen ist, aus dem Motiv einer christlichen Obrigkeit heraus; sie sorgte für das Wohl ihrer (protestantischen) Bürger, indem sie gegen die spirituelle und politische Bedrohung durch den Katholizismus in Gestalt der Kapuziner und letztlich auch des Bischofs vorging.

Immerhin hatten die Ordensleute in der Zwischenzeit ihre Beziehungen zum Domkapitel einigermaßen normalisiert, nicht zuletzt, weil sie ausdrücklich und schriftlich um Frieden baten. Tatsächlich förderte das Domkapitel von nun an die Gemeinschaft und unterstützte sie während des neuerlichen Exils auf dem Moritzberg. Bereits 1656 konnten die Kapuziner dank der wiederum massiven Intervention der Erzbischöfe Ferdinand und seines Nachfolgers Maximilian Heinrich (1621–1688, Bischof in Hildesheim seit 1650) in die Stadt und an den Lüchtenhof zurückkehren. Nur ein Jahr später wurde mit einem Neubau der Klosterkirche begonnen, der zudem die Unterstützung des Domkapitels erhielt und 1662 fertiggestellt wurde. Dessen Finanzierung erfolgte durch den Fürstbischof sowie den katholischen Adel.

An diesem Punkt der Geschichte treffen wir auf den Bruder Polycarp von Münster und sein *Myriophillon*. Polycarps weltlicher Name ist nicht bekannt. Vermutlich stammte er aus Münster oder dem Münsterland und wurde dort zwischen 1601 und 1604 geboren. Beim Eintritt in den Kapuzinerorden 1624 nahm der Bruder den Namen Polycarp an. Er leitet sich vom altgriechischen πολύκαρπος, »fruchtbringend«, ab; in der Botanik wird der Begriff auch benutzt, um Pflanzen zu bezeichnen, die viel oder dauerhaft blühen und entsprechend zahlreiche Früchte hervorbringen. Mit dem neuen Namen gab der junge Mönch nicht nur sein bisheriges Leben auf, sondern er verlieh seinem neuen Leben eine Bestimmung, ja vielleicht sogar eine Mission.

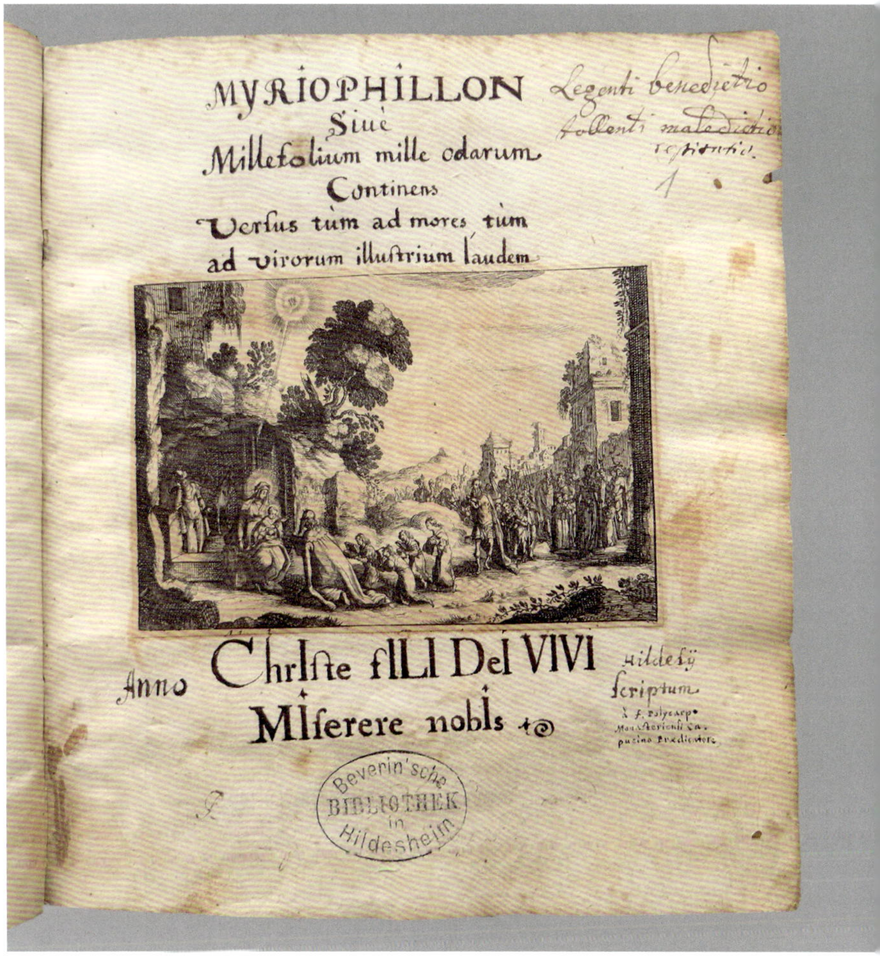

Abb. 42. Polycarp. Myriophillon. Titelblatt

Weil er vom Orden für eine Priesterlaufbahn bestimmt wurde, ging Polycarp von 1627 bis 1631 für ein Theologiestudium nach Paderborn. Dort blieb er zunächst und fungierte seit 1638 als Guardian, also Klostervorsteher, des dortigen Kapuzinerkonvents; seit 1650 lebte er in den Niederlassungen in Bingen und in Engelberg; 1656 erhielt er einen neuen Auftrag, der ihn nach Braunschweig und Hildesheim führte. Hier sollte er sich der Restituierung der Hildesheimer Kapuziner-Niederlassung und intensiv der Seelsorge in der Diaspora widmen. Polycarp traf also in der Domstadt zu dem Zeitpunkt ein, als der langjährige Konflikt innerhalb der Stadt mit bzw. über die Kapuziner seinem Ende entgegenging.

Hier wirkte er federführend am Ausbau des Lüchtenhofs und am Neubau der Klosterkirche mit, die 1662 fertiggestellt wurde. Über eine entsprechende Ausbildung ist nichts bekannt, Polycarp dürfte also ein Autodidakt gewesen sein, der seine Kenntnisse und seine Fertigkeiten in den Büchern der Klosterbibliotheken bzw. durch die ihm übertragenen Bauaufgaben in der Missionstätigkeit entwickelt hatte. So fertigte er bereits in seiner Engelberger Zeit einen Idealplan des Klosters Walldürn als Federzeichnung an. Ganz offenbar erwarb er sich einen beachtlichen fachlichen Ruf, so dass er als Baumeister gefragt war. So entwarf er u. a. in den ersten Hildesheimer Jahren den Neubau der Benediktinerklosterkirche zu Corvey. Allerdings sind die Spuren seines Wirkens heute kaum noch sichtbar; erhalten geblieben sind lediglich Skizzen und Auszüge aus den Verwaltungsakten.

Neben Bauprojekten trat Polycarp besonders als Missionar sowie als Verfasser von vielfach, aber nicht ausschließlich gegenreformatorischen Schriften hervor. Von seinem Œvre sind mehr als ein halbes Dutzend im Autograph sowie in Abschriften in der Dombibliothek Hildesheim überliefert, unter anderem hagiographische Werke, eine Ordensgeschichte der Kapuziner und die Geschichte des Hildesheimer Lüchtenhofs. Polycarp starb vermutlich im Januar 1684.

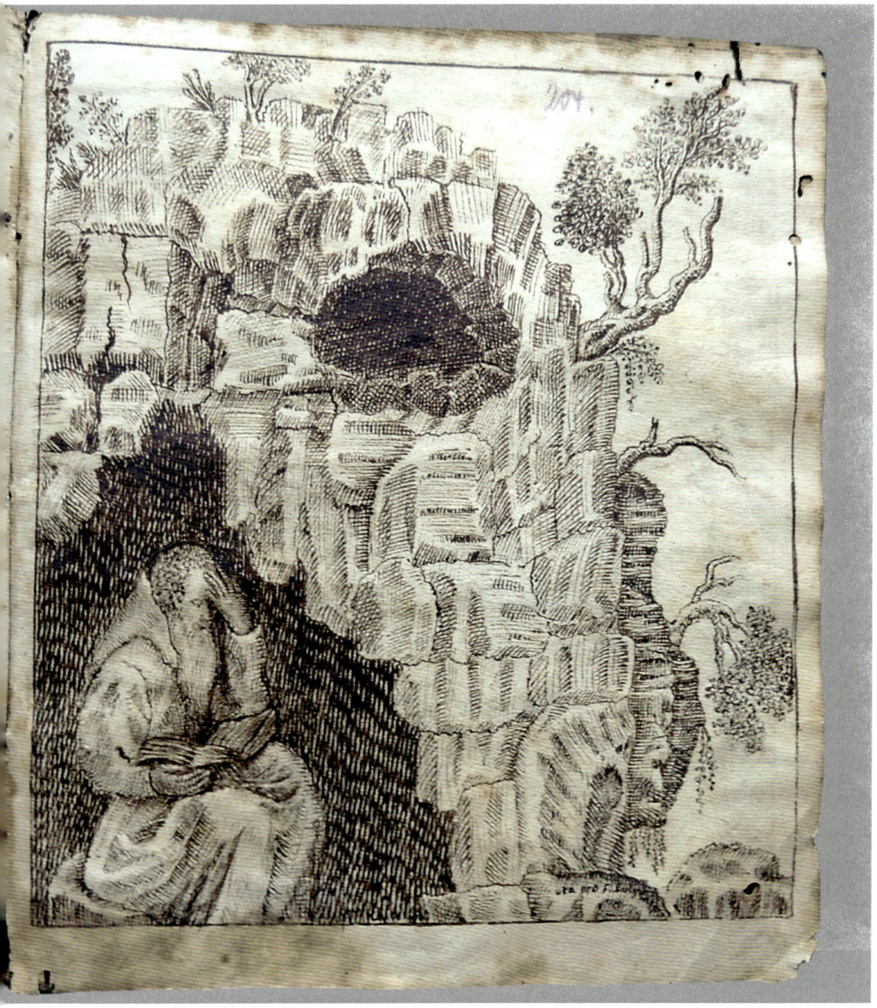

Abb. 43. Bruder Polycarp; fol. 204r

Das *Myriophillon*, »Tausendblatt«, ist eines von drei handgeschriebenen Werken, die zu einem Kodex zusammengebunden wurden. Der gesamte Band ist reich durchsetzt mit einfachen Federzeichnungen und eingeklebten, teilweise ergänzten und in Illustrationen eingearbeiteten kleinformatigen Kupferstichen und Radierungen. Einige Federzeichnungen wurden von graphischen Vorlagen kopiert. Einzelne davon sind früher als die Handschrift datiert. Polycarp gibt sich auf dem Titelblatt als Verfasser durch einen handschriftlichen Eintrag rechts unterhalb des Kupferstichs zu erkennen (Abb. 42):

»In Hildesheim geschrieben von Frater Polycarp von Münster, Kapuziner Prediger« (*Hildesij scriptum à f[rater] Polycarpo Monasteriensi Capucino Praedicatore*).

Myriophillon oder *Millefolium*, so erläutert der Autor bereits, wie es in dieser Epoche üblich war, mit dem Titelzusatz den Inhalt bzw. Gegenstand des Werkes, »das tausend Gesänge enthält, Verse einmal zur Moral, dann zum Lob berühmter Männer«. Wie unschwer zu erkennen ist, benutzt der gelehrte Kapuziner eine Metapher. Denn »Tausendblatt« war ein gebräuchlicher Name für Schafgarbe. Die vielfach fein zerteilten Blattrispen der Pflanze stehen hier sinnbildlich für die 1000 Verse des Werkes. Darin setzt sich Polycarp mit seinem Glauben, der Tradition seiner Glaubensgemeinschaft, theologischen Begriffen sowie bedeutenden historischen Personen und Ereignissen seiner Zeit auseinander.

Neben dem eher konventionellen Titelkupfer, einer Darstellung der Anbetung Mariens mit dem Kind durch die heiligen drei Könige, zeichnet Polycarp sein Werk durch eine besondere Datierung aus. So benutzt er ein Chronogramm. Der Begriff leitet sich aus den griechischen Wörtern *chronos (χρόνος)*, »Zeit«, und *gramma (γράμμα)*, »Buchstabe«, ab. Darin wird die Jahreszahl in Form eines lateinischen Satzes verschlüsselt; alle Buchstaben (hier lediglich die Großbuchstaben), die zugleich einen Zahlenwert repräsentieren, werden zu einer Zahl addiert, die das Publikationsjahr bezeichnet. Diese Art der Datierung war auch als Inschrift an Häusern beliebt, z. B. über dem Eingang des Hospitals »Fünf Wunden« in Hildesheim. Polycarp datiert (Abb. 42):

ChrIste fILI Dei VIVI / MIserere nobIs:
C+I+I+L+I+D+I+V+I+V+I+M+ I = MDCLVVIIIIIII
oder 1667.

Des Weiteren weist das Titelblatt noch einen sogenannten Bücherfluch auf. Mit dieser Mahnung erinnerte man den Leser an die zu dieser Zeit nur sporadisch aufgezeichneten oder verbindlichen, aber durchaus geläufigen Benutzungsregeln. Viele Bände, die mehr oder minder ungesicherten Bibliotheken angehörten, wurden damit versehen. Auch in der Hildesheimer Kapuziner-Bibliothek war dies eine gängige Praxis, wie viele andere Bände bezeugen, die sich heute ebenfalls in der Dombibliothek befinden. »Segen dem Lesenden, Verfluchung dem Stehlenden, Rückgabe!« (*Legenti benedictio, tollenti maledictio, restitutio*) galt daher auch für Polycarps Werk, das über Generationen zum Bestand der Hildesheimer Ordensniederlassung gehören sollte.

Für Polycarp gehörten sein Ordensleben und sein schriftstellerisches Wirken unmittelbar zusammen. Für ihn bildeten sie zugleich einen Beitrag für die Sicherung seines eigenen Seelenheils. So versah er die Handschrift mit einem Selbstportrait (Abb. 43). Im Habit eines Kapuziners hat sich Polycarp in eine Höhle zurückgezogen, um zu lesen und zu meditieren. Auf einem Stein ist die Aufforderung an den Leser gerichtet, für Bruder Polycarp zu beten – damit er das Gute, das der Autor mit diesem Werk an ihm oder ihr – hoffentlich – wirkte, mit einer Fürbitte zu dessen Seelenheil vergelte. Ikonographisch und geistesgeschichtlich greift der Ordensmann damit eine jahrhundertealte Tradition der klösterlichen Schreibwerkstätten auf. Die dort tätigen Brüder verstanden ihre Arbeit als heilswirksames Werk, das die Rezipienten zur Gegenleistung veranlassen sollte. Einige wenige solcher Schreiber bzw. Illustratoren unterstrichen diese Verpflichtung durch einen Memorialeintrag oder sogar eine Selbstdarstellung.

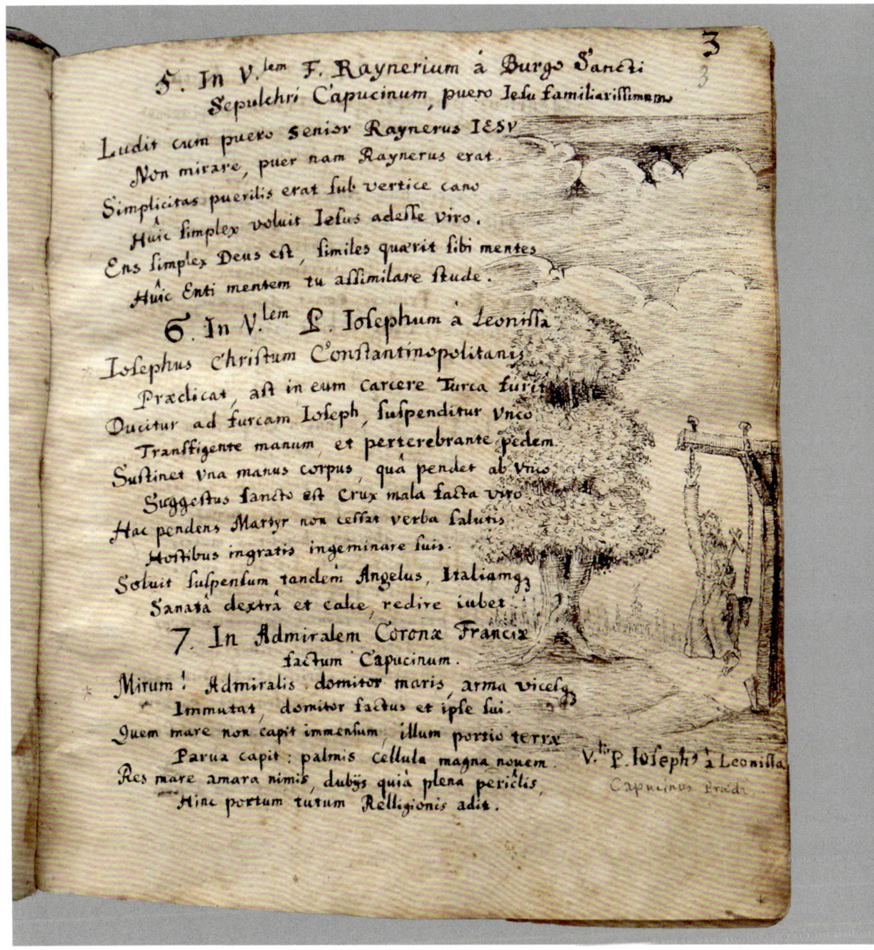

Abb. 44. Pater Joseph von Leonessa, fol. 3r

Polycarps *Myriophillon* enthält exakt 1000 gezählte Verse, die zu verschiedenen Themenkreisen zusammengetragen sind. Die Schwerpunkte bilden politische Ereignisse, der kirchliche Jahreskreis, das religiöse im Allgemeinen und das Ordensleben im Besonderen sowie christliche Märtyrer. Darunter befinden sich Kapuzinermitbrüder, die ohne Polycarp vergessen worden wären, wie etwa Bernardus Offidanus (†1558): Er lebte demnach in außergewöhnlicher Askese, nahm sich darüber hinaus der Armen an und wirkte – deshalb, so die Überzeugung – nach seinem Tod Wunder. Auch das Wirken des Heiligen Joseph von Leonessa (1556–1612)

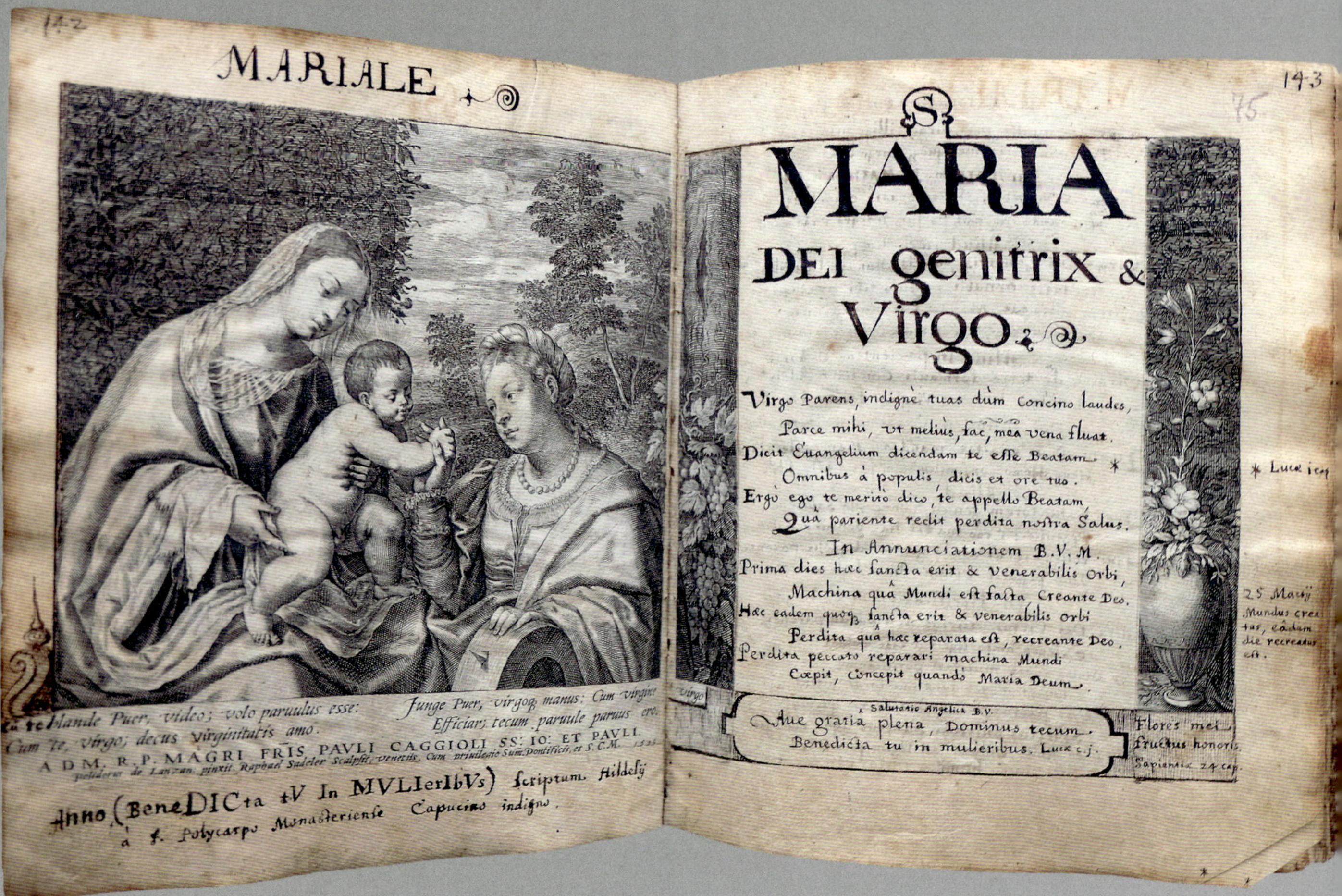

Abb. 45. Gedichte Polycarps zu Ehren der Gottesmutter und Jungfrau Maria. Titelblatt, fol. 74v–75r.

findet Erwähnung (Vers 6; Abb. 44). Als Spross einer Adelsfamilie trat er früh gegen den Willen seiner Familie in den Kapuzinerorden ein. 1587 wurde er während der Türkenkriege vom Orden als Missionar nach Konstantinopel geschickt und betreute dort Gefangene in türkischen Gefängnissen. Nachdem er versucht hatte, Sultan Murad III. zum christlichen Glauben zu bekehren, wurde er gefoltert, indem man ihm mit Haken, die durch Hand und Fuß gezogen wurden, aufhängte. Er überlebte und wurde drei Tage später aus der Türkei verwiesen. Auch er war bekannt für seine strenge Askese und seine Hingabe zu den Armen.

Trotz ihres sozial-caritativen Engagements werden die in der Schrift vorgestellten Heiligen zumeist als Eremiten in einer von Naturgewalten beherrschten Landschaft dargestellt. Dies entspricht offenbar der Selbstsicht der Kapuziner. Die für das Mönchtum insgesamt nie aufgelöste Spannung zwischen Engagement und kontemplativer Weltflucht, *actio* und *contemplatio*, erscheint bei ihnen insofern besonders ausgeprägt.

Ein Beispiel für politische Statements ist Vers 163. Darin kritisiert Polycarp die zeitgenössischen Politik- und Machtstrukturen, insbesondere die Herrschaft einer Person über mehrere Bistümer – wie es auch in Hildesheim mit den Wittelsbachern gegeben war. Der Kapuziner untermauert seine Position mit dem Verweis auf Paulus; er fordere Monogamie und verdamme die Vielweiberei, und so solle auch die Beziehung des Bischofs zu »seiner« Kirche verstanden werden, die für ihn wie eine Ehefrau sei.

Im Anschluss an das *Myriophillon* folgen Gedichte zu Ehren der »Heiligen Maria, Gottesgebärerin und Jungfrau« (*S[ancta] Maria Dei genitrix & Virgo*) (Abb. 45). Sie erfreute sich unter den Kapuzinern einer großen Beliebtheit. In der Pastoral und somit in der Rekatholisierung spielte Maria für den Kapuzinerorden eine besondere Rolle. So wurden eigens Orte zur Marienverehrung eingerichtet oder Wallfahrten organisiert. Nicht zufällig ziert insofern eine Darstellung Mariens das doppelseitige Titelblatt. Technisch bzw. stilistisch kreierte Polycarp eine Art Collage. Dazu verwendete er einen Kupferstich Raphael Sadelers (1560–1632), »Die mythische Hochzeit Jesu mit Katharina von Alessandrien« – der wiederum einem Gemälde Polidoro da Lancianos (1515–1565) nachempfunden worden war – und teilte ihn in drei ungleich große Teile; den Hauptteil und damit das Zentrum der Darstellung klebte er auf der linken Hälfte der Doppelseite ein; den Randbereich des Stichs zerschnitt er und nutzte zwei Streifen für die Randgestaltung der rechten Hälfte der Doppelseite, die auch den Titel trägt.

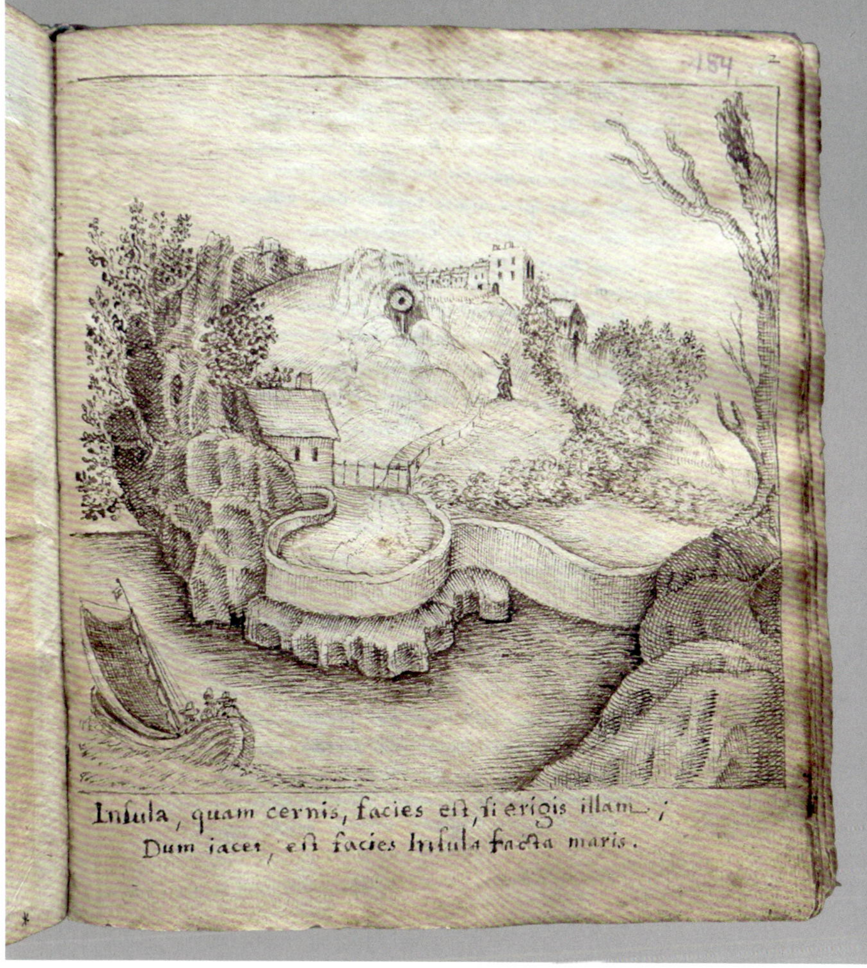

Abb. 46. Vexierbild; fol. 184r

Des Weiteren enthält der Codex die unvollendete Schrift »Streitfragen« (*Controversiae*). Polycarp greift durch sie die seit der Antike beliebte Tradition auf, über aktuelle oder interessante juristische und religiöse Sachverhalte verschiedene Standpunkte zu sammeln und zu diskutieren. In (lateinischer) alphabetischer Reihenfolge, beginnend mit »Über das Weihwasser« (*De aqua benedicta*) bis zu »Über die Berufung der Kirchendiener« (*De vocatione ministrorum [ecclesiae]*), mit Exkursen »Über die guten Werke« (*De operibus bonis*), »Über die Anbetung Christi« (*De adoratione Christi*) und »Über die Messe« (*De Missa*) setzte er sich mit den theologischen Problemen seiner Zeit auseinander und bezog klare antireformatorische Positionen. Die Definitionen der einzelnen Begriffe und die passenden Argumente gegen lutherische Standpunkte entnahm er ausgewiesenen und vielgelesenen Autoren wie dem Jesuiten Martin Becanus (1563–1624).

Für die letzte Schrift des Codex wählte Polycarp den anspruchsvollen Titel »Handbuch«, *Enchiridion*, eine lockere Zusammenstellung von Lehrgedichten, die wiederum schwerpunktmäßig politischen Ereignissen und Kontroversen seiner Gegenwart gewidmet sind. Auf die einem Enchiridion eigentümliche Systematisierung nach Themen, die Chronologie des Stoffes oder ausführliche Inhaltsverzeichnisse verzichtete er.

Unter den darstellenden Sujets des Codex ragt ein sog. Vexierbild heraus, das Polycarp nach einer Vorlage des Künstlers Wenzel Hollar (1607–1677) schuf (Abb. 46). Ein Vexier- ist ein Suchbild, in dem sich eine oder mehrere versteckt eingezeichnete Figuren verbergen.

Polycarps Schrift ist insgesamt eine Fundgrube für die Regionalgeschichte. So bietet sie beispielsweise eine Darstellung des sogenannten Pfaffenfeindtalers (Abb. 47).

Der Pfaffenfeindtaler, gelegentlich auch als Gottesfreundtaler bezeichnet, ist eine Spottmünze, die Herzog Christian von Braunschweig-Wolfenbüttel (1599–1626) als Anführer eines protestantischen Söldnerheeres während des Dreißigjährigen Krieges im Jahr 1622 prägen ließ. Die Münze dürfte der Finanzierung seiner Kriegszüge und als Sold für seine Truppen gedient haben. Zugleich sollte sie seinen Ruhm als Heerführer sowie seine Haltung gegenüber der gegnerischen Katholischen Liga dokumentieren. Der Taler war somit schlicht auch ein Propagandainstrument. Später wurde er unter veränderten historischen Bedingungen von einem Verwandten Christians neu aufgelegt, Herzog Rudolf August von Braunschweig-Wolfenbüttel (1666–1704), als dieser 1670/1671 mit dem Bischof von Münster, Christoph Bernhard von Galen (1650–1678), eine Fehde um die Stadt Höxter führte.

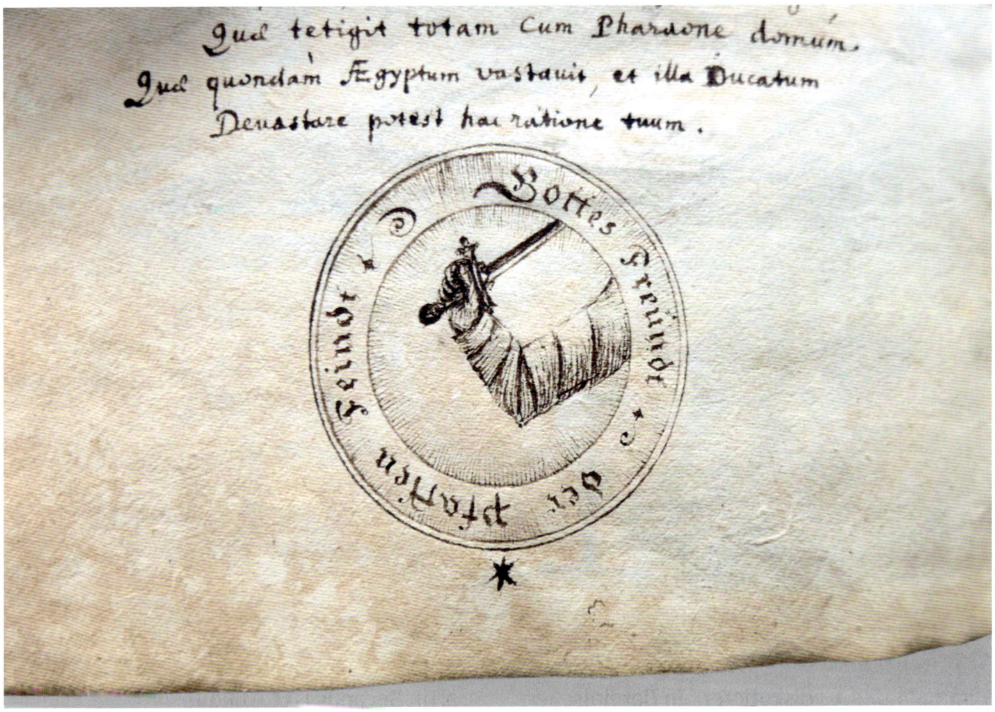

Abb. 47. Pfaffenfeindtaler; fol. 186v

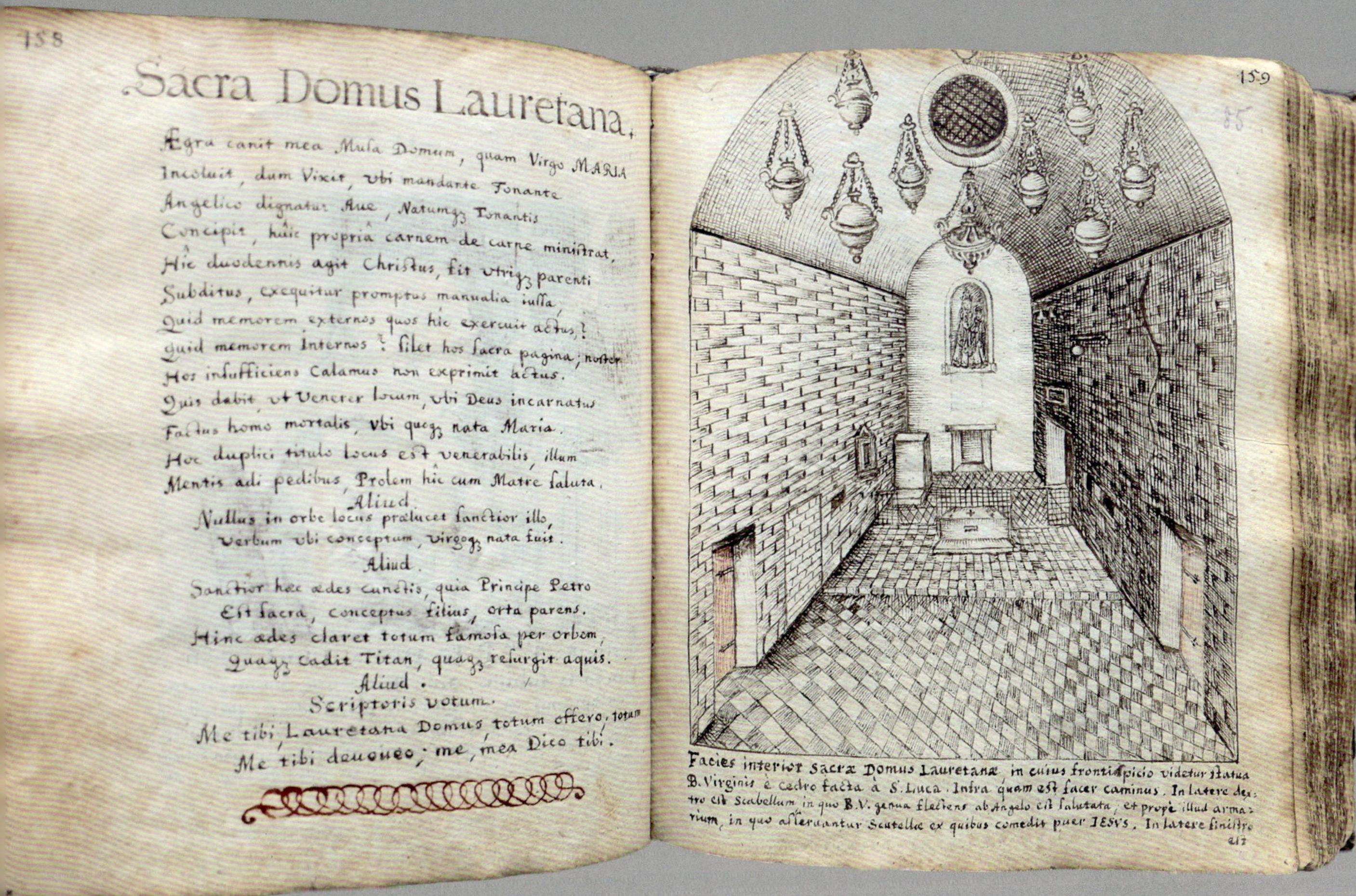

Abb. 48. Loreto-Kapelle; fol. 84v–85r

Schließlich widmete sich Polycarp in den Versen und Illustrationen immer wieder der Loreto-Kapelle (Abb. 48). Dabei handelt es sich in ähnlicher Weise wie bei der Weihnachtskrippe um eine Nachbildung, hier des Hauses der Heiligen Familie in Nazareth. Nachdem die Kreuzfahrer das Heilige Land verloren hatten, soll der Legende nach ein Engel das Haus der Familie Jesu und damit den Ort, an dem der Engel Maria die Frohe Botschaft verkündete, von Nazareth nach Loreto bei Ancona an der Adria gebracht haben. Die dort erbaute Casa Santa wurde eine beliebte Wallfahrtsstätte. Nach ihrem Vorbild stifteten viele Adlige, die von einer Pilgerfahrt nach Loreto zurückgekehrt waren, in ihrer Heimat solche Kapellen.

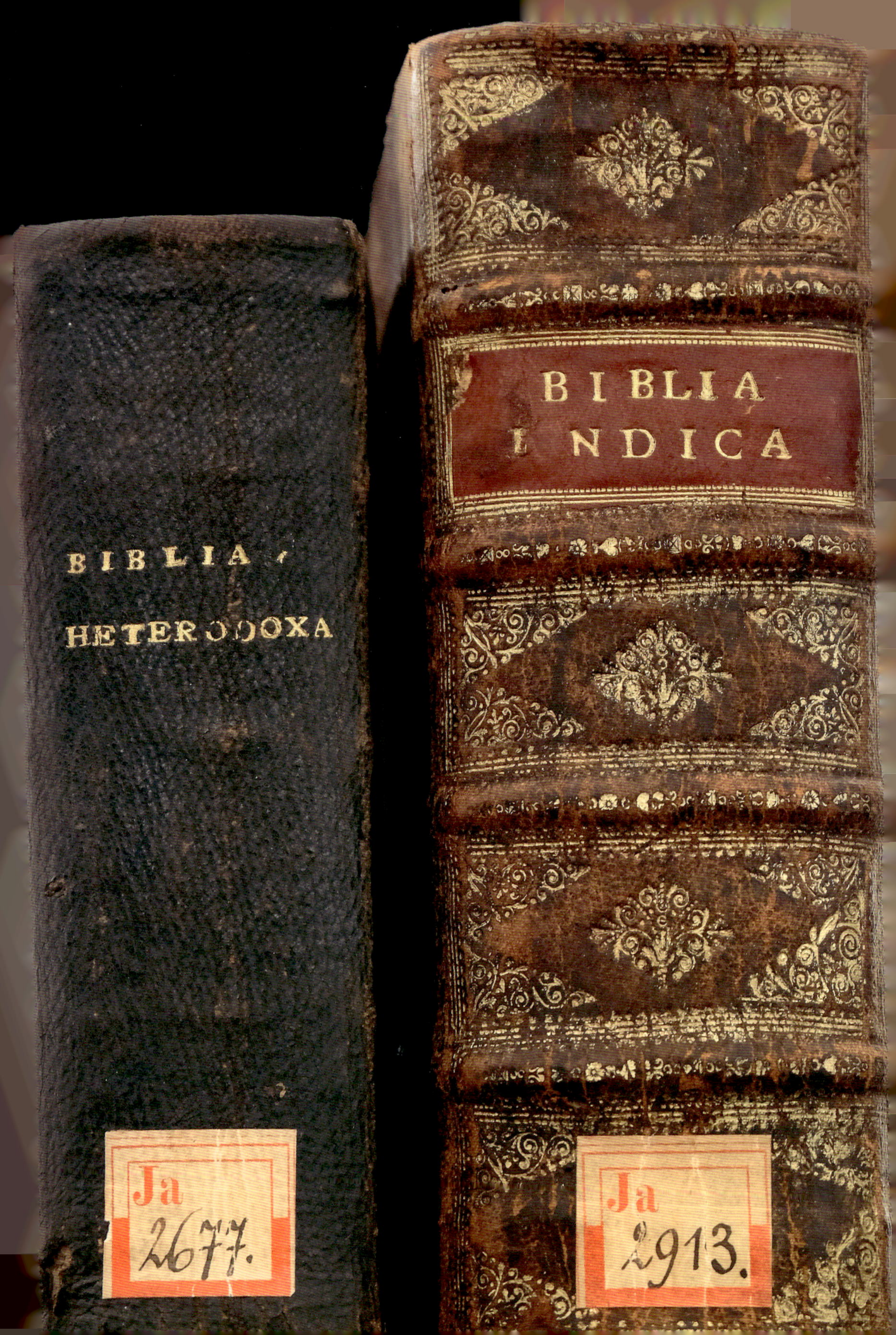
BIBLIA
HETERODOXA
Ja
2677.
BIBLIA
INDICA
Ja
2913.

Die »Indianer«- und die Ketzerbibel

MAMUSSE WUNNEETUPANATAMWE UP-BIBLUM GOD NANEESWE NUKKONE TESTAMENT KAH WONK WUSKU TESTAMENT, ÜBERS. VON JOHN ELIOT

CAMBRIDGE, MASS.: SAMUEL GREEN, 1685

DOMBIBLIOTHEK HILDESHEIM, 2 JA 2913

BIBLIA SACRA SIVE TESTAMENTUM VETUS ET TESTAMENTUM NOVUM, ÜBERS. VON IMMANUEL TREMELLIUS, THÉODORE DE BÈZE UND FRANÇOIS DU JON

AMSTERDAM: WILLEM JANZOON BLAEU, 1633

DOMBIBLIOTHEK HILDESHEIM, 2 JA 2677

Die wahre Liebe zum Buch kennt keine Grenzen. Und sie endete auch nicht vor dem Index. Dieser berühmt-berüchtigte »Katalog verbotener Bücher«, der *Index librorum prohibitorum*, verzeichnete jene Werke, die der Katholik weder besitzen noch lesen durfte, wollte er nicht der kirchlichen und damit auch der ewigen Verdammnis verfallen. Er wurde seit der Mitte des 16. Jahrhunderts über fast 400 Jahre, bis 1948, von der katholischen Kirche geführt, um die Gläubigen vor den Schäden zu bewahren, die angeblich jene Werke anrichten konnten, die ihres Erachtens ihrer Lehre widersprachen. Deshalb erfreuten sich indizierte Bücher einer kaum gebrochenen Beliebtheit, gerade auch unter Geistlichen und Ordensleuten – nicht zuletzt musste man mit dem konfessionellen Gegner und seinen Positionen vertraut sein, um ihnen wirksam begegnen zu können. Insofern war es nicht nur die Attraktivität, die Verbotenes per se zum Objekt von Begehrlichkeit werden ließ, sondern auch ein gutes Stück Rationalität des Streitens, die häretischer Literatur ihren Platz im Bestand kirchlicher Bibliotheken sicherte. Zwei Bibelübersetzungen des 17. Jahrhunderts – die eine in einem an der nordamerikanischen Ostküste gesprochenen Algonquin-Dialekt, die andere aus der Feder von drei bekannten Calvinisten – gehören seit dreihundert Jahren zum Bestand der Dombibliothek Hildesheim und erzählen gemeinsam, wie nah sich Heil und Verdammnis im irdischen Leben immer schon waren.

***

Diese gemeinsame Geschichte beider Objekte ist mit einer Person untrennbar verbunden: dem Hildesheimer Domherrn Johann Sigismund von Reuschenberg (1675–1703) (Abb. 50).

Reuschenberg besaß eine für einen Privatmann des späten 17. Jahrhunderts beachtliche private Bibliothek. Im Verlauf seines kurzen

Abb. 49. Die »Indianer«- und die Ketzer-Bibel

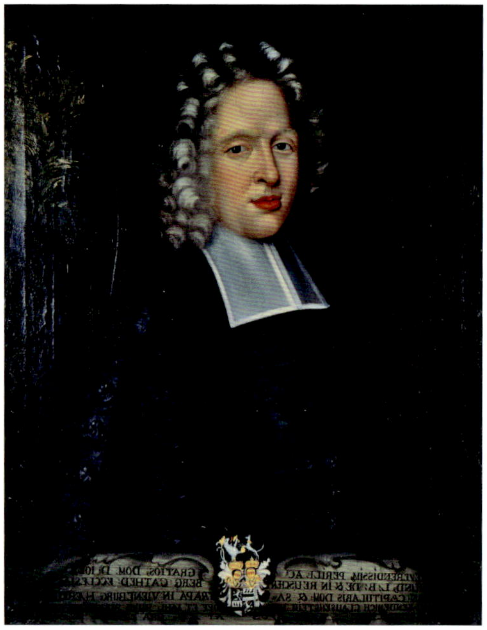

Abb. 50. Johann Sigismund von Reuschenberg; Portrait. Dombibliothek Hildesheim

Lebens dürfte Johann Sigismund mehr als 2000 Bände zusammengetragen haben, die er mit seinem Tod dem Hildesheimer Domkapitel vermachte. Auf diesem Weg gelangte die Sammlung in die Dombibliothek und gehört bis heute zu den umfangreichsten Stiftungen, die ihr jemals übertragen wurden. Reuschenbergs Bibliothek, von der noch gut drei Viertel im Haus erhalten sind, ist eine äußerst ergiebige Quelle, um tiefe Einblicke in eine Welt zu erhalten, in der Glauben, Bildung und adliger Lebensstil eine vielfach verflochtene Binnenkultur bildeten.

Freiherr Johann Sigismund von Reuschenberg zu Settrich und Kendenich entstammte einer der wichtigsten und wohlhabenden rheinischen Familien des Herzogtums Jülich-Kleve-Berg. Über Generationen war sie dem Deutschorden verbunden. Ihre tiefe Verwurzelung im Katholizismus machte es außerdem möglich, dass Johann Sigismund dem Hildesheimer Domkapitel angehören konnte; dessen Machtbereich war nach dem Dreißigjährigen Krieg endgültig auf den Rang eines Diaspora-Bistums beschränkt und daher mit Blick auf den notwendigerweise adligen Nachwuchs auf »Importe« aus anderen Regionen angewiesen.

Die Verbindung der Rheinischen von Reuschenbergs in den fernen Osten des Reichs hatte bereits der Großonkel Johann Ernst (1603–1660) etabliert. Während des Dreißigjährigen Kriegs war er von 1634 bis 1643 kaiserlicher Befehlshaber über die Festung Wolfenbüttel, die die katholische Dominanz östlich der Weser sichern sollte. Sein Dienst für den Kaiser trug ihm 1639 den Reichsfreiherrnstand ein. Weil er sich darüber hinaus für das von den Wittelsbachern regierte Bistum Hildesheim insbesondere bei der Restituierung des Großen Stifts einsetzte, erhielt Johann Ernst das Amt Vienenburg verpfändet. Bis 1751 sollte die Familie Reuschenberg dort den Drosten stellen. Die Nachfolge des kinderlosen Johann Ernst in Hildesheim traten sein Neffe bzw. die Großneffen an, zu denen Johann Sigismund gehörte.

Kindheit und Jugend sowie seine Ausbildung verbrachte der junge Adlige in seiner rheinischen Heimat: Er besuchte das Gymnasium Tricoronatum in Köln, das von den Jesuiten geführt wurde und in einer konfessionell weitgehend heilen Welt die Werte des Katholizismus ungebrochen vermittelte. Nominell wird Johann Sigismund als Elfjähriger auch unter den Schülern des Hildesheimer Jesuitengymnasiums aufgeführt. Ein Studium nahm er 1691 ebenfalls in Köln auf, wechselte aber bereits im folgenden Jahr an die Universität Salzburg, der er bis 1694 angehörte. Um seinen Bildungsweg abzuschließen, brach Johann Sigismund danach zu der vor allem im frühneuzeitlichen Adel gepflegten Grand Tour auf.

Diese daher auch nicht zufällig als »Kavalierstour« bekannte Praxis führte die jungen Erwachsenen in der Regel durch Zentral- und Südeuropa, vereinzelt auch ins Heilige Land. Fern der Heimat sollten sie Bildung, Kultur und vor allem auch Kunst unmittelbar erleben und dabei den individuellen Horizont durch die Lebensweise anderer Länder erweitern. Der junge Adlige sollte also nicht unbedingt oder ausschließlich lernen und studieren bzw. nur Bibliotheken, Universitäten oder Akademien besuchen; vielmehr verfolgten diese Kavalierstouren den lebenspraktischen, an den Bedürfnissen des eigenen Standes orientierten Ansatz, adligen Lebensstil zu vervollkommnen. Daher besichtigte man herausragende Baudenkmäler, besuchte berühmte Opern, sprach an den bedeutenden Fürstenhöfen vor oder nahm an regionaltypischen Festen teil. Darüber hinaus galt es, Kontakte herzustellen und auf diese Weise ein über die eigene regionale bzw. soziale Herkunft hinausreichendes Netzwerk zu knüpfen. Solche Verbindungen hielten oft über Jahre, vielleicht sogar ein ganzes Leben. Last but not least dienten diese Bildungsreisen schlicht auch der Unterhaltung.

Auf Reisen zu gehen und sich dabei zu bilden gehörte anders gesagt zum standesgemäßen Lebensstil des Adels in der Frühen Neuzeit und erschien daher auch für Johann Sigismund von Reuschenberg als unverzichtbarer Bestandteil seiner Ausbildung. Seine Grand Tour führte ihn durch halb Europa, so nach Italien, Belgien, Holland, Schweden, England und Frankreich. Natürlich widmete er nicht jeder Station die gleiche Aufmerksamkeit; sein bevorzugter Aufenthalt war sicherlich Paris, wo er zwischen 1699 und 1702 lebte und Theologie studierte. Zwischenzeitlich kehrte er immer wieder in die rheinische Heimat zurück und war auch mindestens einmal in Hildesheim: im Jahr 1701, um in das Hildesheimer Domkapitel aufgenommen zu werden.

Wir wissen außergewöhnlich viel und sehr detailliert, wo sich der junge Rheinländer wann aufhielt – Venedig, Livorno, Rom, Siena, Brüssel, Lüttich, Amsterdam, Kopenhagen, Stockholm, London und Paris sind nur einige seiner Ziele –, und dies verdanken wir seinen Büchern. Denn wo immer er war, suchte er die Druckereien, Auktionen und Bibliotheken auf und kaufte ein. In jedem Exemplar hielt er den Ort, das Datum und oft den Kaufpreis handschriftlich fest. Auswahl und Umfang seiner Einkäufe lassen darauf schließen, dass Reuschenberg nicht allein der Bildungshunger, sondern auch die Sammelleidenschaft trieb. Insofern waren seine Reisen auch Ausdruck seiner Bibliophilie.

Und diese hatte offenbar auch nach den Maßstäben der Zeit ein ungewöhnliches Ausmaß angenommen. Dies bezeugt jemand, der es aus eigener Erfahrung und Berufung am besten wissen musste, einer der kompetentesten und nicht minder passionierten Büchersammler dieser Zeit, Zacharias Konrad von Uffenbach (1683–1734). Auch er reiste jahrelang durch Europa und verfasste darüber einen dreibändigen, posthum veröffentlichten Reisebericht. Dabei trug er eine der größten zeitgenössischen Bibliotheken zusammen: Sie war damals mit ca. 40.000 Bänden, wenn man Uffenbachs eigener Einschätzung trauen darf, die drittgrößte nach der kaiserlichen in Wien und der welfischen Bibliotheca Augusta in Wolfenbüttel. Eine Reise durch Norddeutschland führte Uffenbach Anfang Januar 1710 auch nach Hildesheim, wo er unter anderem die Dombibliothek besichtigte. Zu diesem Zeitpunkt war Reuschenberg bereits wenige Jahre tot und seine Bibliothek in die Sammlung am Dom übergegangen. Für Uffenbach war sie jedenfalls der interessanteste Teil der Dombibliothek, so dass er über beide folgendermaßen urteilt:

»Es mögen drey bis vier tausend Stück Bücher [in der Dombibliothek] seyn, davon die meiste und beste von einem Herrn von Reuschenberg hierher vermacht worden.«

Möglicherweise zeigte man Uffenbach nicht die gesamte Dombibliothek, um keine Begehrlichkeiten zu wecken, sondern lediglich die neuere Literatur. Und hier ragte die Sammlung des Freiherrn aus der Sicht des Gelehrten und Bibliotheksexperten heraus. So würdigt Uffenbach im Hildesheim-Teil seiner Reisebeschreibung den jung verstorbenen Domherrn relativ ausführlich und hebt dessen Bücherleidenschaft hervor, die ihn angeblich sogar das Leben gekostet hatte:

»Dieses [Reuschenberg] ist ein reicher von Adel gewesen, und, wie mich Herr D. Behrens, welcher ihn als Medicus bedienet, versicherte, so hat er jährlich bey sechs tausend Thaler Einkünfte gehabt, und ganz Europa, und so gar Norwegen durchreiset. Auf diesen Reisen, sonderlich in Frankreich und Italien hat er bis zehen tausend Reichsthaler an Bücher verwendet, so alle in Französischen Band gebunden sind, und in gläsernen Schränken stehen. Er soll die Studien und Bücher gar sehr geliebt haben; das aber hat ihm eine schwächliche Leibes-Beschaffenheit verursacht; Hierzu ist ein Unfall gekommen, daß er einst aus einem Kahn in das Wasser gefallen, darüber ihn ein langwieriges Fieber überfallen, und ihm endlich A. 1703. in seinem 28. Jahre den Tod gebracht.«

Natürlich bewertete der hochgebildete Bücherkenner Uffenbach die Sammlung Reuschenbergs auch inhaltlich: »Das meiste und beste von seinen Büchern, so er angeschaffet, bestehet in diesen drey Sorten: zuvorderst in kostbaren Ausgaben der alten Kirchenväter; zum anderen in Lexicis, und dann in sehr vielen Editionen der Bibel, von allerhand Sprachen … Die übrigen Bücher waren meistentheils theologisch. Von historischen war sehr wenig da.«

Auf diese Weise sagt Uffenbach nicht nur etwas über die Qualität der Reuschenberg-Bibliothek, sondern auch über seine eigenen Bewertungskriterien aus. Er schätzte vor allem Standardwerke. Denn sie bündelten das zeitgenössische Wissen und stellten es der »Gelehrten-Republik«, *res publica litteraria*, in der sich viele als Gebildete oder Wissenschaftler vernetzt wussten, ja emotional verbunden fühlten, zur Verfügung. Zu diesen Standardwerken gehörten die Kirchenväter, weil sie einen erheblichen Teil des antiken Wissens bewahrten, so dass es das Mittelalter überdauert hatte und für eigene Gegenwart erhalten geblieben war. Theologie, wie sie zu dieser Zeit immer noch vor allem als Kontroverstheologie betrieben wurde, schätzte Uffenbach offensichtlich weniger. Als passionierter, wenn auch nicht studierter Historiker suchte er vergeblich nach einschlägiger Fachliteratur. Insgesamt fällt daher Uffenbachs Urteil über Reuschenbergs Sammlung eher gemischt aus.

Die Bibliophilie hatte sich bei dem jungen Freiherrn früh entwickelt. Bereits als Zehnjähriger besaß oder kaufte er Bücher. Davon zeugt etwa ein Exemplar des bekannten *Orbis sensualium pictus*, »Die sichtbare Welt«, eines der ersten illustrierten Sachwörterbücher, das sich an Kinder und Jugendliche richtete und

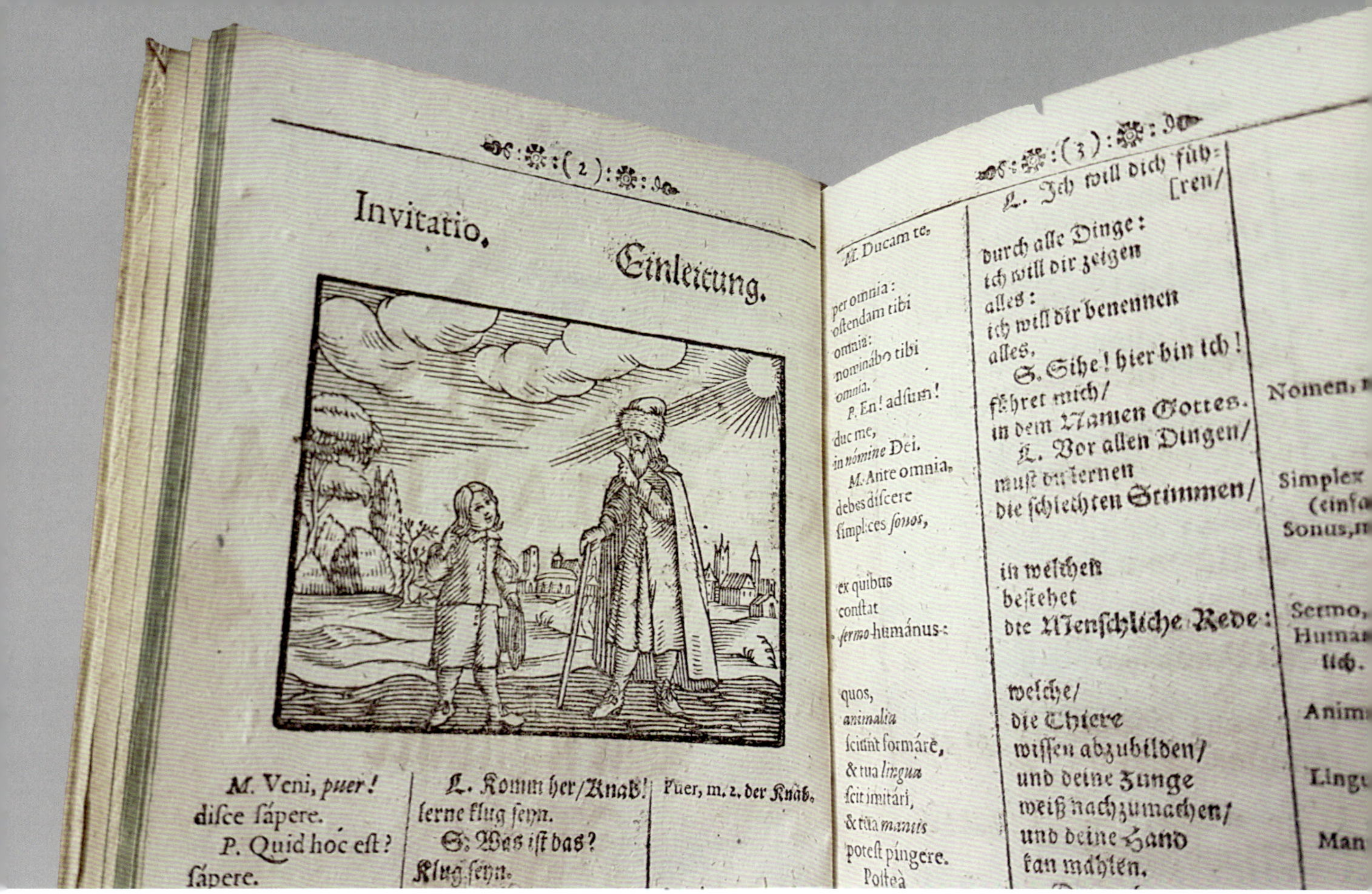

Abb. 51. Comenius: Orbis sensualium pictus (1664)

rund zweihundert Jahre in Gebrauch war. Sein Autor ist der tschechische Theologe und Pädagoge Johann Anton Comenius (1592–1670). Reuschenberg datierte es wohl im Nachhinein für einen Aufenthalt in Köln 1685 (Abb. 51).

So unterschiedlich die Stationen seines auch für damalige Verhältnisse kurzen Lebens waren, den vielen dort jeweils erworbenen Büchern suchte Reuschenberg doch ein relativ gleichmäßiges Aussehen zu verleihen. So ließ er die Lagen zeitgemäß in Pappdeckel einbinden, die mit hellem, blindgeprägtem Schweinsleder überzogen wurden; viele tragen grüne Gewebebänder oder Lederriemchen. Während seines mehrjährigen Aufenthaltes in Paris wich Reuschenberg von dieser Gewohnheit ab. Hier erwarb er auch deutlich mehr Bücher als an anderen Stationen und ließ sie anders binden. Die Bücher wurden in dunkles, weiches Leder eingebunden, oft tragen sie Vergoldungen, der Buchschnitt ist gesprenkelt. (Abb. 52) Nicht selten kaufte der Theologie-Student hier große, vielbändige Ausgaben wie beispielsweise die polyglotte *Biblia regia*, die *Biblia Maxima* oder eine 20 Bände umfassende Ausgabe der Werke Thomas' von Aquins. Der Umfang seiner Sammlung nahm so weit zu, dass Reuschenberg im Jahre 1700 einen Katalog anlegte, der ebenfalls in der Dombibliothek Hildesheim erhalten ist. Ein weiterer zeitgenössischer Katalog der Sammlung, der vielleicht nach seinem Tod angefertigt wurde, listet 2291 Bände auf.

Bibliophilie und Bildung waren für Reuschenberg zweifellos zwei Seiten derselben

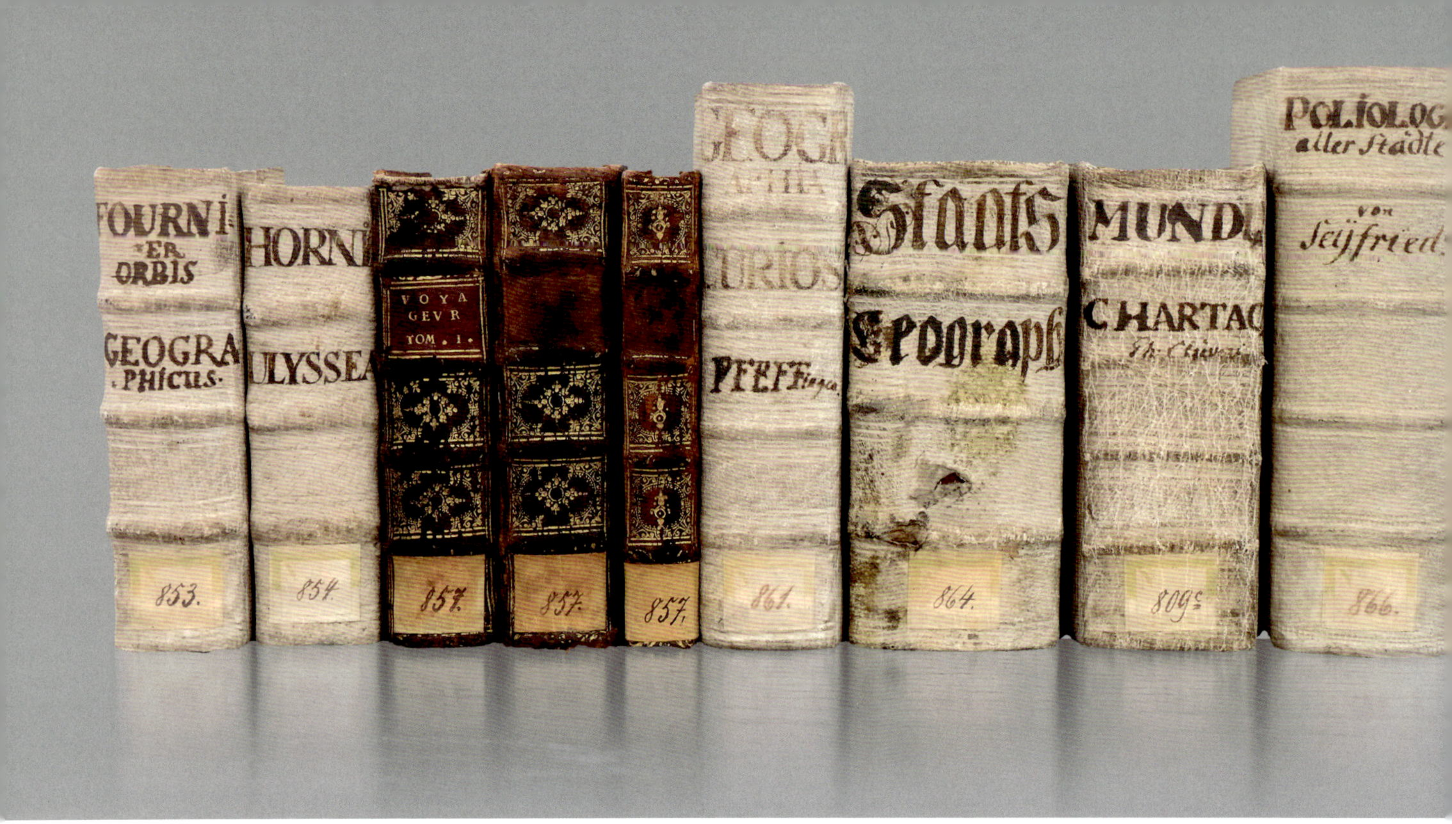

Abb. 52. Bücher Reuschenbergs in unterschiedlichen Einbandvarianten

Medaille und als solche elementare Bestandteile seiner Persönlichkeit. Ein solches Selbstverständnis teilte er mit vielen Zeitgenossen, die einen ähnlichen Lebensweg eingeschlagen hatten, und zu diesen gehörte auch Uffenbach. Das Sammeln von Büchern besaß jedoch noch eine weitere Facette. Durch ihren Besitz bzw. ihre Lektüre konnte man über Kulturen und Epochen hinweg Wissen austauschen und insofern anregende »Geistergespräche« führen, wie es seit der Renaissance formuliert wurde. Indem man las, trug man selbst etwas zur Ewigkeit dieses gleichsam metaphysischen Dialoges bei.

Für einen Christen wie Reuschenberg hatte dieses passionierte Wissen-Schaffen zudem eine spirituelle Dimension. Denn Wissen über Gott und seine Welt zu bewahren und zu mehren, war ein frommes Werk, das zur Rettung des eigenen Seelenheiles beitrug. Und wenn man darüber hinaus durch die eigenen Bücher auch andere an diesem immerwährenden Austausch teilhaben ließ – indem man ein Buch verlieh, stiftete oder vererbte –, erwirtschaftete man auch für jene, die davon profitierten, ein frommes Werk. Eine solche Gabe wiederum durfte durchaus eine Gegenleistung, etwa ein Gebet, erwarten. Daher versah Reuschenberg jedes seiner Bücher mit der Bitte um Gebetshilfe: »Bete für mich« (*Ora pro me*), wurde ausnahmslos jeder aufgefordert, der »sein« Buch zur Hand nahm. In Wissen zu investieren, vor allem Bücher zu besitzen und weiterzugeben, wurde also von dem Freiherrn ganz analog zu anderen Gedenkstiftungen wie z. B. Messfeiern oder Armenspeisungen praktiziert. Reuschenberg war davon überzeugt, dass seine Bücher den Wissens- und damit auch den Glaubensdurst der Lesenden stillten und diese daher als Gegenleistung für ihn beteten. Auf diese Weise wurde beider Heilsvorrat vermehrt, und Johann Sigismund wie die von ihm

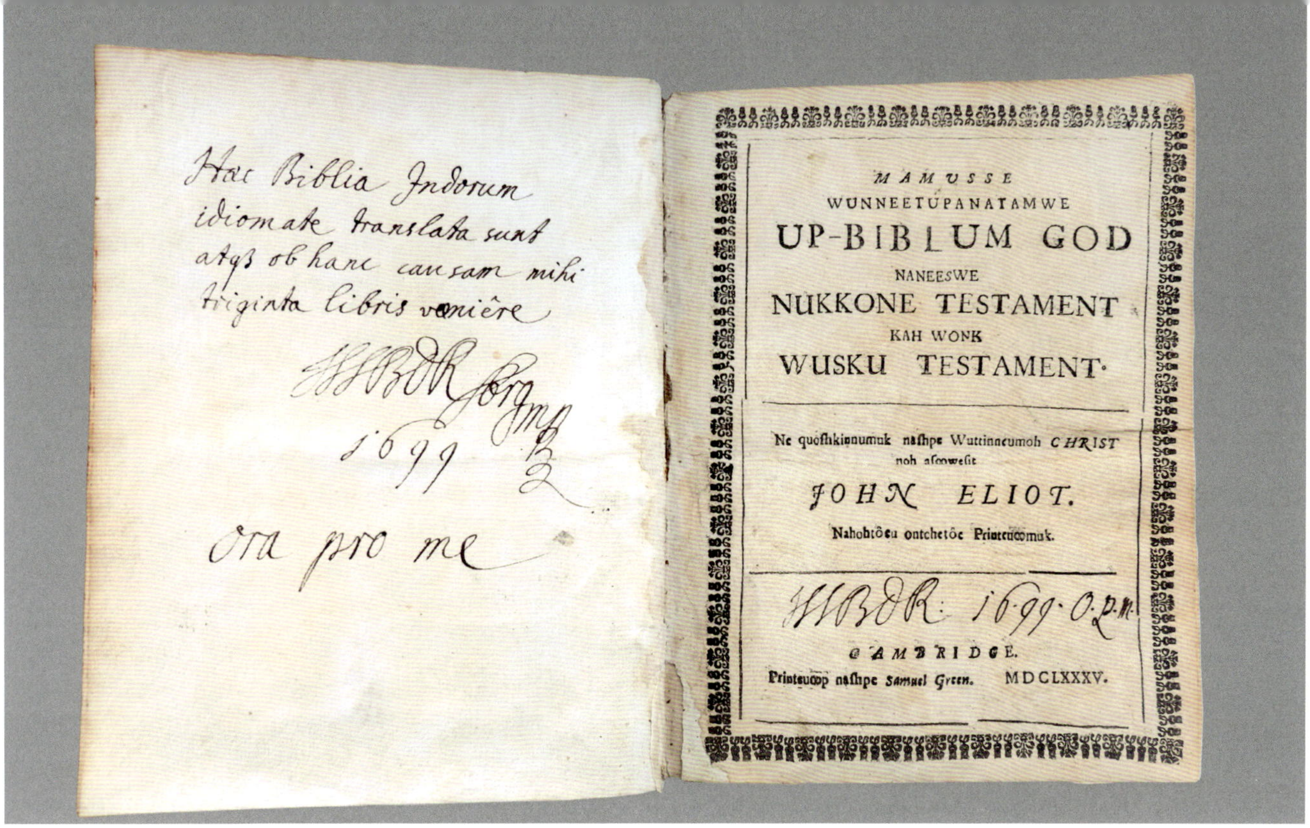

Abb. 53. Spiegel mit Provenienzeintrag Reuschenbergs und Titelblatt

als Lesende Begünstigten konnten sich ihres Platzes bei Gott ein bisschen sicherer sein.

Für den überzeugten Katholiken und Verfechter antireformatorischer Positionen, den man in Reuschenberg vermuten muss, stellte es dabei kein Problem dar, dass nicht alle Bände seiner Sammlung der geltenden kirchlichen Lehrmeinung entsprachen oder sogar auf dem Index standen. Eines dieser Bücher hatte selbst den abgeklärten Uffenbach so sehr beeindruckt, dass er es namentlich in seiner Reisebeschreibung hevorhob. Es war zugleich so außergewöhnlich, dass er es, obwohl er zu den besten Bibliophilen seiner Zeit gehörte, dem falschen Kulturraum zuordnete:

»Unter den letzteren [gemeint sind die Bibeln] war auch eine Chinesische Bibel, durch John Eliot zu Cambridge 1685. herausgegeben, vor welche der Herr von Reuschenberg in Paris, wie er mit seiner Hand hinein verzeichnet, dreyßig Pfund bezahlet.«

Uffenbachs Irrtum ist vielleicht nachvollziehbar, trägt das Werk doch den Titel *Mamusse Wunneetupanatamwe Up-Biblum God Naneeswe Nukkone Testament Kah Wonk Wusku Testament*. Es handelt sich in Wirklichkeit um eine der ersten auf dem nordamerikanischen Kontinent gedruckten, noch dazu calvinistischen, Bibelausgaben in einem Algonquin-Dialekt der indigenen Bevölkerung. Zur Zeit Reuschenbergs war sie zwar fast noch druckfrisch – die erste Auflage erschien 1663, die zweite, aus der unser Buch stammt, wurde nur 22 Jahre später gedruckt –, doch fast alle Exemplare wurden vornehmlich in den Kriegen der europäischen Kolonisten gegen die Ureinwohner vernichtet. Daher kostete diese Bibelausgabe Johann Sigismund von Reuschenberg, als er sie 1701 in Paris erwarb, ein kleines Vermögen. Nicht zufällig trug der Freiherr also die Kaufsumme von »triginta libris«, also 30 livres, in die »Biblia Indorum« ein (Abb. 53).

Gebunden wurde das Exemplar vielleicht erst in der Seine-Metropole, vielleicht sogar von Reuschenberg selbst. Denn es weist durch den Buntschnitt, die goldene Rückenornamentik sowie das rote Titelband auf dem Buchrücken eine auffällige Ähnlichkeit mit seinen anderen Pariser Bänden auf.

Das Besondere, ja Exotische dieses Buches ließ sich schon damals nicht einfach nur anhand der wenigen Exemplare bemessen, die gerettet wurden und Europa erreichten. Vielmehr markiert diese Bibelausgabe einen tiefen Einblick in die frühneuzeitliche Geschichte Nordamerikas und insbesondere das Verhältnis der christlichen Mission zur indigenen Bevölkerung: Im Verlauf des 16. Jahrhunderts geriet die Mission als eines der Kernanliegen der Europäer auf dem nordamerikanischen Kontinent langsam in den gewaltigen Sog der Konfessionalisierung, der Europa erfasst hatte. Weil zunächst die katholischen Hegemonialmächte Spanien und Portugal in Übersee dominierten, blieb die Mission konfessionell entsprechend geprägt. Für den Verlauf und die Gestaltung der protestantischen Mission ergaben sich daraus unmittelbare Konsequenzen. So erfolgte sie, wenn auch mit zeitlicher Verzögerung, im Anschluss an die europäische Expansion auf dem amerikanischen Kontinent. Zudem war sie durch den Protestantismus selbst geprägt, der aus den Problemen der Kirche in Zentraleuropa entstanden und daher auch auf diese gerichtet war. Die Reformatoren wollten vor allem Missstände in den kirchlichen Praktiken verbessern und für falsch erachtete Traditionen beseitigen, aber nicht primär das Christentum ausbreiten, also Mission betreiben; die geopolitische Dominanz der katholischen Großmächte Spanien und Portugal ließ eine protestantische Konkurrenz ohnehin sinnlos erschien. Erst als sich der Protestantismus auch als politische Größe im Verlauf des 16. Jahrhunderts entfaltete und Nationen bzw. Herrschaften ihre Konfession wechselten, konnte man auch unter Protestanten an Mission denken.

Letztlich spiegelten sich die Unterschiede zwischen den Konfessionen auch in entsprechenden Missionskonzepten. Eine Schlüsselposition nahm die Beziehung der Gläubigen zur Bibel ein. Der reformatorische Ansatz wandte sich gegen die Vermittlerfunktion von Kirche bzw. Priester zwischen Gott und den Gläubigen und akzentuierte demgegenüber das individuelle Lesen, das eine unmittelbare Glaubenserfahrung ermöglichen sollte. Organisatorisch ergab sich daraus eine relative Unabhängigkeit der Missionsträger, vor allem der Missionsgesellschaften, von ihrer Kirche. Eine, vielleicht die wesentliche Voraussetzung für den Beginn der protestantischen Mission bildete der englische Sieg über die spanische Armada 1588. Denn dadurch wurde nicht nur eines der wichtigsten Machtinstrumente des Katholizismus vernichtet, sondern es veränderten sich die geopolitischen Gewichte zwischen den Konfessionen. Die Niederlande und England als protestantische Nationen expandierten und konnten Kolonien gründen, gerade auch auf Kosten Spaniens. Allerdings missionierten in Nordamerika nicht in erster Linie die Eroberer und Kolonisten, die der Anglikanischen Kirche angehörten, sondern eine konfessionelle Minderheit, die Puritaner. Einer von ihnen war der Engländer John Eliot (1604–1690).

Eliot wurde 1604 in Widford in der Grafschaft Hertfordshire nördlich von London geboren. Ein Theologie-Studium am Jesus College in Cambridge schloss er 1622 mit dem

Bachelor ab. Wie viele seiner Kommilitonen wurde Eliot zunächst Hauslehrer. Als er 1629 eine Stelle als Hilfsgeistlicher erhielt, konnte er es sich leisten zu heiraten. Zwei weitere Jahre später setzte er den schon länger gehegten Plan um, in die Kolonien nach Nordamerika zu gehen. 1631 ließ er sich mit seiner Frau in Boston, Massachusetts, nieder und wirkte als puritanischer Aushilfsprediger und Lehrer an verschiedenen Sonntagsschulen. Bereits ein Jahr später erhielt Eliot die Gemeindeleitung im benachbarten Roxbury, die er bis zu seinem Tod 1690 ausübte.

Für Eliot bedeutete sein Amt vor allem eine Berufung zur Mission der Ureinwohner. Er wollte ihnen ein Leben in der Nachfolge Christi ermöglichen, in der jeder Einzelne über sich und seinen Glauben bestimmte und eine prinzipiell bürgerliche Existenz aufbaute. Dafür mussten entsprechende Rahmenbedingungen geschaffen werden, so dass die Menschen in eigenen Gemeinden leben, arbeiten und beten konnten. Also musste jeder Ureinwohner vor allem über ein entsprechendes christliches Glaubenswissen verfügen.

Dieses zu vermitteln war die eigentliche Herausforderung an den Missionar. Denn die tiefgreifenden Unterschiede zwischen den Kulturen der Kolonisten auf der einen und der indigenen Bevölkerung auf der anderen Seite waren nicht zuletzt sprachlich begründet. So besaß der in Massachusetts gebräuchliche Algonquin-Dialekt – wie alle anderen indigenen Sprachen Nordamerikas auch – ausschließlich mündliche Traditionen und daher auch keine Grammatik und Rechtschreibung. Als Algonquin wird eine Sprachfamilie der vornehmlich in Kanada heimischen Indianerstämme bezeichnet. Der Name bedeutet »die, die Bäume essen«, was wohl auf Mose und Rinde

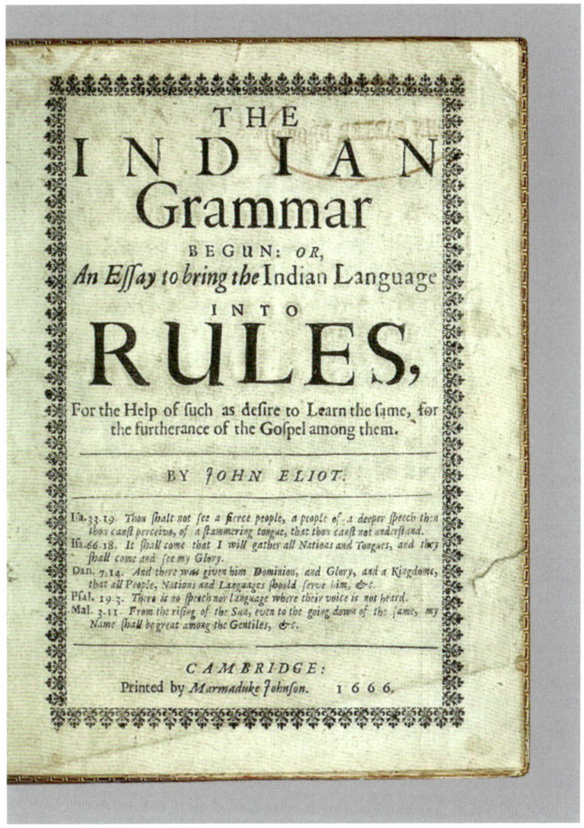

THE INDIAN Grammar BEGUN: OR, *An Essay to bring the* Indian Language INTO RULES, For the Help of such as desire to Learn the same, for the furtherance of the Gospel among them.

BY *JOHN ELIOT.*

Isa. 33.19. *Thou shalt not see a fierce people, a people of a deeper speech then thou canst perceive, of a stammering tongue, that thou canst not understand.*
Isa. 66.18. *It shall come that I will gather all Nations and Tongues, and they shall come and see my Glory.*
Dan. 7.14. *And there was given him Dominion, and Glory, and a Kingdome, that all People, Nations and Languages should serve him, &c.*
Psal. 19.3. *There is no speech nor language where their voice is not heard.*
Mal. 3.11. *From the rising of the Sun, even to the going down of the same, my Name shall be great among the Gentiles, &c.*

CAMBRIDGE: Printed by *Marmaduke Johnson.* 1666.

Abb. 54. Eliots Grammatik (1666)

als Nahrungsbestandteile verweist. In Massachusetts lebten die Nipmuck, ein Stamm von ein paar Tausend Menschen, die Natick, einen Dialekt des Algonquin, sprachen. Sie lebten vom Fischfang und von der Jagd, betrieben aber vor allem Landwirtschaft in einem genau umrissenen Territorium, in dem sie immer wieder und je nach Jahreszeit den Standort wechselten. Die Nipmuck lebten ohne stark ausgeprägte hierarchische Strukturen.

Eliot entschloss sich wohl auch vor diesem Hintergrund, selbst den Natick-Dialekt zu lernen, den die in Massachusetts ansässigen Nipmuck gebrauchten; er wollte in der »Sprache der Indianer«, *Indian language*, wie er sie nannte, predigen. Bis dahin war es üblich, die indigene Bevölkerung in der englischen Sprache zu unterrichten. Als Eliots Lehrer fungierte ein indigener Waisenjunge, der in einer Puritaner-Familie erzogen wurde. Dabei beließ es der Missionar jedoch nicht, sondern er verfasste einen Katechismus in der Sprache der Ureinwohner und im Anschluss eine Grammatik, die nicht nur den interkulturellen Austausch erleichtern, sondern ebenso der Ausbreitung des Glaubens dienen sollte. (Abb. 54) Hier formuliert er sehr deutlich seine pädagogische Grundhaltung: dass eine nachhaltige Mission nur auf der Grundlage der indigenen Sprache und Kultur, nicht aber durch das mechanische Rekapitulieren fremder, in diesem Fall englischsprachiger Regeln gelingen könnte.

Weil das christliche Grundwissen für den Puritaner Eliot an erster Stelle in der Bibel enthalten war, musste diese von den Ureinwohnern verstanden werden, also in ihrer Sprache vorliegen. Daher übersetzte er auch beide Bücher der Bibel, in den dort üblichen Algonquin-Dialekt. Der Übersetzung legte Eliot »seine«, die sog. Genfer Bibel, zugrunde, eine erstmals 1557 erschienene englische Bibelübersetzung, die der nach Genf geflohene Calvinist William Whittigham angefertigt hatte.

Der Druck dieser ersten 1663 erschienen Ausgabe setzte einen enormen Aufwand voraus, denn in Nordamerika gab es zunächst überhaupt keine Werkstatt mit entsprechenden Maschinen. Auch hier kam puritanisches Engagement zum Einsatz. Denn 1639 finanzierte der wohlhabende puritanische Geistliche Jose Glover den Transport einer Druckerpresse von England in die Neue Welt. Er selbst war mit seiner Frau, seinen fünf Kindern sowie seinen Bediensteten an Bord der »John of London«. Allerdings starb Jose Glover auf der Reise, so dass seine Frau Elizabeth an seine Stelle trat und die Presse einschließlich eines Papier- und Lettern-Vorrats nach Cambridge in Massachusetts brachte. Im Haus des Präsidenten des Harvard College, Henry Dunster, nahm Elizabeth Glover 1640 die Druckerei in Betrieb und damit die erste überhaupt in den englischen Kolonien. Sie existiert praktisch bis heute als Harvard University Press.

Hier druckte Samuel Green zusammen mit seinem indigenen Helfer namens James Printer 1663 die Erstausgabe von Eliots Bibelübersetzung in einer Auflage von 1000 Stück. Sie wurde in den Indianerkriegen wohl vollständig vernichtet. 1685 folgte eine zweite Auflage mit 2.000 Stück, von der ein paar Exemplare erhalten blieben und zu denen das Hildesheimer Exemplar gehört. Weil der Natick-Dialekt außerhalb Neuenglands praktisch nicht verstanden wurde, blieb die Verbreitung von Eliots Bibel jedoch von vornherein geographisch beschränkt. Erst 1782 wurde die erste englischsprachige Bibel in den Vereinigten Staaten gedruckt, und ein weiteres Jahrhundert später wurde die Bibel erneut in eine indigene nordamerikanische Sprache übersetzt. Daher war Eliots Übersetzung die erste und für Generationen einzige in Nordamerika gedruckte Bibel.

Für den Bücherliebhaber Johann Sigismund von Reuschenberg musste eine so ungewöhnliche und seltene Ausgabe einen unwiderstehlichen Reiz ausgeübt haben, als er sie in Paris entdeckte. Fragen der kirchenpolitischen Korrektheit dürften bei der Kaufentscheidung kaum eine Rolle gespielt haben. Die »Indianer«-Bibel war für den Domherrn vor allem ein Objekt seiner Sammelleidenschaft.

Dies gilt in gewisser Weise auch für eine andere Bibelausgabe, die Reuschenberg erwarb. Allerdings ließ sich in ihrem Fall weniger leicht über den katholischen Index hinwegsehen, auf dem sie notiert war. Denn

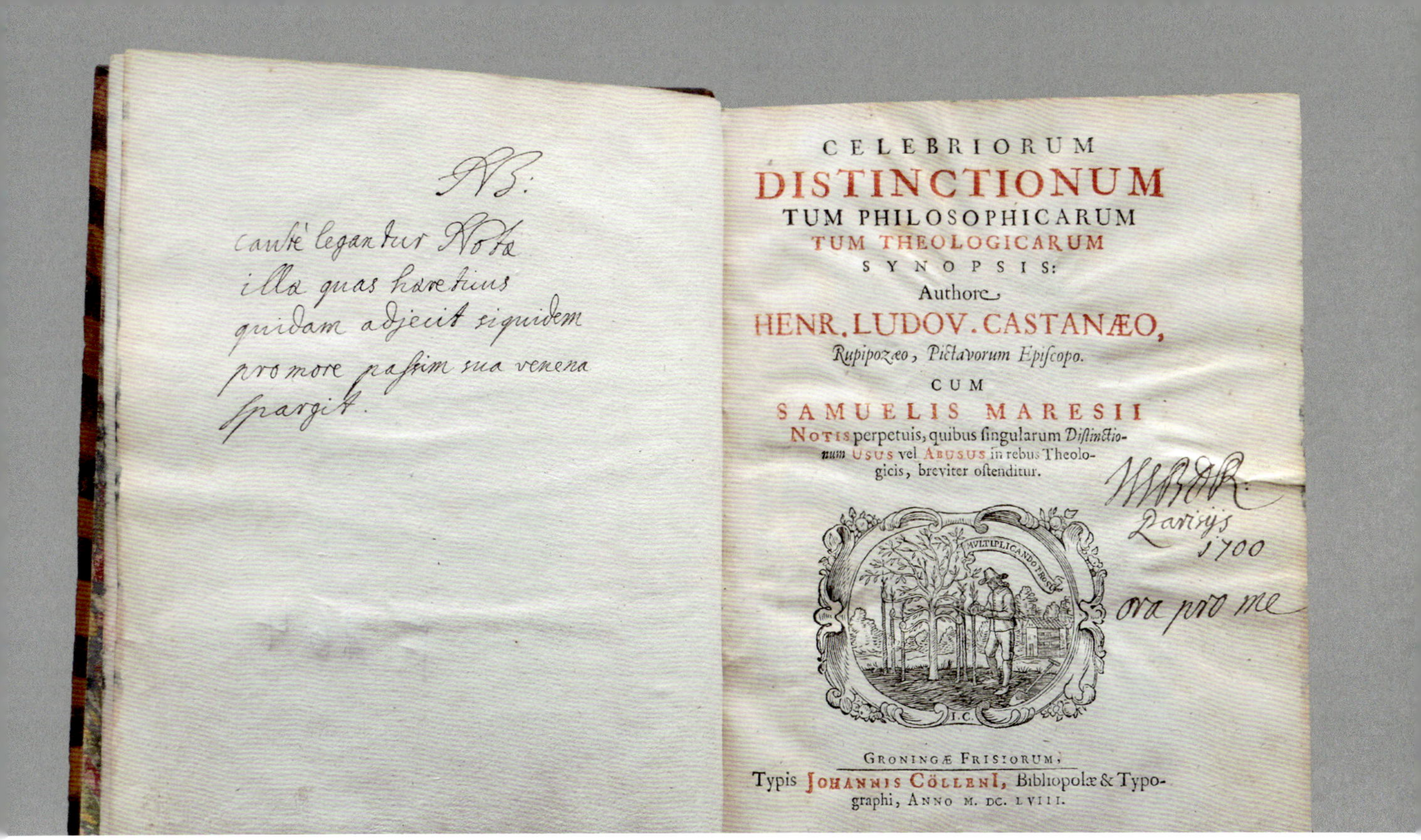

diese lateinische Bibel vereinigt aus der Sicht des überzeugten wie traditionellen Katholiken Reuschenberg pures »häretisches Gift« (Abb. 55). Es handelt sich um die Übersetzungen des Alten und den Neuen Testaments ins Lateinische, die zwei der prominentesten Calvinisten ihrer Zeit, Immanuel Tremellius und Theodor Beza, angefertigt hatten.

Für das Alte Testament war Immanuel Tremellius (1510–1580) zuständig. Er wurde in Ferrara in eine jüdische Familie geboren und konvertierte als Erwachsener erst zum Protestantismus und später zum Calvinismus. Seine Karriere war entsprechend abwechslungsreich wie international. So lehrte er in Cambridge Hebräisch, wirkte als Prinzenerzieher sowie als Leiter der ersten Landesschule in Pfalz-Zweibrücken, wurde Bibelprofessor in Heidelberg und unterrichtete zuletzt an der Akademie in Sedan. Seine Übersetzung der Bibel aus dem Hebräischen ins Lateinische machte ihn berühmt – und berüchtigt, beruhte sie doch nicht auf den kanonisierten, katholischen Ausgaben und war er selbst ein reformierter Theologe. Konsequenterweise landete sie daher im »Katalog verbotener Bücher«.

Doch dazu leistete auch der Übersetzer des Neuen Testaments, das in der Ausgabe enthalten ist, seinen Beitrag: Théodor de Bèze (oder Beza, 1519–1605). Dieser stammte aus einer burgundischen Adelsfamilie. Dank seines erheblichen Pfründenbesitzes konnte er es sich leisten, nach dem Jura-Studium in Paris das unabhängige, freie Leben eines neulateinischen Dichters zu führen. Weil er aber an der Pest erkrankte und knapp überlebte, gab er seinem Leben eine radikale Wende und konvertierte zum reformierten Bekenntnis. Daraufhin musste er fliehen und gelangte schließlich ins Schweizer Lausanne.

Abb. 55. Chasteinger de LaRochepozay (1658): Für Reuschenberg ebenfalls »häretisches Gift« und Gebetshilfe (*ora pro me*, »bete für mich«) zugleich

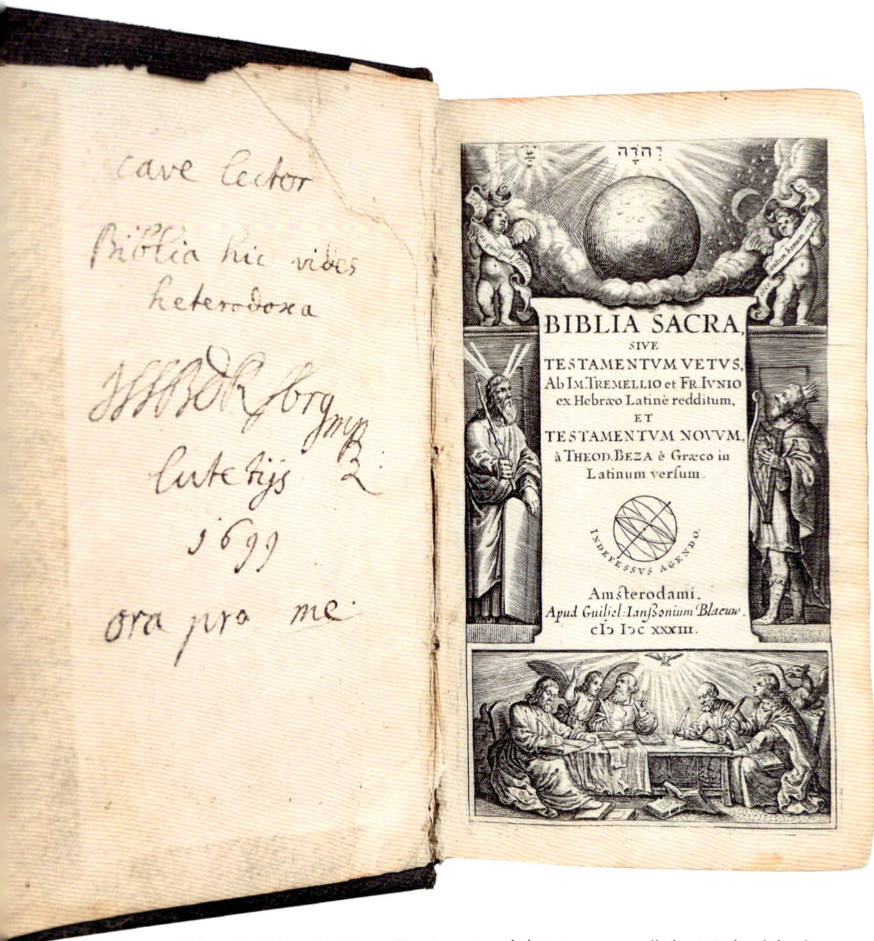

Abb. 56. Spiegel mit Provenienzeintrag und Titelblatt

Dort unterrichtete er zunächst Griechisch und lernte dabei den Reformator Johannes Calvin (1509–1564) kennen. Nach Konflikten mit der Obrigkeit gab Beza seine Stellung auf und folgte dem Reformator nach Genf. Rasch avancierte er nicht nur zu dessen Schüler und Vertrauten, sondern neben ihm zum Vertreter der reformierten Bewegung. Nach dessen Tod 1564 trat er die alleinige Nachfolge als Führungsfigur des Calvinismus an.

Der Jurist Beza war vor allem als Theologe ein prägender Reformator. Er sorgte für die Verbreitung der Thesen Calvins und gab dabei den Kernelementen des reformierten Bekenntnisses eine prägnante Form, insbesondere der Pradestinationslehre und dem Abendmahlsverständnis. Die vielfach aufgelegten Bibelkommentare Bezas legten das Fundament für die reformierte Dogmatik, die sich seit dem 17. Jahrhundert entfaltete; seine gereimte und mit Noten versehene Version der Psalmen, der sog. Hugenottenpsalter, entwickelte sich zu einem der meistgedruckten Werke des 16. Jahrhunderts. Für Beza wie für Calvin nahmen Predigt und Verkündigung eine hervorragende Stellung in ihrer Lehre ein. Im Mittelpunkt aber stand für sie, wie für alle Reformierten, die Bibel. Es ging Theodor Beza vor allem darum, den Sinn der Schrift mit Hilfe der individuellen, persönlichen Inspiration durch den Heiligen Geist zu erfassen. Er war davon überzeugt, dass dieser jedem gläubigen Leser der Bibel das richtige Verständnis des Wortes Gottes zu Teil werden ließe.

Diese gemeinsam von Tremellius und Beza verantwortete Bibelausgabe wurde 1633 in Amsterdam bei Willem Janszoon Blaeu (1571–1638) gedruckt. Blaeu war und ist eigentlich als Kartograph berühmt, der auch Atlanten und Globen herstellte. Sein Wissen hatte er als Schüler des adligen dänischen Astronomen Tycho Brahe (1546–1601) erworben. In dem Jahr, als er diese Bibelausgabe druckte, wurde Blaeu zum Kartenmacher »van de Republiek« ernannt. Damit war er auch für die Herstellung der Karten der Niederländischen Ostindien-Kompanie zuständig.

Die Amsterdamer Bibelausgabe war also für einen passionierten wie theologisch versierten Buchkenner attraktiv. Sie stellte jedoch für den überzeugten und obendrein bepfründeten Kirchenmann Reuschenberg eine gewisse Herausforderung dar, zumal man in seiner Position als katholische Führungspersönlichkeit die Argumente des konfessionellen Gegners zwar kennen, aber nicht unbedingt besitzen sollte. Daher gab es grundsätzlich für Geistliche und höhere kirchliche Amtsträger die Möglichkeit, einen Dispens für den Besitz und die Lektüre

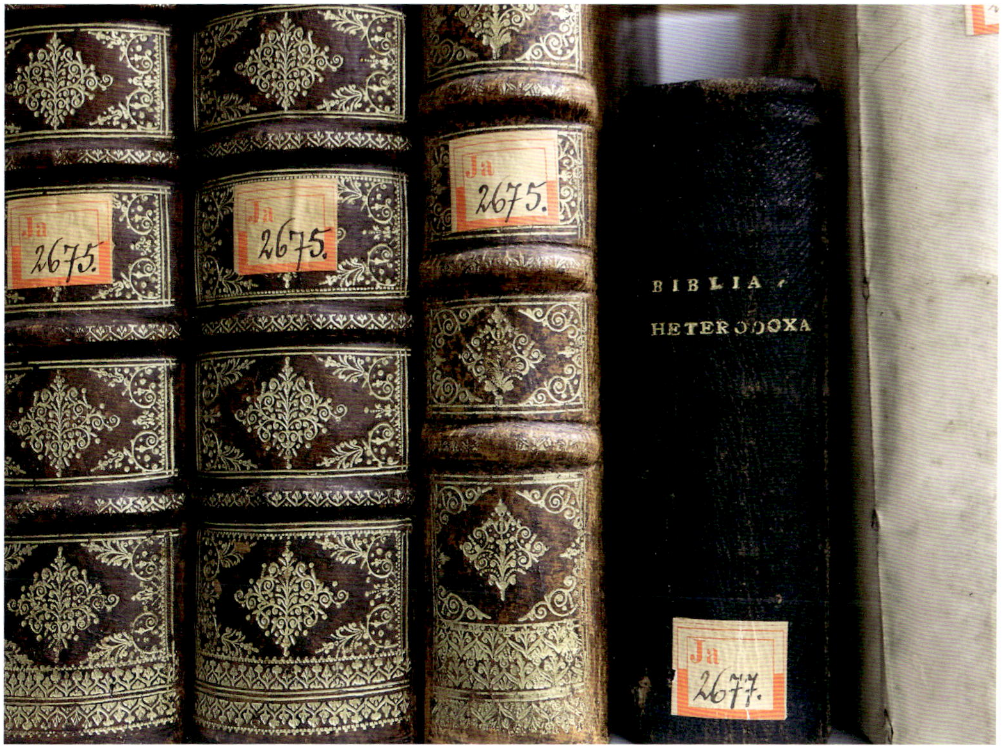

Abb. 57. Die »Biblia heterodoxa« im Magazin der Dombibliothek

kirchlich verbotener Bücher zu erhalten. Allerdings war dieser mit der Verpflichtung verbunden, solche Werke zu sekretieren, also gesondert aufzubewahren und vor unbedachtem oder nicht autorisiertem Zugriff zu schützen.

Für dieses Dilemma zwischen Bibliophilie und quasi amtsgebundener Konfessionalität fand Reuschenberg eine passende praktische und vor allem kreative Lösung. So trug er nicht nur die übliche Bitte um Gebetshilfe zu seinem Besitzvermerk in das Buch ein. Vielmehr schrieb er auf das vordere Deckblatt zuoberst eine »Warnung« an den Leser: »Hüte dich, Leser, hier siehst du eine heterodoxe Bibel« (*Cave lector Biblia hic vides heterodoxa*) (Abb. 56).

Auch andere »verbotene« Bücher versah Reuschenberg mit gleichen oder ähnlichen Warnungen. (Abb. 55) Der Einband dürfte ebenfalls auf den Domherrn zurückgehen. Das Werk ist in schlichtes, schwarz gefärbtes Ziegenleder eingebunden, der Rücken wurde nicht mit einem herkömmlichen Kurztitel versehen, sondern wiederholt Reuschenbergs Warnung und weist eine »Biblia Heterodoxa« aus.

So fällt das Exemplar bis heute im Regal neben den gleichsam orthodoxen und daher zeittypisch in braunes, goldgeprägtes Rindsleder eingebundenen Bibeln auf (Abb. 57). Heil und Verderben standen so unmittelbar nebeneinander, buchstäblich Seite an Seite. Gerade deshalb verstand Reuschenberg wohl jedes seiner Bücher nicht nur als irdisches bibliophiles Vergnügen, sondern als heilswirksame Investition – und zwar unabhängig davon, ob es bereits eine Nummer auf dem Index besaß oder nicht.

Auf der Suche nach dem Stein der Weisen

ROSENGARTEN DER PHILOSOPHEN
(*ROSARIUM PHILOSOPHORUM*)

FRANKFURT: CYRIACUS JACOB 1550
DOMBIBLIOTHEK HILDESHEIM, 2 F 614

Der schlichte Pergamentumschlag steht in einem scheinbaren Widerspruch zu dem Buch, das er schützend umschließt: dem »Rosengarten der Philosophen« eines der populärsten, bedeutendsten und schönsten Werke der Alchemie. Es enthält die wichtigsten Lehrsätze, die zur Herstellung des »Steins der Weisen« führen sollen, jenes mystischen Elements, das angeblich den ultimativen Schlüssel zum Verständnis der gesamten stofflichen Welt in sich birgt. Im Unterschied zu ihrem zweifelhaften Ruf heute war die Alchemie ein fester Bestandteil des frühneuzeitlichen Wissenschaftssystems mit tiefen Wurzeln im Mittelalter, die vor allem auch in die Kirchen und Klöster reichten, in denen über Jahrhunderte praktisch ausschließlich Wissen jedweder Art gepflegt und weitergegeben wurde. Auch in Hildesheim interessierten sich etliche Geistliche bis hin zu den Bischöfen für die naturkundliche bzw. naturwissenschaftliche Seite der Schöpfung. Ein alchemistisches Standardwerk wie der »Rosengarten der Philosophen« durfte anders gesagt in keiner anspruchsvollen Geistlichen-Bibliothek fehlen. So konnte auch Bischof Eduard Jakob Wedekin, dem die Dombibliothek dieses und Dutzende andere Bücher verdankt, diesem Band wohl kaum widerstehen.

***

Die Alchemie und das Christentum teilen mehr als eine lange gemeinsame Geschichte. Beide sind sich in ihrem Verständnis der Welt als ein Allumfassendes, eben als ein »Universum«, in dem alles aufeinander bezogen und miteinander verwoben ist, strukturell ähnlich. Um also den Platz eines der Hauptwerke der Alchemie in der Bibliothek am Hildesheimer Dom zu verstehen, lohnt es sich, einen Blick auf das Fach selbst und seine bewegte Kulturgeschichte zu werfen.

Der Begriff »Alchemie« stammt aus dem Griechischen und dem Arabischen und bedeutet »Beschäftigung mit dem Metallguss« bzw. »mit der Metallverwandlung« und war wohl seit dem 12. Jahrhundert geläufig, als die Übersetzungen alchemistischer Texte aus dem Arabischen in Europa verbreitet wurden. Alchemie ist ein interkultureller Hybrid, der in Ägypten entstand, nachdem das Pharaonen-Reich durch die Griechen unter der Führung

Abb. 58. Kopert-Einband

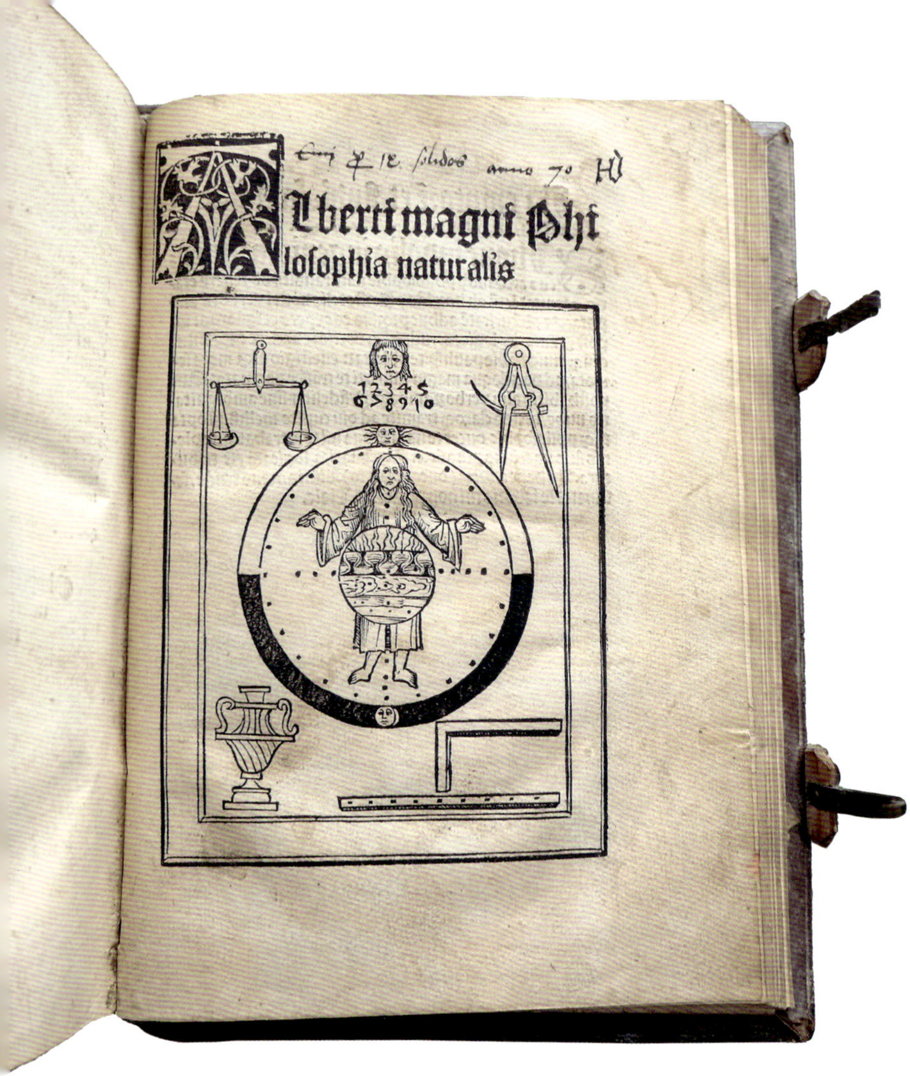

Abb. 59. Albertus Magnus: Naturphilosophie. Titelblatt

der Dynastie der Ptolemäer im 4. Jahrhundert v. Chr. erobert worden war. Von nun an bestimmte der Hellenismus den Mittelmeerraum. In dem sich hier entfaltenden neuen Fach wurde das enorme praktisch-empirische Wissen der Ägypter um die Welt der Stoffe mit der Naturphilosophie der Griechen und deren Theorien über den Kosmos, insbesondere das Verhältnis von Kosmos und Mensch, kombiniert. Diese sich über Generationen vollziehende Synthese dürfte durch den Umstand gefördert worden sein, dass beide Kulturkreise durch die religiös-magischen Vorstellungen der Babylonier und Assyrer im Zweistromland geprägt waren. In der Summe entstand eine bis dahin einmalige und innovative Kombination aus Empirie, Naturkunde und Metaphysik. Alchemie lässt sich insofern als Mischung von Naturkunde bzw. deren Methodologie, Philosophie und praktisch-handwerklichen Techniken beschreiben, deren einzelne Elemente aus den frühen Hochkulturen stammen.

Seit dem 7. Jahrhundert wurde der Mittelmeerraum durch die arabischen Stämme erobert; die ihnen gemeinsame Religion des Islam sowie die Hoheit der Umayyiden als Dynastie förderte die Übersetzung und schrittweise Integration des Wissens der eroberten Kulturen sowie dessen Weiterentwicklung. Seit dem beginnenden Hochmittelalter im 11. und 12. Jahrhundert gelangte dieses Wissen und damit auch die Alchemie in den nördlichen und westlichen Mittelmeerraum, um schließlich auch die Regionen jenseits der Alpen zu erreichen. Während dieser sog. Renaissance des 12. Jahrhunderts, die neue Bildungseinrichtungen wie Universitäten und neue wissenschaftliche Methoden wie die Scholastik hervorbrachte, wurde auch das erste abendländische Lehrbuch der Alchemie von Robert von Chester, der *Liber de compositione alchemiae*, verfasst (1144). Allmählich fand das Fach gerade auch in der Kirche immer weitere Verbreitung und nahm Einfluss auf deren Positionen. So griff der Franziskaner Roger Bacon (um 1220 – nach 1292) für seine naturkundlichen Forschungen alchemistische Thesen auf, ebenso Albertus Magnus (um 1200–1280) im Rahmen seiner Naturphilosophie, der neben seinem Schüler Thomas von Aquin (1225–1274) als der wohl wichtigste »Geburtshelfer« dieser Renaissance angesehen wird (Abb. 59).

Innerhalb der Alchemie entwickelten sich zwei Hauptströmungen, die in der ägyptisch-griechischen Kultur verwurzelt waren: Eine praktische und eine transzendent-religiöse. Für die Kultpraxis Ägyptens unter den Pharaonen spielte die Ausstattung der Tempel eine zentrale Rolle. Es gab eigene Werkstätten, in denen etwa Stoffe gefärbt oder Metalle für Gefäße und Geräte gegossen wurden. Dort gewannen die Handwerker enormes Wissen über die unterschiedlichen Materialien und deren Bearbeitung – allerdings ohne deren theoretische Hintergründe, die Naturgesetze, zu kennen. Mit dem Beginn der griechischen Herrschaft entwickelte sich Ägypten zugleich zu einer interkulturellen Kontaktzone verschiedener religiöser und philosophischer Strömungen, die auch Einfluss auf die entstehende Alchemie nahmen. Zu diesem Synkretismus gehören Aristoteles' Elementenlehre; die Stoa mit ihrer Vorstellung eines organischen, beseelten Kosmos, der vom Logos als einer Art geistigen Kraft gesteuert werde; sowie die insbesondere im 2. Jahrhundert in Alexandria verbreitete Gnosis, in der christliche, babylonische, persische und ägyptische Mystik kombiniert waren. Sie erwies sich für die Alchemie insofern als prägend, als sie methodisch das Imitieren, ja Einfühlen in die Welt als göttliche Schöpfung vertrat und dabei von einem relativ starken Gegensatz von Geist und Materie bzw. Gut und Böse ausging. Platonismus bzw. Neuplatonismus sorgten schließlich dafür, dass seit der Spätantike das Geistige als Reines, Unverfälschtes, kurz: als Höheres, geschätzt wurde. Dies war wiederum für das Christentum als Anknüpfungspunkt attraktiv.

Entsprechend konzentrierten sich inhaltlich die zwei großen Strömungen des Faches: die praktische Alchemie auf Metallurgie sowie Pflanzen- bzw. Heilkunde, während die spekulative Alchemie als eine Art »philosophischer Überbau« (Jörg Völlnagel) fungierte, der die alchemistischen Techniken in den Kosmos bzw. die Schöpfung einordnete und dadurch theologisch auflud. Den Kern des Faches bildet die bekannte Transmutationslehre (*scientia transmutationis rerum*). Ihr liegt die Vorstellung zugrunde, dass jede Materialität bzw. jeder Stoff aus der *materia prima*, der Ursubstanz, bestehe; erst wenn diese durch das *pneuma* (griech., πνεῦμα, »Geist«, »Luft«, »Atem«) zu den vier Elementen geformt werde, könnten sich diese wiederum nach bestimmten Mischungsverhältnissen bzw. Regeln zu der jeweiligen Materialität zusammensetzen lassen. Zugleich wird jeder Existenzform und daher auch allen Gegenständen von Natur aus Körper, Geist und Seele zugeschrieben. »Wir meinen also«, heißt es daher einleitend im »Rosengarten der Philosophen«, »dass die Bezeichnung ›Alkimia‹ im Griechischen ›Umwandlung‹ bedeutet; und darum sagen wir: die Alchemie ist die Wissenschaft der Umwandlung der Dinge von ihren Formen und Arten gemäß der Tatsache, dass die Formen der Dinge unterschiedlich sind.«

Finales Produkt und universales Prinzip zugleich ist der sog. Stein der Weisen (*lapis philosophorum*). Als Metapher kommuniziert er das Transmutationsprinzip auf allen Ebenen der Existenz, von der physikalischen Wandlung bis zur körperlichen und seelischen Reinigung. Als solcher beinhaltet er sowohl die Perfektion des Physischen als auch des Metaphysischen, ohne dass der Unterschied zwischen beidem definiert oder geklärt wäre. Der Stein repräsentiert nicht nur die Einheit des gesamten Kosmos, sondern er vereinigt sie auch ganz konkret in sich. Daher gilt er zugleich als unabdingbarer Bestandteil praktischer Prozesse, um unedle Metalle in Gold zu verwandeln. Prinzipiell zielt die Alchemie in-

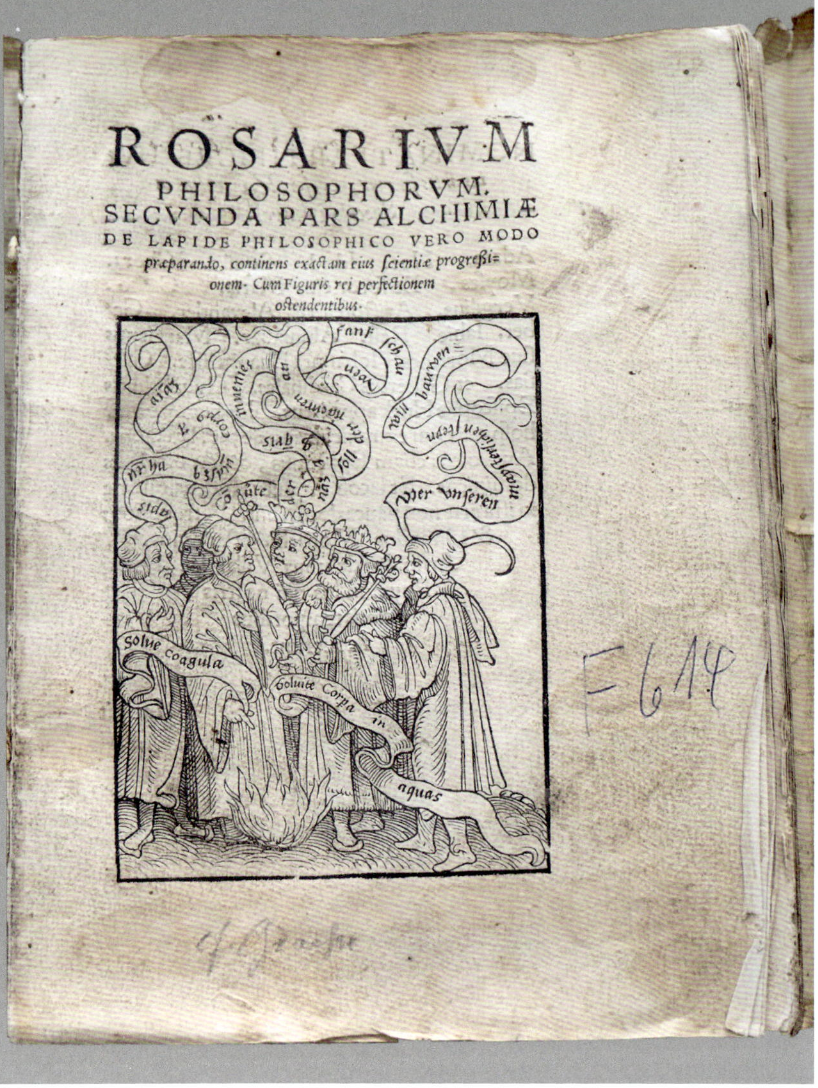

Abb. 60. *Rosarium Philosophorum*. Titelblatt

sofern auf die Herstellung der *materia prima*, der universalen Ursubstanz.

Das Titelblatt des »Rosengarten« fasst diesen naturphilosophisch-praxeologischen Ansatz in der alchemistischen Version des Motivs des Disputs der Philosophen zusammen (Abb. 60). In Gegenwart zweier Könige sieht man die Wissenschaftler intensiv über ihr Selbstverständnis, ihre Methode und Ziele diskutieren. Spruchbänder lassen den Leser an diesem Gespräch teilhaben und vermitteln in prägnanter Weise die Kernbestandteile der Disziplin und damit auch des Werkes, das er in der Hand hält:

»Wer unseren maysterlichen steyn will
bauwen
der soll der naturen anfank schauwen
Unser Stein besitzt Geist, Körper und
Seele.
Wandle die Natur um, und du wirst finden,
was du suchst!«

Aus dieser Perspektive wird der grundlegende Unterschied zur modernen Chemie erkennbar, und er erklärt zugleich, warum sich diese wissenschaftsgeschichtlich durchgesetzt hat: Gemäß ihrem Selbstverständnis als moderne Naturwissenschaft definiert und kontrolliert die Chemie Bedingungen und Prozesse. Dabei schließt sie prinzipiell aus, was sich diesem positivistischen Zugriff entzieht, was also nicht rational fassbar ist. Denn ihr Zweck ist es nicht nur zu erklären, sondern auch zu prognostizieren, also die Sicherheit der getroffenen Aussagen herzustellen. Im Unterschied dazu bezieht die Alchemie immer und prinzipiell alles ein, gerade auch das Irrationale, nicht Kontrollierbare, nicht Fassbare; sie belässt ihre Gegenstände bzw. die Natur in ihrer unendlichen und unfassbaren Komplexität.

Alchemisten beobachteten und imitierten die Natur, um sie zu nutzen und zu verbessern und aus ihrer Perspektive zu »perfektionieren«. Dadurch wollten sie aus Vorhandenem Ähnliches, aber nicht vollständig Neues schaffen – was von den meisten nicht alchemistisch arbeitenden Naturwissenschaftlern eben als unwissenschaftlich, kurz: als Magie, abgelehnt wurde. Das postulierte Transmutationsprinzip der Alchemie setzt voraus, dass der Natur bereits selbst die Tendenz zur Perfektion inhärent sei. Als Nachahmer und Perfektionisten verstanden sich ihre Vertreter insofern als »Diener« (*minister*) eines universalen Schöpfergottes, dem sie in keiner Weise Konkurrenz machen oder den sie gar verdrängen wollten. Vielmehr betrachteten Alchemisten ihr Fach als »verlängerten Arm« der Natur (Joachim Telle).

Seine konkreten wissenschaftsgeschichtlichen Wurzeln besitzt das alchemistische Transmutationsprinzip mit der vor allem durch Empedokles im 5. Jahrhundert v. Chr. verbreiteten Vier-Elementen-Lehre, die jede Existenzform als spezifische Mischung von Erde, Wasser, Luft und Feuer postuliert. Unter dem Einfluss der arabisch-griechischen Alchemie wurde diese Gruppe seit dem 9. nachchristlichen Jahrhundert um die Elemente Schwefel und Quecksilber erweitert. Erde, Feuer, Luft und Wasser mit ihren jeweiligen Eigenschaften Wärme, Kälte, Trockenheit und Feuchtigkeit bilden demnach auch die Grundbestandteile des Steins der Weisen. Als die vor allem in der arabischen Welt praktizierte Alchemie im 12. und 13. Jahrhundert nach Europa gelangte, wurden Schwefel und Quecksilber nicht mehr als Elemente, sondern als »Prinzipien« oder Wandlungsprozesse verstanden und jeweils zwei Urelementen zugeordnet (Feuer und Luft: Schwefel; Erde und Wasser: Quecksilber).

Neben diesen beiden Metallen wurden in der Alchemie fünf weitere Metalle angenommen, die wiederum seit der griechisch-römischen Antike mit Planeten und deren antiken Gottheiten bzw. den ihnen zugeschriebenen Eigenschaften gleichgesetzt waren. Die Verbindungen zwischen Gold und Sol, Silber und Luna, Eisen und Mars, Quecksilber und Merkur, Zinn und Jupiter, Kupfer und Venus, Blei und Saturn, Schwefel und Merkur wurden als natürlich-organisch und insofern als alchemistisch wirksam eingeschätzt. Die »Prinzipien« Quecksilber und Schwefel konnten demgegenüber Stoffe »reinigen« und sie letztlich in die *materia prima* umwandeln oder in jedes andere Material einschließlich Gold. Als ein weiteres in den Wandlungsprozessen wirksames Prinzip wird in Analogie zur geschlechtlichen Fortpflanzung die Einheit von Gegensätzen zu einem komplementären Ganzen postuliert. So stehen etwa Sol und Luna metaphorisch für Aktivität und Passivität (Abb. 61).

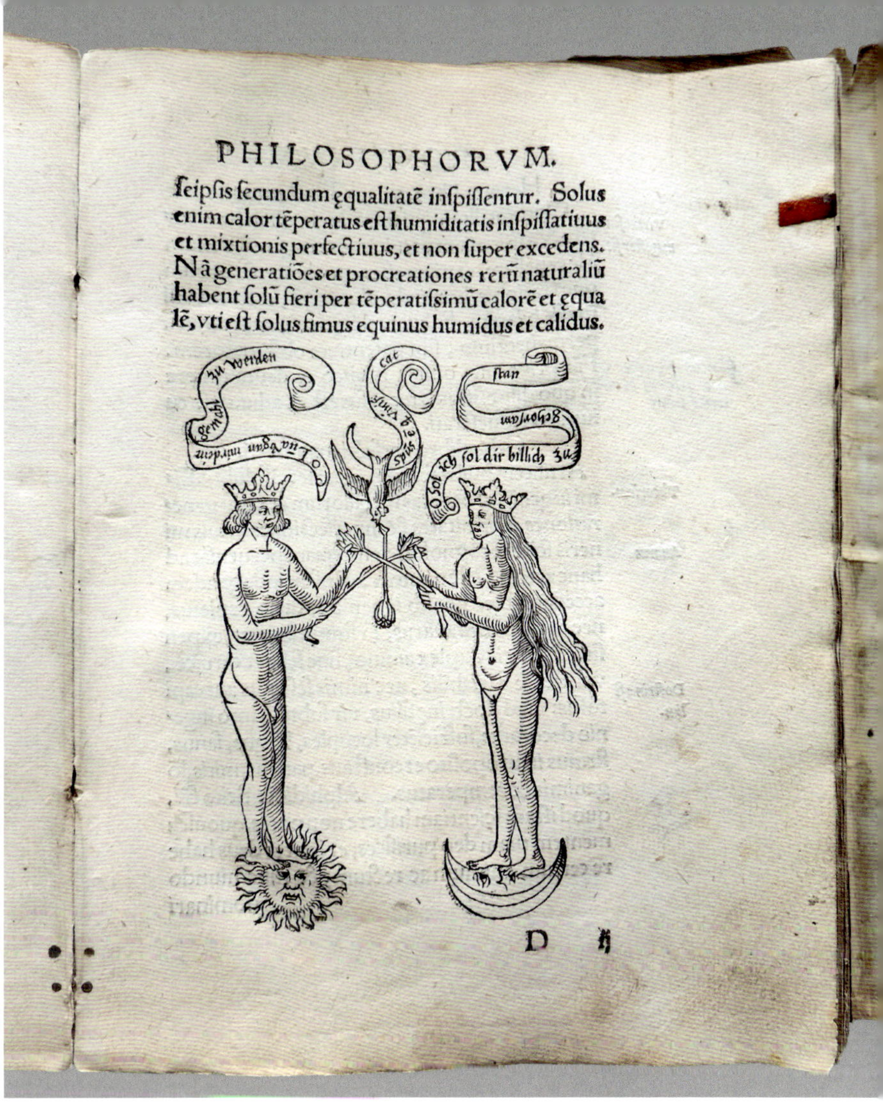

Abb. 61. Sol und Luna

Mit ihrem Anliegen, die grundlegenden Zusammenhänge des Kosmos offenzulegen, und den dafür gewählten Prinzipien überschritt die Alchemie die Grenzen einer Fachdisziplin bei weitem. Denn sie ging von einer Komplexität des Universums aus, die die Begrenztheit des Menschen einbezog. Religiöse und philosophische Weltdeutungen sollten der Mehrdeutigkeit von Sinnzusammenhängen Rechnung tragen; die gezielte Nutzung von Mythen und Metaphern, die die frühen Hochkulturen z. B. mit der griechisch-römischen Götterwelt überlieferten, offenbarten aus der Sicht der Alchemisten Bestandteile des Kosmos, die jenseits der menschlichen Vernunft lagen; sie erst ermöglichten ein Denken, das auf ein ganzheitliches, kosmisches Erkennen ausgerichtet sei und über die menschlichen Sinne herausreiche. Indem sie die innerweltliche Phänomenologie und deren Funktionsweise in höhere, transzendente Zusammenhänge einzuordnen versuchte, avancierte die Alchemie selbst zum »Schöpfungsmythos« (Jörg Völlnagel). Daher übt die Alchemie bis heute in doppelter Weise Faszination aus: Sie stellt die Kernfrage des Universums nach dem Zusammenhang allen Seins. Und sie nutzt dafür kulturgeschichtlich tief verankerte Metaphern und Schöpfungsmythen mit großen, fesselnden Geschichten.

Dafür braucht es vieldeutige und bildmächtige Werke, die solche Erzählmotive lebendig erhalten. Das *Rosarium Philosophorum* ist eines von ihnen. Es bündelt ein Jahrtausend alchemistischen Wissens und setzt dafür eine erzählstarke kulturübergreifende Metaphorik ein. Das Werk überzeugte schon seine ersten Leser – wohl auch deshalb, weil es zwei ursprünglich eigenständige Werke, in gleichsam alchemistischer Praxis, zu einem Neuen zusammenführt: ein alchemistisches Florilegium sowie ein altdeutsches Bildgedicht. Der Untertitel »Rosengarten der Philosophen« fasst den höchsten Anspruch des Faches so lapidar wie prägnant zusammen: »Über die richtige Herstellung des philosophischen Steins, enthaltend das genaue Vorgehen in dieser Wissenschaft. Mit Bildern, die die Vervollkommnung der Substanz zeigen«.

Florilegien, oder wie sie im zeitgenössischem Latein *flores* (»Blüten«), *excerpta* (»Ausschnitte«, im übertragenen Sinn »Blütenblätter«) oder *horti* (»Gärten«) genannt wurden, waren Instrumente des mittelalterlichen Wissenschaftssystems und seiner spezifischen Methoden: Wissen war per se vorgegeben, enthalten in den Werken bestimmter Autoren bzw. Werken, die als Autoritäten fungierten. Daher wurden überwiegend nur diese über Jahrhunderte hinweg gelesen und deren Kernaussagen buchstäblich exzerpiert. Für diese Art des Umganges mit Wissen war die Metaphorik des Blumengartens geläufig. Demnach bewegte sich der Gelehrte im Garten des Wissens, um die schönsten Blüten zu pflücken. Solche Sträuße wurden oft neu gebunden und immer wieder auch anders zusammengestellt, um weitergegeben zu werden – an Schüler, an Kollegen, die Nachwelt usw. Das Florilegium als Erkenntnisinstrument war über das gesamte Mittelalter weit verbreitet. Es prägte verschiedene Genres wie etwa (Universal-)Enzyklopädien, Bibelkommentare, Gesamtausgaben einzelner Autoren, naturkundliche Werke, aber auch Werke der Dichtung. Als sich in der Scholastik die Argumentation als Abwägen und Gegenüberstellen von unterschiedlichen Positionen entwickelte, baute man inhaltlich weiter auf den Florilegien auf. Sie lieferten die Inhalte, die das Für und Wider einer Position gegeneinander abwogen, Argumente bildeten und so zu einer Schlussfolgerung (lat. *conclusio*) führten.

Auch das *Rosarium Philosophorum* war ein Florilegium, ordnete es sich doch bereits durch die Wahl des Namens, Rose, den Florilegien zu. Weil die Rose schon damals

als vornehmste, als Königin der Blumen galt, war zugleich der Anspruch dieser Kompilation formuliert: Eine Sammlung von »Rosenblüten« präsentierte das ultimative Best-of an alchemistischen Thesen und Praktiken der Zeit. Tatsächlich spannen die ausgewählten Exzerpte aus der alchemistischen Literatur ein inhaltlich, zeitlich und kulturell breites Spektrum von etwa einem Jahrtausend; es dominiert das 11. bis 14. Jahrhundert und insofern auch der islamische gegenüber dem christlichen Kulturraum. Programmatisch formuliert ist ganz in diesem Sinn der einleitende Abschnitt, das *Incipit*: »Es beginnt der Rosengarten der Philosophen. Das Buch ist aufs sorgfältigste verfasst (*compositus*) und [aus vielen Büchern] in ein [Buch] zusammengetragen (*compilatus*)«.

Der 1550 gedruckte »Rosengarten« ist eigentlich nur der zweite Teil des 1541 in Nürnberg erschienenen, umfangreicheren alchemistischen Sammelwerkes *De Alchimia Opuscula Complura veterum Philosophorum*. Als separate und in erweiterter Fassung neun Jahre später in Frankfurt gedruckte Version wurde das Werk popular und blieb bis ins 18. Jahrhundert eines der Hauptwerke des Faches. Das ursprüngliche Sammelwerk (*Opuscula*) und das *Rosarium* haben denselben, unbekannt gebliebenen Herausgeber. Das *Rosarium* als Werk ist jedoch erheblich älter und geht auf eine Sammlung zurück, die vielleicht im 14. Jahrhundert entstand. Schon damals war die Fülle an alchemistischer Literatur selbst für einen Fachmann kaum zu übersehen, geschweige denn für den interessierten Gebildeten. Diesem Bedarf diente die Zusammenstellung offensichtlich und trug zu ihrem Erfolg bei.

Das *Rosarium* verdankt seine langanhaltende Popularität zudem seiner besonderen Ausstattung. Über die »Rosenblüten« alchemistischer Erkenntnis hinaus enthält es Reime bzw. Merkverse sowie insgesamt 21 Holzschnitte. Bei der Dichtung handelt es sich um »Sol und Luna«, das um 1400 entstanden und irgendwann im 15. Jahrhundert in das Rosarium integriert worden ist. Dieses anonyme Gedicht in altdeutscher Sprache orientiert sich an den einschlägigen Florilegien und bietet in poetisch-komprimierter Form die Grundzüge alchemistischen Wissens. Die Abbildungen wurden vermutlich eigens passend zum Druck von 1550 angefertigt. Sie stammen von einem Künstler, der namentlich zwar ebenfalls nicht bekannt ist, aber mehrfach mit der Frankfurter Werkstatt von Cyriacus Jacob zusammenarbeitete. Von diesem daher sog. Zeichner des Jakob stammen auch die Illustrationen im »Thierbuch« von Albertus Magnus, das von Walther Hermann Ryff übersetzt wurde und 1545 erschien, sowie im »Kräuterbuch« von Dioskurides, übersetzt von Johann Danz von Ast, ebenfalls in Frankfurt 1546 erschienen. Wer jedoch das *Rosarium* mit »Sol und Luna« zu dieser besonderen Ausgabe kompilierte, bleibt im Dunkeln; sicher ist lediglich, dass die Kombination beider Werke erstmals in Handschriften aus den Jahren zwischen 1527 und 1529 auftaucht.

Die Abbildungen wie auch die Verse des Gedichts geben dem »Rosengarten« Struktur, indem sie Sinnabschnitte markieren und das Thema bzw. die jeweiligen Kernaussagen des folgenden Textes kompakt und anschaulich machen. »Sol und Luna«, Sonne und Mond, sind Metaphern für das der Transmutation zugrundeliegende Prinzip der Komplementarität, das bei der Herstellung des *lapis philosophorum* umgesetzt werden muss. Sie stammen vermutlich aus der arabischen Alchemie. Im Bildzyklus werden sie als Mann und Frau dar-

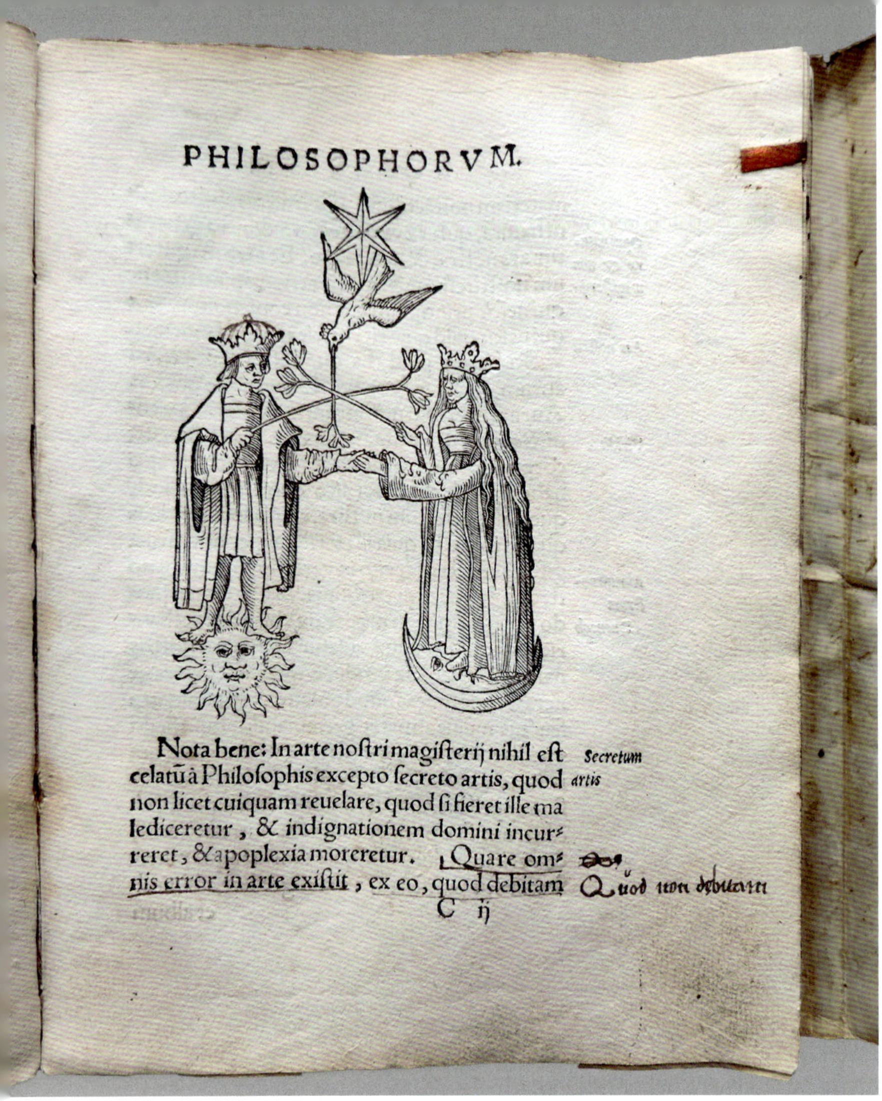

Abb. 62. König und Königin stehen sich gegenüber, über ihnen schweben Vogel und Stern

gestellt, um die Notwendigkeit der richtigen Mischung der Elemente sowie deren Vereinigung zu akzentuieren. Allerdings präsentiert nicht ein beliebiges, sondern ein königliches Paar den Lesenden den Prozess der Vervollkommnung. Damit wird der Anspruch der Alchemie hervorgehoben, Leitdisziplin zu sein und nach dem Kern jeglicher Erkenntnis zu streben: dem Stein der Weisen.

Auf ihrer ersten Etappe des gemeinsamen Zyklus stehen sich der Sonnen-König und die Mond-Königin gegenüber. Sie gehen eine Verbindung ein, indem sie einander mit der Hand berühren und zugleich zwei Stäbe kreuzen; diese doppelte Verbindung wird durch einen weiteren Stab gestärkt, den ein darüber schwebender Vogel im Schnabel hält. In diesem einer Taube ähnelnden Tier wird die geistliche Gnade für den Gesamtprozess ausgedrückt (Abb. 62).

Analog zur geschlechtlichen Fortpflanzung vollzieht sich nach Auffassung der Alchemisten die Weiterentwicklung von Materie bis hin zur Perfektion im Stein. Diese chemische und zugleich spirituelle Vereinigung komplementärer Elemente wird im *Rosarium philosophorum* durch die sexuelle *coniunctio sive coitus* von Sonnen-König und Mond-Königin dargestellt. Anders als in der Natur geht aus der Vereinigung von Sol und Luna kein lebendiges, eindeutig einem Geschlecht zuzuordnendes Kind, sondern ein scheinbar toter Hermaphrodit hervor; er liegt hier zunächst in einem steinernen Sarg und muss erst noch in verschiedenen Schritten »empfangen«, gereinigt und belebt werden. Konzeptionell wie auch praktisch versucht die Alchemie insofern ihrem Anspruch gerecht zu werden, über die belebte und unbelebte Natur hinaus Transzendenz zu erforschen und sichtbar zu machen, also zu zeigen, dass und wie unsere sinnlich erfahrbare Welt in das kosmische Ganze eingebunden ist. Der Hermaphrodit war in der alchemistischen Literatur als Metapher weit verbreitet, weil er die Methoden des Faches spiegelt. Als Figur bzw. Element wird er mit dem als androgyn geltenden Merkur gleichgesetzt: Er bringt die grundlegenden Prozesse der Transmutation, Umwandlung und Komplementarität auf den Punkt und symbolisiert daher zugleich den Stein der Weisen.

Nach mehreren Stufen wird der Prozess abgeschlossen und das »königliche Rätsel« (*aenigma regis*) gelöst:

Kräftige Drachenflügel zeigen, wie mächtig der beide königlichen Geschlechter vereinigende »keyser aller ehren« ist, weil er jedes Wesen überragt. Das doppelgesichtige Haupt vereint Mann und Frau und hebt so deren Dualismus auf. Zugleich vereint er in sich Körper, Geist und Seele, deren christlicher Kontext vor allem durch den Pelikan zum Ausdruck gebracht wird: Indem er sich die Brust aufhackt, um mit seinem Blut seine Kinder zu ernähren, steht der Pelikan für den Opfertod Jesu am Kreuz (Abb. 63).

Der das Werk abschließende Holzschnitt muss als ein Bekenntnis der Alchemie zum christlichen Glauben und dessen naturphilosophischen Grundlagen aufgefasst werden. Hier steigt Christus als Auferstandener aus jenem Steinsarg, in dem der Merkur-Hermaphrodit gezeugt wurde. Dabei streckt er die Rechte segnend empor, während die Linke die Siegesfahne hält (Abb. 64):

> »Nach meinem viel unnd manches Leiden unnd marter groß/ Bin ich erstanden/ clarificiert/ unnd aller mackel bloß«

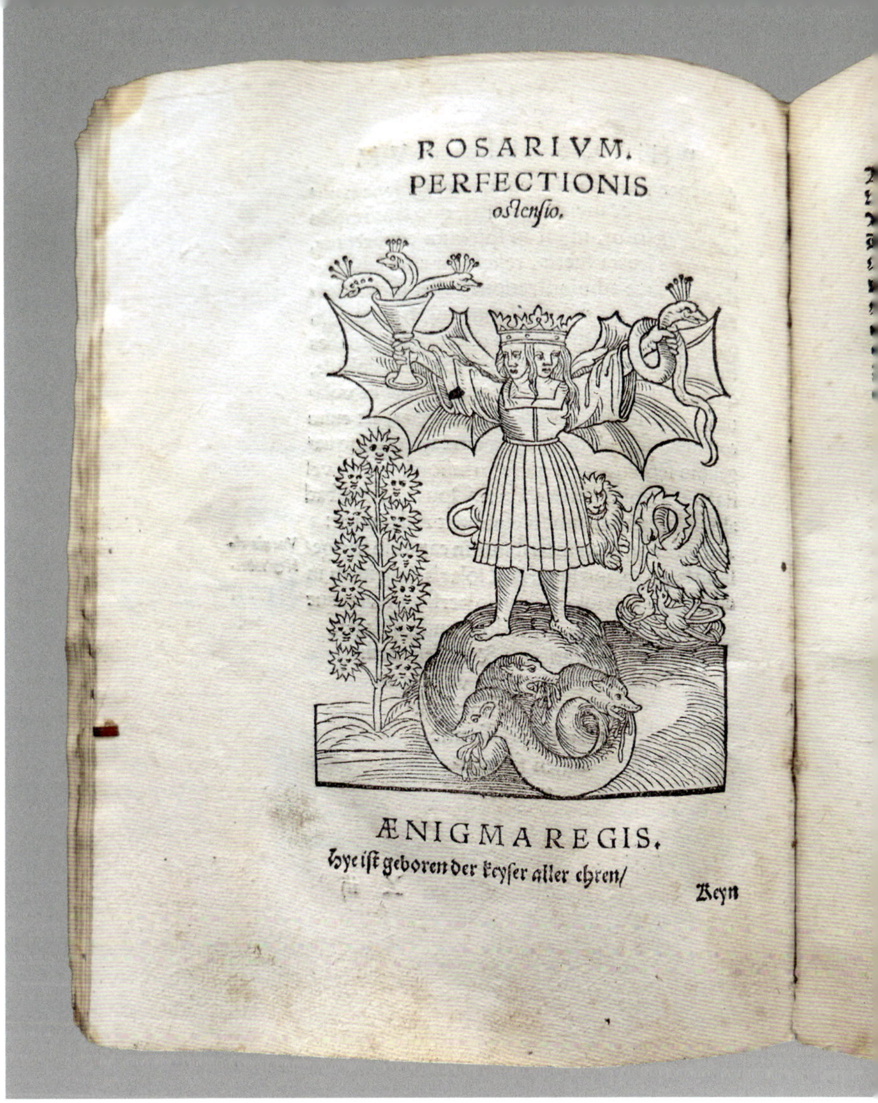

Abb. 63. Aenigma regis

Alchemie übersetzte also ihrem eigenen Anspruch oder besser: ihrem Glauben gemäß, die Fundamente des Christentums in die Naturkunde. Denn auch nach Auffassung der Alchemisten hatte Gott alles geschaffen. Diese seine Schöpfung funktionierte aufgrund von Gesetzen, die beschrieben und angewendet werden konnten. Wies die Alchemie daher nicht insbesondere jenen, die Wissenschaft bzw. Bildung einerseits und Glauben andererseits als ihre Berufung betrachteten, den Geistlichen, auch einen adäquaten Weg zu Gott?!

Ob das Hildesheimer Exemplar des *Rosarium philosophorum* tatsächlich einen naturkundlich interessierten Kleriker in die Geheimnisse des Faches einwies, lässt sich nicht mehr ermitteln. Mit Sicherheit ist es jedoch intensiv genutzt worden, wahrscheinlich von mindestens zwei Personen bzw. Besitzern, die im 16. oder 17. Jahrhundert lebten. Denn es gibt in dem Buch nur wenige Seiten, auf denen die angehenden Alchemisten nicht ihre Spuren hinterlassen haben. Ganz offensichtlich nahmen sie die in dem Werk enthaltene Gebrauchsanweisung sehr ernst:

»Leute, die genaueste Kenntnis von der höheren Wissenschaft der philosophischen Kunst zu haben wünschen, mögen dieses Büchlein recht sorgfältig benutzen und es

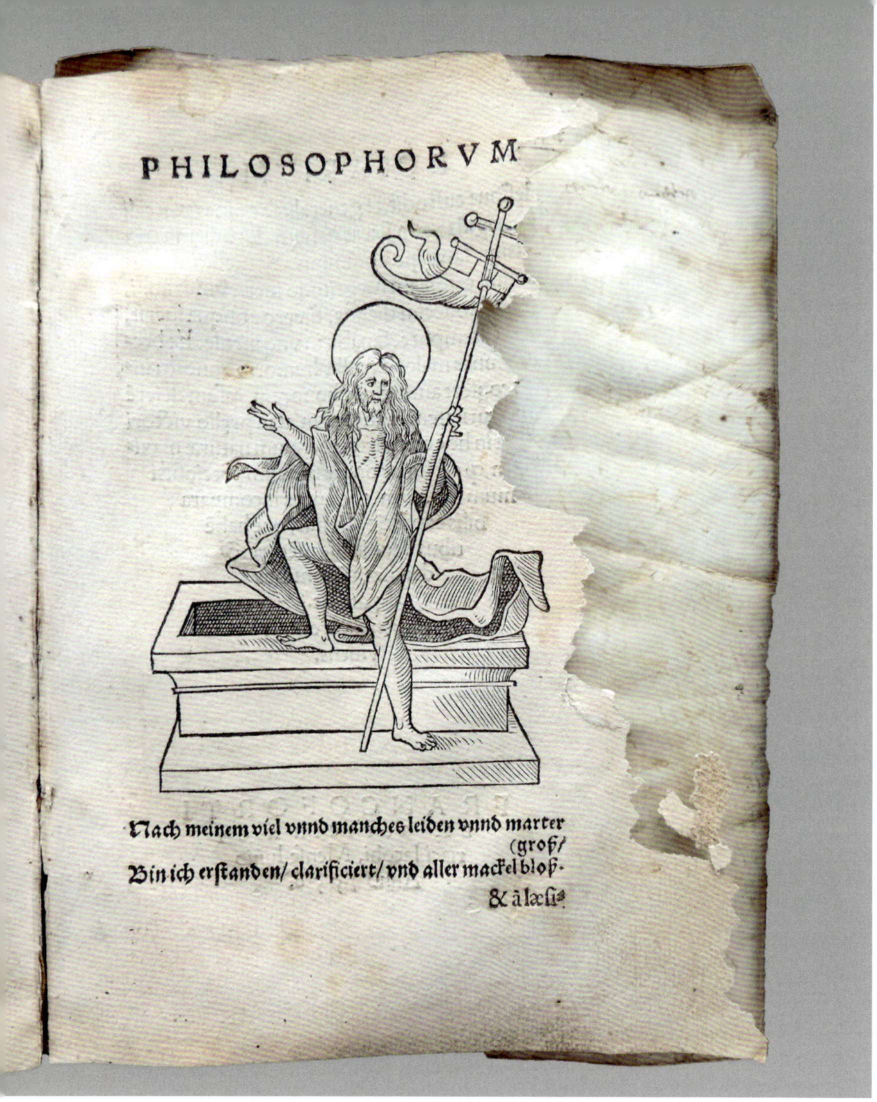

Abb. 64. Auferstandener Christus

sehr oft ganz lesen; dann werden sie den gewünschten Erfolg erzielen.«

Bei diesen Provenienzspuren, die Hinweise auf die Herkunft des Buches geben, handelt es sich überwiegend um Unterstreichungen im Haupttext sowie Begriffe bzw. Formulierungen, die noch einmal handschriftlich auf dem Rand notiert wurden – obwohl der Druck selbst bereits solche strukturierenden und erinnernden bzw. vertiefenden Glossen aufweist! (Abb. 65) Vielfach wurden auch die Stellen des Haupttextes, die durch ein *Notandum* als »beachtenswert« markiert sind, durch ein gleichlautendes Piktogramm, bei dem folgenden Beispiel eine Hand mit ausgestrecktem Zeigefinger, optisch noch deutlicher hervorgehoben:

Die Zeichnung eines Kessels, in dem eine Flüssigkeit kocht, und das darunter liegende Zitat *coquite simul*, »kocht zugleich«, greift unmittelbar die Anweisungen der dazugehörigen Passage auf: »Kocht Mann und Frau zugleich, bis es fest wird und daraus der Stein wird.« (Abb. 66)

Den Gebrauchscharakter des Hildesheimer *Rosarium* signalisiert auch der Einband, der als Kopert gearbeitet ist und wahrscheinlich aus der Zeit des Drucks stammt. (Abb. 58) Bei dieser Technik werden die Lagen von einem flexiblen Einbandmaterial wie Pergament oder Leder vollständig »bedeckt« und »eingehüllt« (lat: *coopertorium*, »das Verhüllende«, »Bedeckende«); bei der Verbindung zwischen Buchblock und Einband wird auf Kleber verzichtet und stattdessen mit einem Faden geheftet. Dabei wurden entweder die einzelnen Lagen direkt durch den Rücken oder, wie bei diesem Exemplar, auf grobe Pergamentstreifen geheftet. Diese wiederum hat man anschließend durch den flexiblen Außendeckel gezogen. Der hintere Deckel reicht über die Breite der Buch- bzw. Druckseite, so dass er zu einer Vorderklappe umgeschlagen werden kann. Eine zweiteilige, auf Vorderdeckel und Klappe angebrachte Schließe sorgt für die kompakte Form des Ganzen und insofern auch für den Schutz des innenliegenden Buchblocks.

Wahrscheinlich sorgte der erste Besitzer, der das Werk bald nach dessen Erscheinen, also in der zweiten Hälfte des 16. Jahrhunderts, erworben haben dürfte, auch für diesen Einband; er schuf damit ein Exemplar, das dazu geeignet war, sein großes Interesse an der

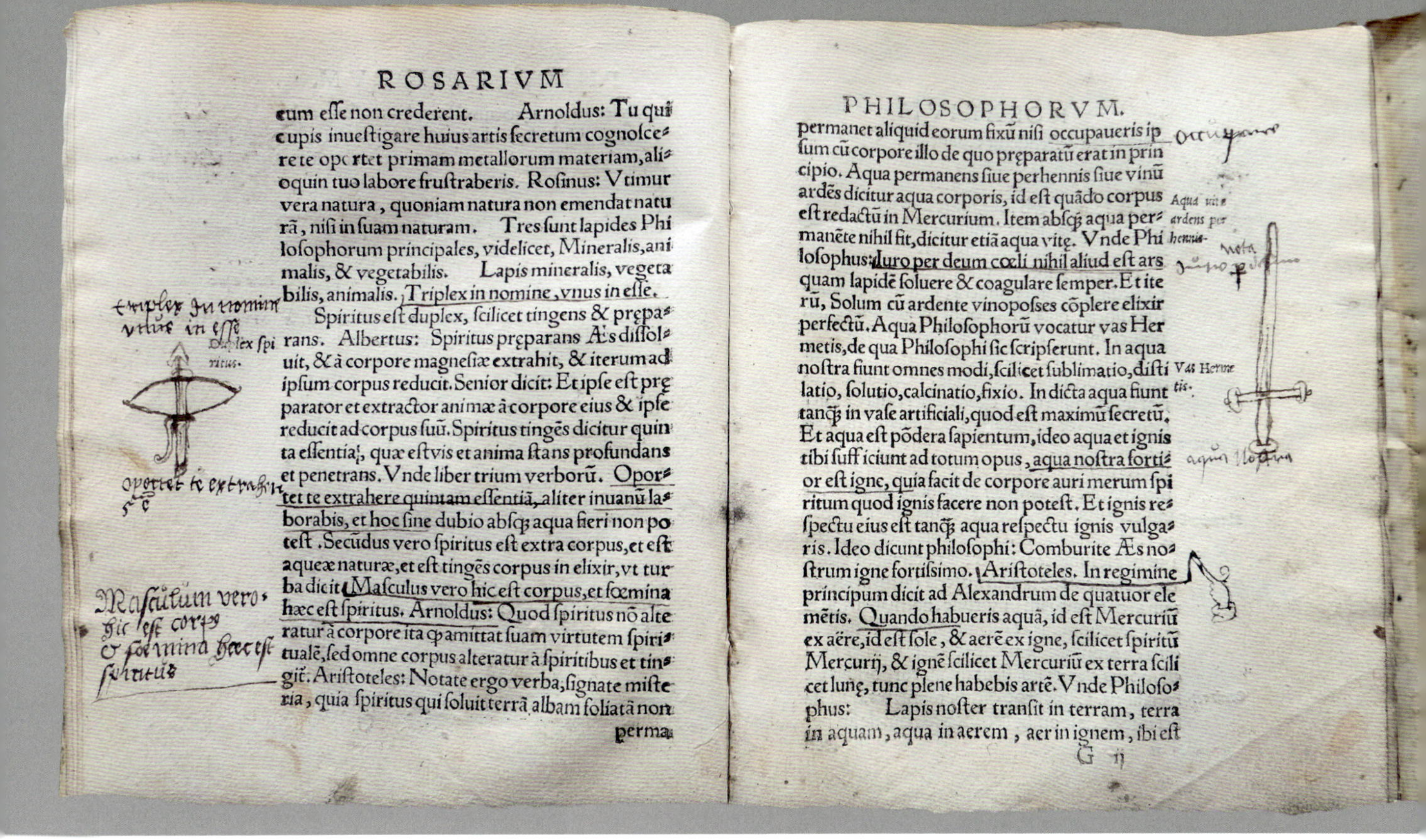

ROSARIVM

cum esse non crederent. Arnoldus: Tu qui cupis inuestigare huius artis secretum cognoscere te oportet primam metallorum materiam, alioquin tuo labore frustraberis. Rosinus: Vtimur vera natura, quoniam natura non emendat naturã, nisi in suam naturam. Tres sunt lapides Philosophorum principales, videlicet, Mineralis, animalis, & vegetabilis. Lapis mineralis, vegetabilis, animalis. Triplex in nomine, vnus in esse. Spiritus est duplex, scilicet tingens & preparans. Albertus: Spiritus preparans Æs dissoluit, & à corpore magnesiæ extrahit, & iterum ad ipsum corpus reducit. Senior dicit: Et ipse est preparator et extractor animæ à corpore eius & ipse reducit ad corpus suũ. Spiritus tingẽs dicitur quinta essentia, quæ est vis et anima stans profundans et penetrans. Vnde liber trium verborũ. Oportet te extrahere quintam essentiã, aliter inuanũ laborabis, et hoc sine dubio absq; aqua fieri non potest. Secũdus vero spiritus est extra corpus, et est aqueæ naturæ, et est tingẽs corpus in elixir, vt turba dicit. Masculus vero hic est corpus, et fœmina hæc est spiritus. Arnoldus: Quod spiritus nõ alteratur à corpore ita quod amittat suam virtutem spiritualẽ, sed omne corpus alteratur à spiritibus et tingit. Aristoteles: Notate ergo verba, signate misteria, quia spiritus qui soluit terrã albam foliatã non perma

Duplex spiritus.

PHILOSOPHORVM.

permanet aliquid eorum fixũ nisi occupaueris ipsum cũ corpore illo de quo preparatũ erat in principio. Aqua permanens siue perhennis siue vinũ ardẽs dicitur aqua corporis, id est quãdo corpus est redactũ in Mercurium. Item absq; aqua permanẽte nihil fit, dicitur etiã aqua vitę. Vnde Philosophus: Duro per deum cœli nihil aliud est ars quam lapidẽ soluere & coagulare semper. Et iterũ, Solum cũ ardente vino posses cõplere elixir perfectũ. Aqua Philosophorũ vocatur vas Hermetis, de qua Philosophi sic scripserunt. In aqua nostra fiunt omnes modi, scilicet sublimatio, distillatio, solutio, calcinatio, fixio. In dicta aqua fiunt tanq; in vase artificiali, quod est maximũ secretũ. Et aqua est põdera sapientum, ideo aqua et ignis tibi sufficiunt ad totum opus, aqua nostra fortior est igne, quia facit de corpore auri merum spiritum quod ignis facere non potest. Et ignis respectu eius est tanq; aqua respectu ignis vulgaris. Ideo dicunt philosophi: Comburite Æs nostrum igne fortissimo. Aristoteles. In regimine principum dicit ad Alexandrum de quatuor elemẽtis. Quando habueris aquã, id est Mercuriũ ex aëre, id est sole, & aerẽ ex igne, scilicet spiritũ Mercurij, & ignẽ scilicet Mercuriũ ex terra scilicet lunę, tunc plene habebis artẽ. Vnde Philosophus: Lapis noster transit in terram, terra in aquam, aqua in aerem, aer in ignem, ibi est

Aqua vite ardens perhennis.

Vas Hermetis.

G ij

Abb. 65. Doppelseite mit Randnotizen und -zeichnungen

Alchemie ebenso diskret wie praktisch zu bedienen. Dafür, dass es sich bei dem bzw. den Besitzern tatsächlich um Kleriker handelte, spricht vielleicht der einzig sichere Besitzer des *Rosarium philosophorum*, dem die Dombibliothek das Exemplar verdankt: Bischof Eduard Jakob Wedekin (1850–1870). Er besaß eine umfangreiche Sammlung an Kunst- und Kulturgegenständen, die er über Jahrzehnte aufbaute. Durch sie wollte er sein breites und für seine Zeit modernes gesellschaftspolitisches Engagement zusätzlich auf eine kulturhistorische Basis stellen. Wedekins Ziel war es, ein kirchliches Museum zu schaffen, das die materielle Kultur des mehr als tausendjährigen Bistums durch die historische sowie die künstlerische Überlieferung sichtbar machte. Daher sammelte er selbst als Privatmann, erbat aber auch darüber hinaus als Bischof von den Gemeinden bzw. Pfarrern Objekte für das Museumsprojekt. Wahrscheinlich stammte das *Rosarium philosophorum* aus einem dieser vielen kleinen Gärten des Wissens im Bistum, die Geistliche dort als Gläubige wie als Gebildete immer wieder anlegten.

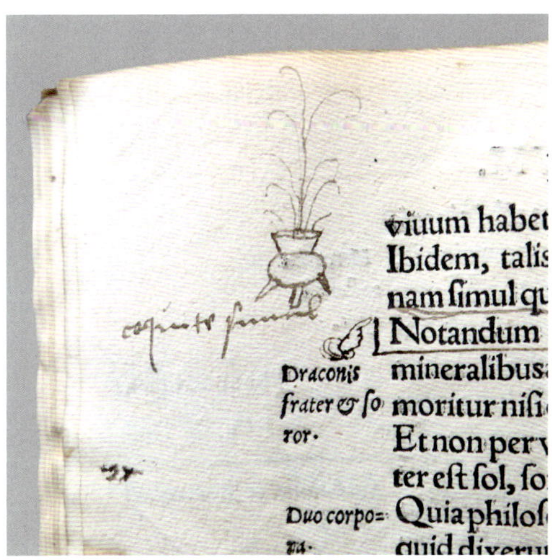

vium habet
Ibidem, talis
nam simul qu
Notandum
Draconis frater & soror. mineralibus
moritur nisi
Et non per
ter est sol, so
Duo corpora. Quia philos
quid diveru

Abb. 66. Ausschnitt mit Randzeichnung, Detail

Offt begehrte Beschreibung Der Newen ORIENTALischen REISE/

So durch Gelegenheit einer Holsteinischen Legation an den König in Persien geschehen.

Worinnen

Derer Orter vnd Länder/ durch welche die Reise gangen/ als fürnemblich Rußland/ Tartarien vnd Persien/ sampt jhrer Einwohner Natur/ Leben vnd Wesen fleissig beschrieben/ vnd mit vielen Kupfferstücken/ so nach dem Leben gestellet/ gezieret.

Item

Ein Schreiben des WolEdeln rc. Johan Albrecht Von Mandelslo/ worinnen dessen OstJndianische Reise über den Oceanum enthalten. Zusampt eines kurtzen Berichts von jetzigem Zustand des eussersten Orientalischen KönigReiches Tzina.

Durch

M. ADAMUM OLEARIUM, Ascanium Saxonem, Fürstl: Schleßwig-Holsteinischen Hoff-mathemat.

Avis Persarum votiva

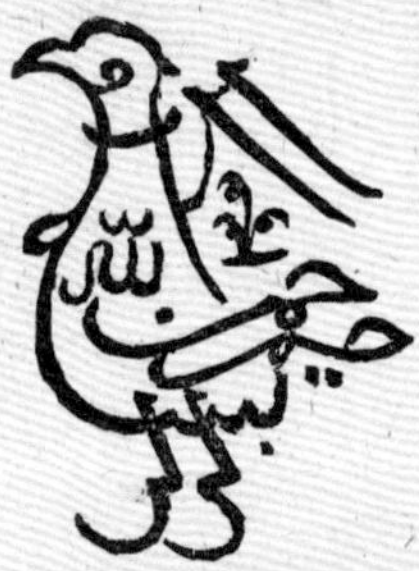

Composita ex lit: Bis milla:

Mit Röm. Käys. Maj. vnd Churfl. Durchl. zu Sachsen privilegijs auff 10 Jahr bey Verlust Tausend Thlr. nicht nachzudrucken.

Schleßwig/ Bey Jacob zur Glocken. Jm Jahr 1647.

Die Alchemie der Freundschaft

ADAM OLEARIUS: OFFT BEGEHRTE BESCHREIBUNG DER NEWEN ORIENTALISCHEN REISE

SCHLESWIG: JAKOB ZUR GLOCKEN, 1647

DOMBIBLIOTHEK HILDESHEIM, 2 N 345

Nomen est omen, so gilt es auch im Fall dieses ansprechenden frühneuzeitlichen Bandes: Adam Olearius' »Beschreibung« seiner Reise in den Fernen Orient war um die Mitte des 17. Jahrhunderts nicht nur »neu«, sondern tatsächlich »oft begehrt«. Denn er legt die erste, den zeitgenössischen naturkundlichen Kriterien genügende Reisebeschreibung ihrer Art in deutscher Sprache vor, die sich so gut verkaufte, dass sie mehrfach aufgelegt und bereits zu Olearius' Zeiten ein Verkaufserfolg wurde. Dazu trug auch der in dieser Zeit einzigartige Umstand bei, dass das Werk Übersetzungen ins Französische, Englische, Niederländische und Italienische erfuhr – eine Wertschätzung, die bis dahin lediglich theologischen Publikationen vorbehalten war. Die Präsenz eines Exemplars der ersten Auflage 1647 im Bestand der Dombibliothek deutet jedoch nicht nur darauf hin, dass der damalige Bibliothekar gegenüber zeitgemäßer, innovativer und populärer Literatur aufgeschlossen war. Dieser Band ist vor allem Bestandteil einer Freundschaft zweier hochgelehrter, weltläufiger und bekannter Intellektueller, deren Spuren nirgendwo sonst erhalten geblieben sind und die bis zum Hildesheimer Domhof reichten: des Schriftstellers, Mathematikers und Autors Adam Olearius und des Arztes, Chemikers und Pharmazeuten Otto Tachenius.

***

Dass die Freundschaft zwischen Olearius und Tachenius durch einen Titel des Genres der Reiseberichte bezeugt wird, ist alles andere als ein Zufall. Denn beide Wissenschaftler gehörten als Zeitgenossen des 17. Jahrhunderts einer Epoche an, in der das Reisen als kulturelle Praxis, wie sie uns heute selbstverständlich und vertraut erscheint, im Entstehen begriffen war. In Antike und Mittelalter war Reisen als Betätigung noch keine eigenständige Kategorie, sondern unterschiedlichen Lebenszusammenhängen zu- oder untergeordnet. Grundsätzlich war man über längere Strecken nur dann unterwegs, wenn es notwendig und unumgänglich erschien: So reiste der Pilger als Teil einer auferlegten Bußleistung; Mönche suchten einen befreundeten Konvent auf, um mit den Brüdern einen Gebetsbund zu schließen; Krieger folgten einem Kaiser,

Abb. 67. Adam Olearius: Offt begehrte Beschreibung der Newen Orientalischen Reise (1647). Titelblatt

König, Herzog oder einem Bischof, wenn dieser Krieg führte oder in einem Teil seiner Herrschaft für Recht und Ordnung sorgen musste. Zugleich handelte es sich beim Reisen um eine sozial exklusive Tätigkeit, die nur wenigen möglich war oder zugemutet werden konnte. Die Masse der Bevölkerung in Antike und Mittelalter war, mit Ausnahme weniger migrationshistorischer Phänomene wie der sog. Völkerwanderung oder der Ostsiedlung, im Großen und Ganzen immobil. Sie lebte in einfachen, vielfach prekären Lebensverhältnissen, kurz: unter Bedingungen, in denen eine Reise den Verlust des Zuhauses bedeutet und die Existenz bedroht hätte. Schließlich war Mobilität für die meisten Menschen aufgrund ihres sozialen bzw. rechtlichen Status' schlicht unmöglich.

Seit dem 13. und 14. Jahrhundert änderten sich diese Rahmenbedingungen grundlegend: Menschen – insbesondere Gebildete und Händler – wurden erkennbar mobiler. Daher boomten und expandierten bald Schulen, Universitäten und Städte. So reisten Gelehrte, Wissenschaftler, Schüler und Studenten aus ihrer Heimat an andere Schulen, Universitäten oder Kollegien, um sich miteinander auszutauschen, um zu lernen und zu lehren. Schließlich begab sich seit dem Beginn der Moderne vor allem der adlige Nachwuchs regelmäßig auf eine Grand Tour, um seine standesgemäße Bildung zu vollenden. Insgesamt verzahnten sich an dieser Epochenwende Handel und Reisen wie auch Wissen und Reisen immer enger und gewannen dabei eigene Konturen. Einen Bericht für wert hielten ihre Reisen jedoch in der Regel weder Gelehrte noch Händler. Dies änderte sich, zumindest punktuell, im Zusammenhang eines anderen Phänomens der Zeit, das Menschen erstmals in Massen auf Reisen schickte: die Kreuzzüge. In ihrem Gefolge entstanden erstmals Berichte.

Einen weiteren Entwicklungsschub erlebten Reise und Reisebericht deutlich später, aber gemeinsam, bedingt durch die Erfindung des Buchdrucks sowie die Entdeckungsreisen nach Nordamerika und in den pazifischen Raum. Das Interesse an den fremden Kulturen wuchs mit jeder neu entdeckten Meile und den darüber verfassten Berichten. Die Gründe für diesen Boom waren unterschiedlich, in der Regel aber vor allem wirtschaftlich bedingt; in jedem Fall entwickelten sich die Erfahrungen der Reisenden und ihre Berichte zu einem neuen, vielfach nachgefragten Gut, das – dank des Buchdrucks – auch zur Verfügung gestellt werden konnte.

Adam Olearius befriedigte mit seinem Werk genau diesen Bedarf und bot daher den Leserinnen und Lesern bereits im Titel unmissverständlich die »*Offt begehrte Beschreibung Der Newen Orientalischen Rejse/ So durch Gelegenheit einer Holsteinischen Legation an den König in Persien geschehen*«. Insbesondere die Länge und Komplexität solcher Unternehmen erforderte es mehr denn je, die Erlebnisse präzise, detailliert und zugleich praktisch zu beschreiben. Dies erleichterte nicht nur Kaufleuten oder Monarchen, die ihre Schatzkammern füllen wollten, die Arbeit. Vielmehr handelte es sich um Techniken, die auch zum grundlegenden Handwerkszeug moderner Wissenschaftlichkeit gehörten. Zu ihrer Entwicklung leisteten Reisende wie Olearius ihren Beitrag. So bietet er ausdrücklich eine spezifische, ja exklusive Kombination aus persönlichem Erleben und präziser Beobachtung, wie er es im Untertitel des Werkes formuliert: »*Worinnen Derer Orter vnd Lander/ durch welche die Reise gangen/ als fürnemblich Rußland/ Tartarien*

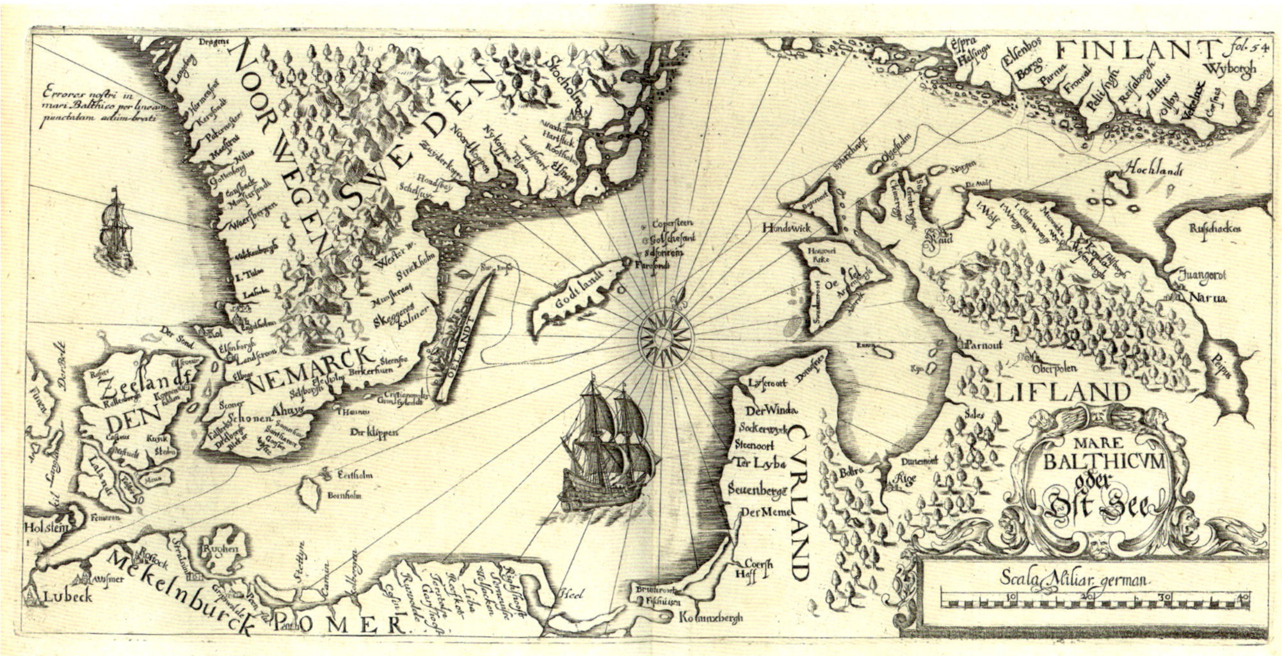

vnd Persien/ sampt jhrer Einwohner Natur/ Leben vnd Wesen fleissig beschrieben/ vnd mit vielen Kupfferstücken/ so nach dem Leben gestellet/ gezieret«.

So beliebt wie schillernd war und ist das Genre der Reiseberichte seit Olearius' Zeiten bis heute. Man fasst darunter ein ganzes Bündel unterschiedlicher Textsorten, die sowohl die fiktionalen als auch die nicht fiktionalen Berichte einschließt, da sich die Grenzen als vielfach fließend erweisen. Gemeinsam ist allen Reiseberichten jedoch zweifellos eine literarische Komponente. Daher bleibt als stärkstes Kriterium, um einen Text der Gattung »Reisebericht« zuzuweisen, letztlich das persönliche Erleben des Reisenden, der als Erzähler fungiert. Sein Erzählen bildet zugleich das Grundgerüst, das den Text insgesamt strukturiert.

Olearius war darin zweifellos ein Meister seiner Zeit, so dass sich der Erfolg des Werks bereits zu seinen Lebzeiten einstellte. Denn er vermittelte seine Erlebnisse in gleicher Weise informativ wie unterhaltsam. Dafur kombinierte Olearius das eigene Erleben, das er präzise wiedergab, mit weiterführenden Informationen – wir würden heute sagen: mit kulturwissenschaftlichem, naturkundlichem, geographischem und historischem Hintergrundwissen. So konnte sich der Leser Olearius' Erfahrung zu Eigen machen und durch die Perspektive des Reisenden gleichsam selbst ein Bild, ja vielleicht sogar eine Bewertung erhalten. In der Literatur der Zeit suchte diese Erzähltechnik ihresgleichen. Die Mischung von persönlichem Erleben und detaillierter Beschreibung wurde innerhalb des Buches durch eine geschickte Kombination von Text und Bildern perfektioniert, so dass sie beinahe schon didaktische Qualitäten besitzt. Die Darstellungen machten die Erfahrungen noch anschaulicher, und zusätzliches kontextuales

Abb. 68. Olearius' Karte der Ostsee und der angrenzenden Länder

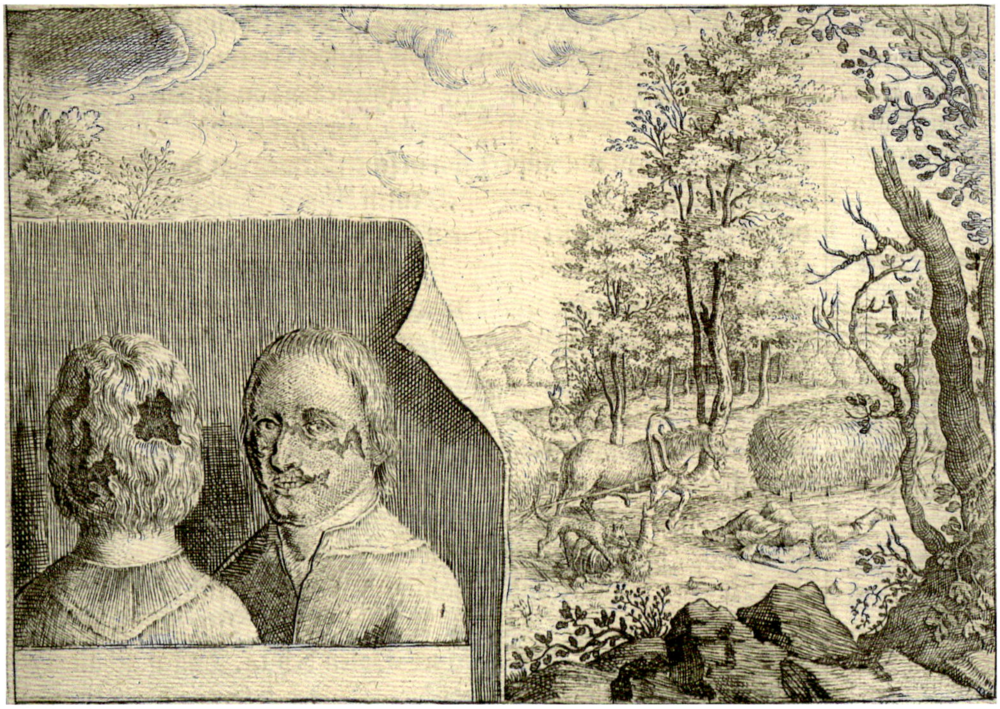

Abb. 69. Angriff eines tollwütigen Wolfs

Wissen ordnete die subjektiven Erlebnisse des Reisenden in übergreifende Zusammenhänge ein. So berichtet Olearius über die Begegnung mit einem tollwütigen Wolf:

»Anno 1634. den 24. Januarii, ist anderthalb Meilen von der Narva/ ein kleiner ohne zweiffel wütender Wolff 12. Russische Bawren/ so mit Hew beladenen Schlitten hinter einander hergefahren/ begegnet/ Dieser hat sich alsbald an den ersten gemachet/ ist an ihm hinauff sprungen/ hat ihn bey der Kehlen gefasset/ und niedergerissen/ imgleichen auch dem andern. Dem dritten hat Er das Fell über den Kopff gezogen/ dem vierdten Nase und Backen abgerissen/ dem fünfften und sechsten auch sehr beschädiget/ Als die hintersten dieses sehen/ tretten sie zusammen/ überweltigen ihn und schlagen ihn todt.« Alle Angegriffenen, und nicht nur der abgebildete Verletzte, starben, wie der Autor ausdrücklich deutlich macht, schließlich an der Tollwut (Abb. 69).

Literarisch setzte Olearius mit dem Werk Maßstäbe und veränderte im deutschsprachigen Raum die Rezeption von Reisebeschreibungen. An dessen Erfahrungen durch eine Mischung aus Erlebnisbericht und Informationsvermittlung teilzuhaben hatte von nun an auch einen hohen Unterhaltungswert. Dadurch konnte der Leser das Fremde bzw. die Fremde als Entdeckung buchstäblich miterleben. Olearius' Berichte nahmen dem bis dahin vor allem als bedrohlich, feindlich oder gar gefährlich eingestuften Unbekannten seinen Schrecken, indem sie die Vielfalt, Mehrdeutigkeit und Andersartigkeit fremder Kulturen sichtbar machten. Dadurch erhielt das Fremde bzw. das Reisen den Charakter, den wir ihm heute auch bemessen: zu unterhalten und unsere Neugier zu befriedigen. Auf Reisen zu gehen galt zunehmend als attraktiv, ja spektakulär, und rief Bewunderung hervor.

Aber auch Adam Olearius war die Fremde und schon gar nicht eine Reise nach Russland und Persien in die Wiege gelegt worden. Er wurde 1599 in Aschersleben in der Nähe von Eisleben als Sohn eines Schneiders namens Ölschlegel geboren. Vermutlich ein Stipendium verhalf ihm zu einem Studium in Leipzig. Nachdem sich der junge Ölschlegel zunächst in Theologie eingeschrieben hatte, studierte er auch noch Philosophie und Mathematik. Im Jahre 1627 schloss er die Philosophie mit dem Magistergrad ab, um dieses Fach an zwei Leipziger Schulen – darunter die Thomasschule, die älteste öffentliche Schule Deutschlands – zu unterrichten. Zugleich erhielt der junge Gelehrte die angesehene und begehrte Position eines Assistenten an der Leipziger Philosophischen Fakultät. Ein Stellenangebot des Herzogs Friedrich III. von Schleswig-Holstein-Gottorf an dessen Hof veranlasste Olearius schließlich dazu, Leipzig zu verlassen und die Weichen seiner Karriere neu zu stellen.

Von Leipzig aus betrachtet lag das Herzogtum Schleswig-Holstein-Gottorf nicht gerade um die Ecke, sondern buchstäblich am Rand des Reichs. Das Territorium der Herzöge bestand aus verstreuten Anteilen, die sich in Schleswig und Holstein befanden und zwischen 1544 und dem Beginn des 18. Jahrhunderts als zusammengehöriger Herrschaftskomplex existierten. Im 18. Jahrhundert gingen aus dem Herzogshaus immerhin vier schwedische Könige und seit 1762 die russischen Zaren hervor. Das Herzogtum mit dem Hof in Schleswig war also klein und zersplittert, entwickelte sich aber dank seiner guten Vernetzungen im Reich sowie mit den Nachbarkönigreichen, insbesondere der dänischen Krone, zu einem erheblichen Machtfaktor. Ihrer Position entsprechend traten die Herzöge als Fürsten auf, indem sie repräsentative Residenzen in Kiel und Gottorf errichteten und 1665 sogar eine Universität in Kiel gründeten. Die Investitionen in Repräsentation und Kultur bescherten den Herzögen allerdings einen beträchtlichen Schuldenberg, der auch im Verlauf des 17. Jahrhunderts nicht abnahm, weil der Dreißigjährige Krieg zusätzlich erhebliche Ausgaben für das Heer erforderte.

Um diese chronisch angespannte Finanzsituation des Fürstentums zu entspannen und vielleicht sogar eine wirtschaftliche Konsolidierung herbeizuführen, investierte Herzog Friedrich III. (1616–1659) in den Fernhandel. So gründete er 1621 das nach ihm benannte Friedrichstadt, das als Mittelpunkt für einen sich von Spanien bis Russland erstrecken Handelsraum geplant war (Abb. 68). Der junge Herzog versprach darüber hinaus ausländischen wie den niederländischen Kaufleuten Privilegien, wenn sie sich in seiner Gründung ansiedelten. Schließlich organisierte Friedrich III. Delegationen, die ein Fernhandelsnetz knüpfen sollten. Das erste dieser Unternehmen war eine Gesandtschaft nach Moskau, die im November 1633 von Hamburg aus startete. Sie wurde von dem Kaufmann Otto Brüggemann (1600–1640) und dem Rat des Herzogs, Philipp Crusius (1597–1676), geleitet. Als Sekretär des Herzogs begleitete Adam Olearius die Gesandtschaft. Der immense Aufwand der Reise, die allein für den Hinweg ein dreiviertel Jahr in Anspruch nahm, lohnte sich jedoch nicht. Denn die herzoglichen Legaten konnten den Zaren nicht davon überzeugen, einen Handelsvertrag zu schließen (Abb. 70).

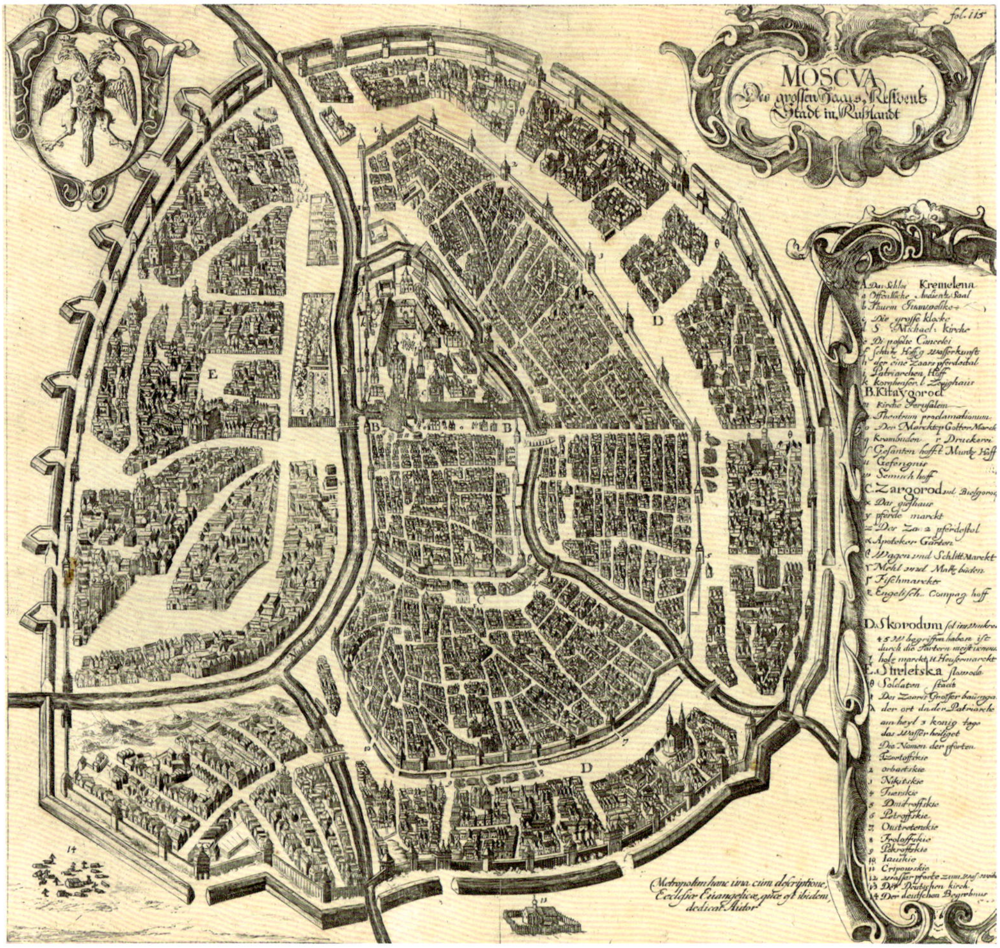

Abb. 70. Hof in Moskau

Friedrich III. ließ sich trotz dieses Misserfolges nicht von seinem Vorhaben abbringen. Bereits ein gutes Jahr später schickte er im Oktober 1635 die nächste Delegation auf einen langen und beschwerlichen Weg, der dieses Mal nach Persien an den Hof des Schahs in Isfahan führte (Abb. 71). Wie schon in Moskau waren wieder Brüggemann als Leiter sowie Olearius als Sekretär dabei. Am persischen Hof kam es jedoch zum Eklat: Die Gäste aus Holstein traten offenbar überheblich und selbstherrlich auf und missachteten den Rang ihrer Gastgeber. Dieser schwerwiegende Verstoß gegen die Gepflogenheiten der Gastfreundschaft und die Etikette endete ebenso abrupt mit dem Rauswurf. Nach nur drei Monaten musste die gesamte Delegation im Dezember 1637 abreisen. Vermutlich durch dieses Desaster forciert, entstanden auch innerhalb der Gruppe erhebliche Konflikte. Sie führten so weit, dass die Gesandtschaft auf der Rückreise zerfiel.

Auch Olearius verließ die offizielle Gruppe und kehrte allein nach Gottorf zurück. Dieser Schritt rettete ihm vielleicht die Karriere und das Leben. Denn nachdem alle Delegationsmitglieder in Schleswig eingetroffen waren, wurde im August 1639 buchstäblich abgerech-

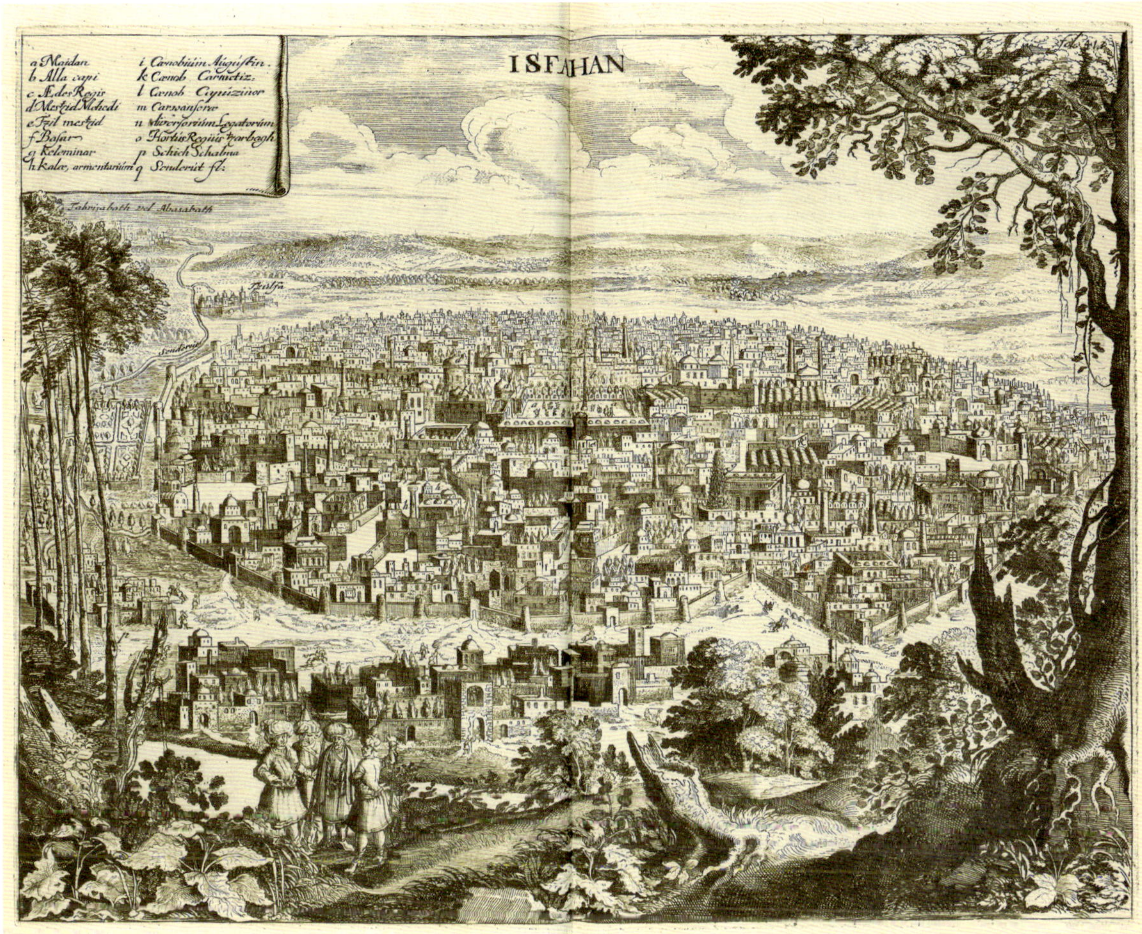

Abb. 71 Blick auf Isfahan

net: Brüggemann wurde als Hauptverantwortlicher für das Scheitern des Unternehmens ausgemacht, wegen groben Amtsmissbrauchs vor Gericht gestellt, zum Tod verurteilt und im Mai 1640 hingerichtet. Mit ihm trug der Gottorfer Herzog alle weiteren interkontinentalen Handelspläne zu Grabe.

Für Olearius erwies sich die Teilnahme an dem Unternehmen aber trotzdem und in mehrfacher Hinsicht als Erfolg. Denn er schrieb in den folgenden Jahren seine Erlebnisse auf der »Newen Orientalischen Reise« nieder – die Publikation 1647 machte ihn, wie erwähnt, zum Bestseller-Autor. Zugleich setzte Olearius seine Karriere am Hof fort. Nicht umsonst zieren das Werk daher sowohl ein Porträt des Autors als auch eines Herzog Friedrichs, seines Herrn und Gönners, dem er die verschiedenen Ämter und Würden in Schleswig verdankte. Mit diesen Positionen konnte der Gelehrte seine profunde Bildung mit seiner Erfahrung als Weltreisender kombinieren: Bereits 1639 war er zum Hofmathematiker ernannt worden, zehn Jahre später übernahm er die Leitung der herzoglichen Bibliothek, des Weiteren begründete er die Gottorfer Kunstkammer und schließlich konstruierte er gemeinsam mit Friedrich III.

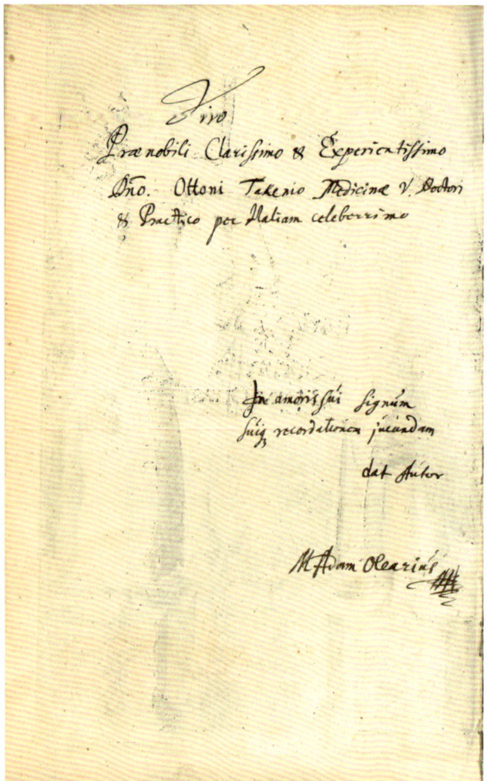

Viro
Praenobili Clarissimo & Experientissimo
Dno. Ottoni Takenio Medicinae V. Doctori
& Practico per Italiam celeberrimo

In amoris sui signum
suiq recordationem jucundam
dat Autor

M Adam Olearius

Abb. 72. Vorderer Innenspiegel mit Widmung

zwischen 1650 und 1664 den berühmten Gottorfer Riesenglobus. Aufgrund seines auch für heutige Verhältnisse gigantischen Durchmessers von drei Metern erhielt das Objekt im Neuwerkgarten der Schleswiger Residenz ein eigens erbautes Haus; der Globus blieb über die Jahrhunderte erhalten und befindet sich heute in der Kunstkammer von St. Petersburg.

Olearius pflegte als Gelehrter intensive persönliche Kontakte, die weit über das unmittelbare Umfeld eines Hofes hinausgingen. Am Vorabend der Aufklärung wurden Bildung und Wissenschaft mobil, sie erreichten immer mehr gesellschaftliche Schichten und durchdrangen nach und nach alle Lebensbereiche. Mobilität allgemein hatte innerhalb Europas bereits seit dem späten Mittelalter und vor allem zwischen den Kontinenten am Beginn der Neuzeit zugenommen, bedingt durch die Ausdehnung und Intensivierung der Handelswege nach Nordamerika, nach Asien sowie in den Orient. Auch daher musste, wer sich im 17. und 18. Jahrhundert bildete, die Heimatstadt, die nahe gelegene Universität oder den Hof verlassen und in neuen Kontakten neues Wissen suchen.

Und man blieb freundschaftlich und zugleich wissenschaftlich in Verbindung, vielfach ein Leben lang, indem man einander besuchte, korrespondierte – oder Bücher austauschte. Eine solche Gelehrten-Freundschaft dokumentiert das Exemplar der »Beschreibung der Neuen Orientalischen Reise« aus dem Bestand der Hildesheimer Dombibliothek.

»Als Zeichen seiner Zuneigung und zum Zeichen der Erinnerung gibt dieses Buch der Autor: Adam Olearius«, trägt der Schleswiger Mathematiker auf dem vorderen Innenspiegel ein. (Abb. 72) Er widmet es seinem Freund, »Dem überaus angesehenen, hochberühmten und erfahrensten Doctor Otto Takenius, Doktor und Praktiker der Medizin, der in Italien äußerst bekannt ist«. Nirgendwo sonst ist diese Beziehung unmittelbar bezeugt. Um ihr dennoch auf die Spur zu kommen, gilt es zunächst, mögliche Hinweise in der Biografie von Otto Tachenius aufzuspüren.

Das überschwängliche Lob, mit dem Olearius seine Widmung versah, war keineswegs nur freundschaftlicher Rhetorik geschuldet. Tachenius war tatsächlich eine der bekanntesten sowie schillerndsten Persönlichkeiten in der zeitgenössischen Gelehrtenwelt Italiens und Deutschlands. Unter Zeitgenossen war er so bewundert wie umstritten, weil er wie kaum ein anderer in dieser Epoche sowohl über umfassende theoretische als auch praktische

Kenntnisse der Chemie verfügte. Nicht zu Unrecht galt er daher als Alchemist – und als solcher wurde er, wie die meisten dieser Gelehrten, von der Nachwelt fast vergessen. Im Gedächtnis geblieben ist bis heute lediglich sein Ruf als Entdecker der Fettsäure.

Wie Olearius stammte Tachenius aus bescheidenen Verhältnissen, als er 1610 als Sohn eines Mühlenpächters in Herford geboren wurde. Bereits in seiner frühen Jugend arbeitete er in der Apotheke der kleinen Reichsstadt, um später auch eine reguläre Ausbildung in diesem Beruf aufzunehmen, die ihn in verschiedene ostwestfälische Städte führte. Der Bruch mit seinem letzten Ausbilder unter nicht mehr zu klärenden, ominösen Umständen bedeutete für den angehenden Apotheker eine radikale Wende. Der gebürtige Otto Tacke latinisierte seinen Namen, wie es Olearius und viele andere junge Gebildete auch taten, und verließ als Otto Tachenius seine Heimat. In den folgenden zwölf Jahren reiste er durch halb Europa, um seinen Lebensunterhalt zu bestreiten, vor allem aber um sich fortzubilden. So zog er von der Ostsee, von Danzig und Königsberg, nach Litauen und Polen; es ging im Anschluss nach Wien und von dort nach Italien. Unterwegs arbeitete Tachenius bei verschiedenen Ärzten und Apothekern, um so viele Erfahrungen wie möglich zu sammeln. In Padua nahm er darüber hinaus an der Universität ein Medizinstudium auf. Nachdem er dieses erfolgreich mit der Promotion abgeschlossen hatte, ließ er sich in Venedig nieder und arbeitete sowohl als Arzt wie auch als Chemiker.

Tachenius' Praxis entwickelte sich glänzend, so dass er schon bald zu Wohlstand und Ansehen und über die Lagunenstadt hinaus zu Berühmtheit gelangte. Dieser Erfolg war in den speziellen Präparaten und Mixturen begründet, die er seinen Patienten und Patientinnen verordnete. Für den Apotheker Tachenius war es selbstverständlich, die Welt und damit auch die Heilkunde aus der Perspektive der Stoffe und ihrer chemischen Reaktionen zu betrachten und zu erforschen. Bei der Entwicklung von Heilmitteln war er sowohl kreativ als auch unkonventionell; das Spektrum reichte von einfachen, aus heutiger Sicht homöopathischen Mitteln bis zu extravaganten Mixturen. Der Verkaufsschlager war ein Salz aus Vipern, das Tachenius als Allheilmittel propagierte und besonders unter den Reichen und Mächtigen mit Erfolg vermarktete (Abb. 73). Zu seiner Klientel zählten auch deutsche Hochadlige, die in Venedig zu Besuch waren. Denn Tachenius weckte als »Landsmann« und als »Prominentenarzt« der venezianischen Führungsschicht deren Neugier und Interesse. So schreibt Herzogin Sophie von Hannover 1664 in einem Brief über den Aufsteiger: »Dr. Tac sagt frei heraus, alle Mediziner seien Ignoranten, und es sei reiner Zufall, wenn sie jemanden heilen. Und je mehr man Medizin studiere, umso mehr fände man, dass man nichts wüsste, und dass es nichts als Erfahrung gäbe, die einen etwas lehrte.« Sophies Leiden diagnostizierte er jedenfalls als Harngries und verschrieb ihr »nichts anderes als Muskatblüten«.

Doch nicht nur gegenüber seiner Kundschaft nahm Tachenius kein Blatt vor den Mund. Vielmehr war er ein engagierter und fleißiger Autor, der seine fachlichen Positionen sowohl mit Sachargumenten und als auch mit Schelte und Polemik gegenüber den Kollegen versah, wenn er deren Ansichten nicht teilte oder zu wiederlegen suchte. Ein damals in der interessierten Fachwelt wie auch an den

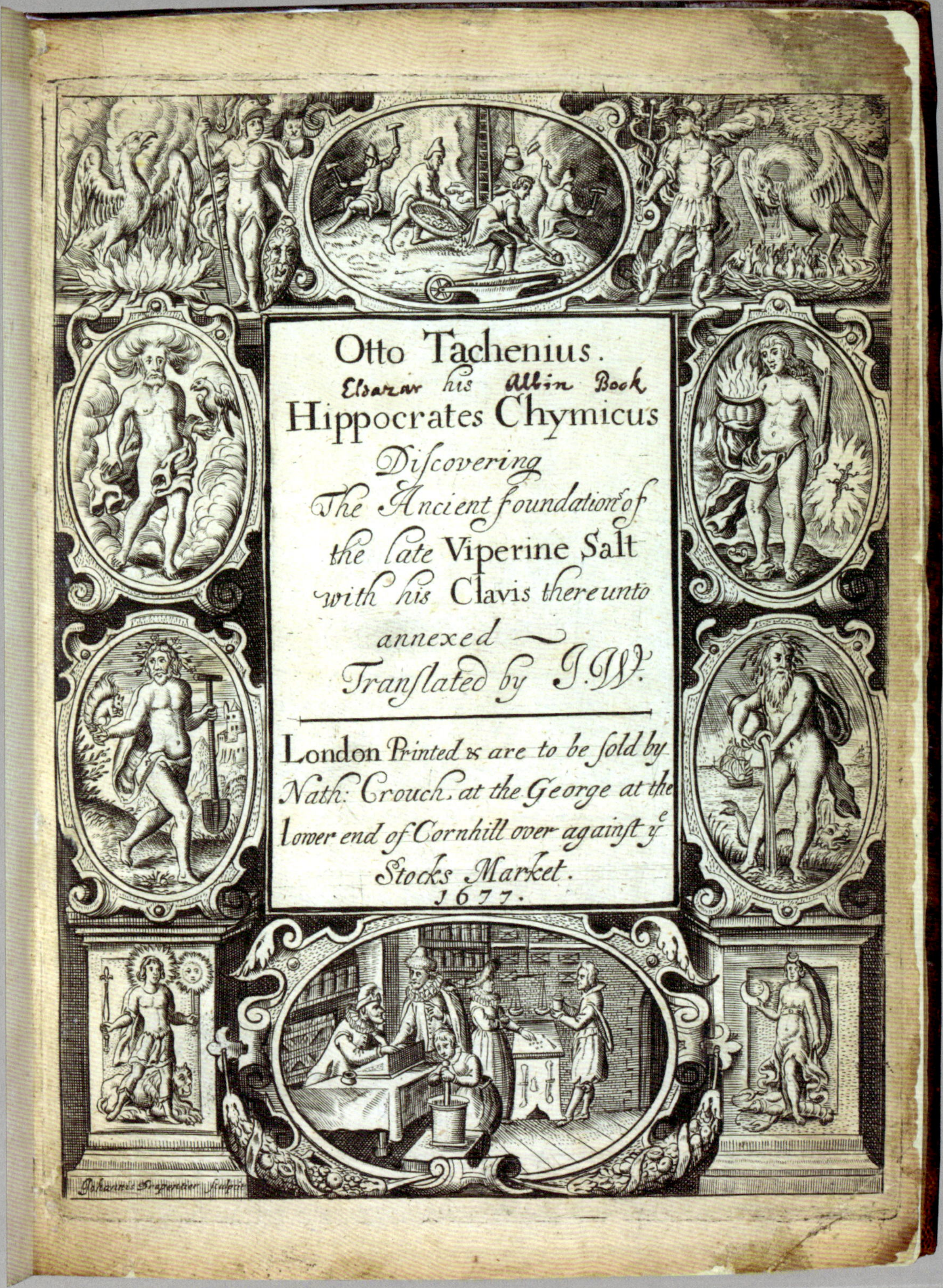

Abb. 73. Otto Tachenius: Hippocrates Chymicus (1677). Titelblatt

mit ihnen personell vernetzten Höfen intensiv diskutierter Fall war das sogenannte Alkahest, ein Destillat aus Grünspan und zugleich eine der wichtigsten in der Alchemie postulierten Substanzen. Es galt als universelles Lösungsmittel, das dazu in der Lage sein sollte, jede Substanz einschließlich Gold aufzulösen. Dem Alkahest wurde zugleich eine stoffliche Beziehung zu dem wohl prominentesten Element der Alchemie zugeschrieben, dem Stein der Weisen.

Tachenius hielt Alkahest schlicht für Unfug und schrieb ein entsprechendes Gutachten, das er im Januar 1651 publizierte. Allerdings trieb Tachenius dazu nicht nur die eigene fachwissenschaftliche Überzeugung. Im Fall von Alkahest weisen verschiedene Indizien auf eine direkte Verbindung zwischen Venedig und Schleswig. Denn als Tachenius das Gutachten schrieb, hielt sich der Hofmeister und Prinzenerzieher des Herzogs, Levinus Nicolaus von Moltke (um 1615–1662), in der Lagunenstadt auf. Für die Drucklegung bat Tachenius darüber hinaus Friedrich III. ausdrücklich um eine Genehmigung, dem er das Werk auch widmete. Weil der Chemiker schließlich auch anbot, die Rechtmäßigkeit seiner Erkenntnisse per Eid zu bestätigen, kann man wohl davon ausgehen, dass in Gottorf ein anderes Ergebnis erwartet worden war.

Ob der Kontakt zu Tachenius durch den Schleswiger Hof gesucht wurde und dadurch auch die Freundschaft zwischen Tachenius und Olearius ihren Anfang nahm, lässt sich nicht mit Sicherheit sagen, zumal es für ein persönliches Treffen zwischen beiden in dieser Zeit keine Belege gibt. Allerdings dauerten die Beziehungen zwischen Schleswig und Venedig nachweislich an. Denn Tachenius trug einen weiteren Streit mit einem Fachkollegen aus, in den wiederum der Gottorfer Hof involviert war und Tachenius schließlich aufforderte, mit dem Kontrahenten einen Vergleich zu schließen; in derselben Angelegenheit hielt sich Tachenius tatsächlich wenige Jahre später, um 1655, in Niederdeutschland auf, ohne dass sich die Stationen seiner Reise genau feststellen ließen. Am Hof in Gottorf lässt sich der Chemiker erstmals für das Jahr 1667 nachweisen, als er den Sohn und Nachfolger Friedrichs III., Christian Albrecht (1659–1695), besuchte. Hier traf er mit Sicherheit auf Adam Olearius. Wenige Jahre später, 1672 und 1678, war Tachenius wieder in Niederdeutschland unterwegs, ganz sicher etwa in Osnabrück.

Die zahlreichen Reisen des Wahl-Venezianers waren auch ein Teil der vielfältigen Dienstleistungen für seine Klienten, die weit über das Spektrum eines Arztes oder Chemikers, wie wir es kennen, hinausgingen. So fungierte Tachenius oft als Korrespondent, der Informationen jeglicher Art sammelte und je nach Bedarf aufbereitete. Einige seiner Kunden und Patienten begleitete der Gelehrte auch persönlich auf ihrer Grand Tour. Zu diesen Klienten zählte ein weiterer norddeutscher Fürst, Herzog Johann Friedrich von Braunschweig-Calenberg (1665–1679). Der Welfe gehörte zu dem Zweig der Fürstenfamilie, die das Herzogtum Braunschweig-Lüneburg regierten. Nachdem er 1665 gescheitert war, als drittältester Sohn die Nachfolge des verstorbenen ältesten Bruders zu übernehmen, konzentrierte er sich vollständig auf seine Teil-Herrschaft Calenberg. Für diese errichtete Johann Friedrich eine eigene Residenz in einem kleinen Dorf bei Hannover, das bis heute bestehende und mittlerweile überregional bekannte Schloss Herrenhausen. Ihn bzw. seine Brüder begleitete Tachenius auf mehreren Reisen durch Italien; auch zwischen diesen beiden Männern bestand eine langjährige Freundschaft, von der unter anderem dreizehn Briefe erzählen, die der Arzt von eigener Hand verfasste.

Johann Friedrich hatte wahrscheinlich einen erheblichen Anteil daran, dass das einzigartige Zeugnis der Freundschaft zwischen Otto Tachenius und Adam Olearius, das Widmungsexemplar der »Beschreibung der Neuen Orientalischen Reise«, nicht nur erhalten geblieben ist, sondern sich heute in der Dombibliothek Hildesheim befindet. Tachenius besaß selbstredend nicht nur dieses Buch, sondern wie viele Wissenschaftler der Zeit eine private Bibliothek. Diese Bibliotheken repräsentierten nicht nur wissenschaftlich-immaterielle, sondern auch materielle Werte. Daher ist es nicht erstaunlich, dass Tachenius seine Bibliothek ausdrücklich in seinem Testament erwähnt, das er wenige Monate vor seinem Tod 1680 verfasste. Sie sollte zusammen mit seiner Korrespondenz sowie dem Kapital seinem Großneffen, der Medizin studieren wollte, zufallen. Als Vollstrecker bestimmte der Doktor einen anderen Korrespondenten des Herzogs Johann Friedrich, Johann Druivestein, mit dem er selbst gut bekannt war. Dieser sollte alle Mobilien zu Geld machen – bis auf die Bücher. Sie sollte Druivestein für den Großneffen aufbewahren, bis er sie als angehender Mediziner nutzten konnte. Es gibt keinen Hinweis darauf, dass Tachenius' letzter Wille nicht erfüllt wurde, so dass die Bücher also im Prinzip in den Besitz des Großneffen gelangten.

Der Testamentsvollstrecker und die Verbindungen zum Calenberger Hof bilden wahrscheinlich ein, vielleicht sogar das wichtigste Verbindungsstück nach Hildesheim – und nicht der ansonsten unbekannte Großneffe von Tachenius. Das bisher plausibelste Szenario sieht daher wie folgt aus: Aus dem Nachlass des berühmten Chemikers übernahm der junge Mann nicht alle Bände, sondern lediglich jene, die er im Studium benötigte, während er die übrigen dem Testamentsvollstrecker überließ. Druivestein als Berater bzw. Mitglied des Calenbergischen Hofes konnte einem Werk wie der »Beschreibung der Neuen Orientalischen Reise« vermutlich mehr abgewinnen als der angehende Medizinstudent, zumal es sich um ein Widmungsexemplar des Autors handelte. Denn als sich der Welfe Johann Friedrich um 1665 als Fürst neu erfand, gründete er auch eine eigene Hofbibliothek. Bibliotheken waren insbesondere an den großen Höfen der Frühen Neuzeit ein »Muss«, weil sie in sich zwei Kernbestandteile des zeitgenössischen fürstlichen Selbstverständnisses vereinigten: dem Nutzen der eigenen Herrschaft zu dienen und diesen Anspruch zu repräsentieren. Für Johann Friedrich galt dies umso mehr, als er mit seinen höheren machtpolitischen Ambitionen gescheitert war.

Die Leitung seiner Bibliothek übertrug der Calenberger Fürst 1676 dem damals noch jungen Gelehrten Gottfried Wilhelm Leibniz (1646–1716), der an seinem Hof bereits als Philosoph und Historiograph tätig war. Dieser leistete einen erheblichen Beitrag dazu, dass sie zur königlichen bzw. zur Landesbibliothek avancierte und seit 2005 den Namen ihres berühmten Leiters trägt. Oder anders gewendet, mit Bezug auf den Verbleib der Bücher von Otto Tachenius lässt sich Folgendes vermuten: Beim Tod des Chemikers existierte innerhalb seines weit gespannten Netzwerks ein Hof, dem er über Jahre wissenschaftlich und freundschaftlich verbunden war, mit einer Bibliothek, deren Gründer und deren Leiter ambitioniert bzw. kompetent genug waren, um seine Bücher wertzuschätzen. Es gab kaum eine Sammlung, in der das Buch der Freundschaft von Otto Tachenius mit Adam Olearius besser aufgehoben gewesen wäre als dort.

Aus dieser »Calenbergischen« Perspektive auf das Schicksal des Buches lassen sich schemenhaft die Umrisse Hildesheims erkennen. Denn der Hofbibliothekar Leibniz korrespondierte auch mit Hildesheimer Domkapitularen – oder schenkte ihnen Bücher, so beispielsweise dem Freiherrn Johann von Reuschenberg seinen im Jahr 1700 erschienenen Anhang zum *Codex Iuris gentium* (Abb. 74). Vielleicht gelangte also Olearius' Werk vom Hof in Hannover in die Hände eines Domherrn, der es wiederum der Dombibliothek zukommen ließ. Doch dieses allerletzte Geheimnis gibt das Buch nicht preis.

Das Hildesheimer Exemplar der »Beschreibung der Neuen Orientalischen Reise« des Adam Olearius war und ist bis heute also in doppelter Hinsicht der Stoff, aus dem Wissen in der Frühen Neuzeit geschaffen wurde: Zum einen mit seinem Inhalt als wissenschaftlicher Reisebericht, der genau, analytisch und zugleich persönlich dokumentiert, informiert und unterhält; und zum anderen als Materie gewordene Essenz der Alchemie einer kollegialen Freundschaft, die über Jahre und Distanzen hinweg bestand.

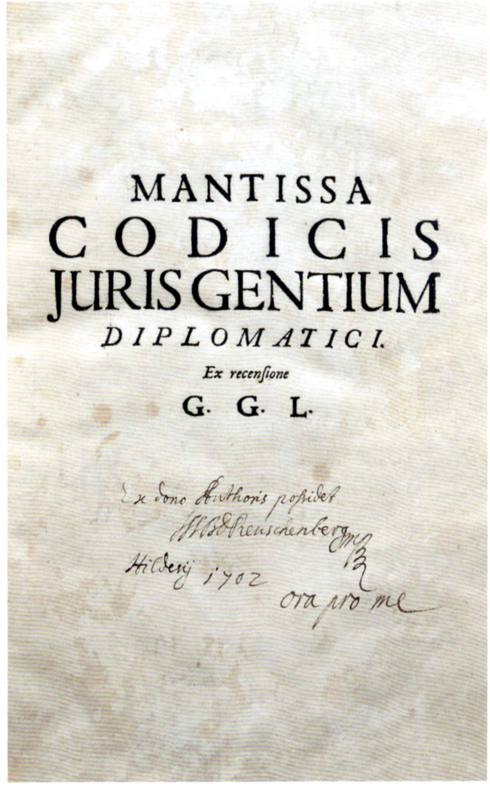

Abb. 74. Gottfried Wilhelm Leibniz: Mantissa Codicis Juris Gentium Diplomatici (1700). Provenienzeintrag Reuschenbergs

Die »Beschreibung der Neuen Orientalischen Reise« des Adam Olearius für seinen Freund Otto Tacenius gibt der Art und Weise ein Format, wie Menschen auf der Suche nach Wissen in Passion und Profession miteinander interagierten. Sie verkörpert den ureigenen menschlichen Wissensdurst ganz konkret – und streckt daher ihre Fühler über Jahrhunderte bis hin zu uns aus.

Neues Systematisches Conchylien Cabinet

geordnet und beschrieben

von

Fried: Heinrich Wilhelm Martini

der Arzneygelahrtheit Doktor und Prakticus

in Berlin.

Nürnberg

bey Gabriel Nikolaus Raspe.

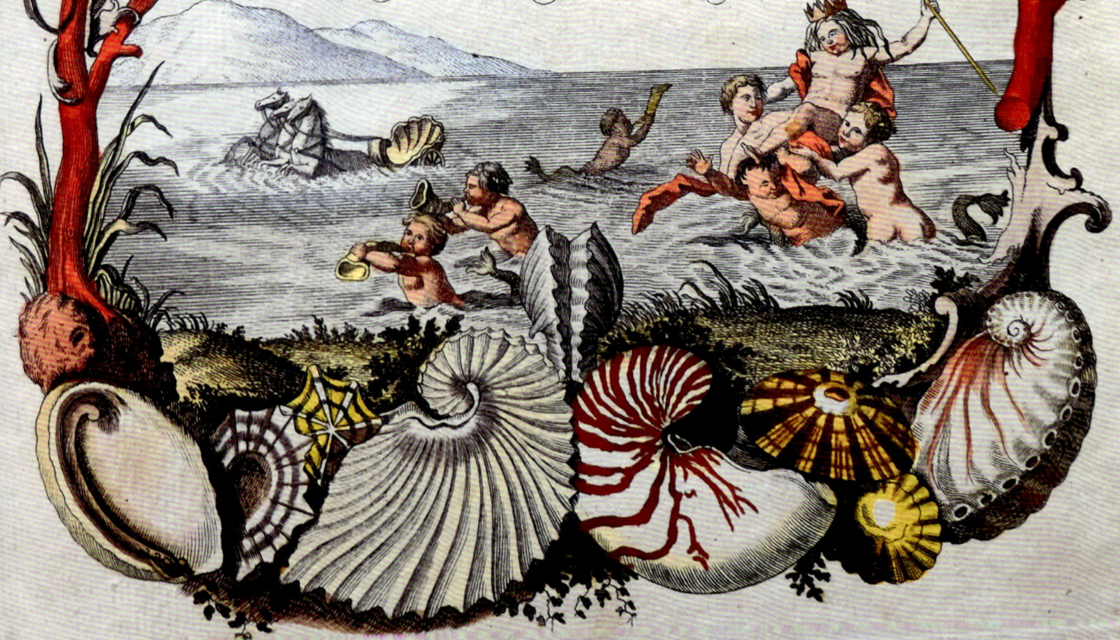

Von der Insecten-Belustigung ins Conchilyen-Cabinet

AUGUST JOHANN RÖSEL VON ROSENHOF: DIE MONATLICH-HERAUSGEGEBENE INSECTEN-BELUSTIGUNG, 4 TEILE

NÜRNBERG: DER VERFASSER; JOHANN JOSEPH FLEISCHMANN, 1746–1761

DOMBIBLIOTHEK HILDESHEIM, 2 O 2247

FRIEDRICH HEINRICH WILHELM MARTINI: NEUES SYSTEMATISCHES CONCHYLIEN-CABINET, 12 TEILE

NÜRNBERG: GABRIEL NIKOLAUS RASPE, 1769–1829

DOMBIBLIOTHEK HILDESHEIM, 2 O 2225

Der Titel dieses reich ausgestatteten Bild-Bandes ist Programm und Anspruch zugleich: Die »Insecten-Belustigung« eröffnete seinen Leserinnen und Lesern einen ebenso informativen wie unterhaltsamen Blick in einen Teil ihrer Umwelt, der ihnen bis dahin weitgehend verborgen geblieben sein dürfte. Das 18. war nicht nur das Jahrhundert der Aufklärung, sondern auch der Naturkunde: Das Wissen über die Natur erweiterte sich enorm und erreichte immer mehr Menschen. Kirche und Klerus hatten daran einen nicht unerheblichen Anteil. Der Bestand der Dombibliothek Hildesheim spiegelt diese markante Phase der modernen Wissens- und Bildungsgeschichte mit ausgeprägten naturkundlichen Schwerpunkten in ihren Sammlungen. Zwei der schönsten Werke, August Johann Rösels »Insecten-Belustigung« und Friedrich Heinrich Wilhelm Martinis »Conchylien-Cabinet«, zeigen, wie sich in der Naturkunde des 18. Jahrhunderts die Neugier der Aufklärung mit der Spiritualität des christlichen Schöpfungsglaubens verband und so neue Einsichten in die Welt mit all ihrer Vielfalt ermöglichten.

***

Zweifellos entwickelte sich die Naturkunde im 18. Jahrhundert im Sog der Aufklärung, die das menschliche Denken nachdrücklich veränderte und die modernen Wissenschaften begründete. Die Unterschiede zur Vormoderne erscheinen aus der Retrospektive gewaltig: Während das Mittelalter aus der Vorstellung eines allmächtigen Schöpfergottes die Traditionen, also das buchstäblich Überkommene, und damit insbesondere die Lehren der Kirche hochschätzte und diese als Maßstab menschlichen Handelns erachtete, konzentrierte sich der aufgeklärte Mensch auf sich selbst und forderte: *Sapere aude*, »bediene dich deines eigenen Verstandes«. Dieser Ansatz war radikal und in der Konsequenz ebenso grundlegend. Wenn der Mensch über ein eigenständiges, autonomes Urteilsvermögen verfügte,

Abb. 75. Friedrich Heinrich Wilhelm Martini: Neues systematisches Conchylien-Cabinet (1746–1761). Titelblatt

würde, ja musste das Überkommene in Frage gestellt werden. Daher waren insbesondere gegenüber den Lehren und der Autorität der Kirche, vielleicht sogar gegenüber Gott selbst, Distanz und Zweifel geboten.

Diese neue Autorität menschlicher Vernunft und die mit ihr verbundene Aufforderung, rational zu denken und handeln, erreichte zunächst nur eine wissenschaftliche Elite. Dies zeigt der Blick auf die bekannten Naturwissenschaftler des 17. Jahrhunderts. Es handelt sich um eine selbst für Gesamt-Europa sehr überschaubare Gruppe. Sie waren untereinander sehr gut vernetzt, entfalteten jedoch über ihre Netzwerke hinaus kaum Wirkung. Unter ihnen ragten einige wenige Wissenschaftler heraus, die mit ihrer Arbeit die Moderne überhaupt erst ermöglichten und bis heute einen enormen Bekanntheitsgrad besitzen, wie etwa Isaac Newton (1643–1727). Im Unterschied dazu fehlte es dem 18. Jahrhundert in den Naturwissenschaften an vergleichbaren Schwergewichten, allerdings setzte sich dafür das Wissen um bzw. das Interesse für die Natur zunehmend auch in weiteren Schichten der Bevölkerung durch. Dadurch dass Naturkunde auf eine immer breitere soziale Basis gestellt wurde, also mehr Menschen auch ohne eine entsprechende akademische Bildung selbst wissenschaftlich tätig wurden, nahm auch das Wissen insgesamt enorm zu. Eine wichtige Funktion übernahmen hier die Gesellschaften, die sich erstmals auf nationaler und internationaler Ebene bildeten, sowie die Akademien.

Auch methodisch wurden im 18. Jahrhundert Weichen gestellt, die bis heute in der Wissenschaft allgemein und insbesondere in den Naturwissenschaften Geltung besitzen: Die Beobachtung rückte in das Zentrum der Arbeit, sie wurde zugleich intensiviert und von detaillierten Beschreibungen begleitet. Damit einher gingen die Zerlegung oder das Sezieren in Bestandteile, das Zählen und Messen, die Durchführung von Experimenten sowie die Erstellung von Prognosen. In dieser Zeit wurden die zentralen Fragen der Naturkunde und später der Biologie gestellt: Was ist überhaupt Leben? Welche Bestandteile hat es, und wie lässt es sich systematisieren? Wie verändert oder entwickelt sich Leben? Was unterscheidet belebte von unbelebter Natur?

Neben ihrer aufgeklärten Grundausrichtung war die Naturkunde des 18. Jahrhunderts in der zeitgenössischen Spiritualität verankert. Wie kaum eine Epoche vor ihr nahm sie die Aussagen der Schöpfungstheologie ernst und versuchte, sie mit den aktuellen Ansätzen und Methoden des Beobachtens und Messens in Einklang zu bringen. Seit Beginn der Kirchengeschichte setzten sich christliche Gelehrte mit den Aussagen der Schöpfungsgeschichte über die Natur auseinander. Als Philosophen und Theologen ging es ihnen jedoch nicht primär um die Natur selbst, sondern um Gott. Die Natur mit ihrer Fauna und Flora wurde lediglich als Ausdrucksform seines Willens betrachtet, den es eigentlich zu ergründen galt. Daher waren die in der Moderne – wie auch in der Antike – für die Naturkunde essenziellen Methoden der Beobachtung, Beschreibung und Abbildung lediglich von sekundärer Bedeutung. Anschaulich wird dieser theologisch fundierte Ansatz im *Physiologus*, dem »Naturforscher«, einem anonym überlieferten, vermutlich im 2. Jahrhundert entstandenen und im Mittelalter verbreiteten Werk. Es ist eine Art Handbuch, das den Schöpfungsglauben mit Mythen verbindet und daher gleichermaßen reale Tiere und Fabelwesen verzeichnet.

Der wichtigste Interpret und zugleich Vermittler dieser schöpfungstheologischen Naturkunde war Aurelius Augustinus (354–430). Er prägte dafür den Begriff, oder genauer: die Metapher, vom *liber naturae*, dem »Buch der Natur«. Darunter versteht er das, was wir als Natur bezeichnen, und stellt es in eine Beziehung zu Gott. Das Buch der Bibel und das Buch der Natur ergänzen sich gleichsam und offenbaren Gott und seine Schöpfung. Mit dieser Zwei-Bücher-Lehre griff Augustinus, wie auch andere christliche Gelehrte nach ihm, ein antikes naturphilosophisches Konzept auf, das sich beispielsweise schon bei Marcus Tullius Cicero (106–43 v. Chr.) findet. Demnach wird der Kosmos durch einen universalen Geist belebt und strukturiert, dessen Signatur sich in der Natur zeigt; die Natur ist anders gesagt eine Chiffre für den kosmischen Weltgeist. Der christlichen Schöpfungstheologie kam diese Philosophie nicht nur entgegen, ja sie entwickelte sich auf diesen antiken Grundlagen. Insofern drücken beide »Bücher«, das Buch der Natur und das Buch der Bibel, nach Augustinus Gott selbst und dessen Liebe zu den Menschen aus. Die Natur und damit der Kosmos insgesamt enthalten aus dieser Perspektive eine Sinnhaftigkeit, die über irdische Wahrnehmungen und Zusammenhänge hinausreicht. Daher führen die Beobachtung der Natur und ihrer Erscheinungsformen nach Augustinus zur Erkenntnis Gottes. Für den Menschen bedeutet dies, dass er auch eine heilsgeschichtlich fundierte Verantwortung für die Natur trägt.

Bis zum Hochmittelalter entsprachen Natur und Schöpfung aus dieser Perspektive einander; erst unter der am Beginn der Scholastik einsetzenden Aristoteles-Rezeption begann eine Differenzierung beider Bereiche. Von nun an waren innerhalb der Natur Kräfte, Prozesse und Ursachen denkbar, die nicht unmittelbar dem Willen und Wirken eines allmächtigen Schöpfergottes zugeordnet werden mussten. Trotzdem blieben Natur- und Tierwelt ein Teil der Schöpfungstheologie und damit eines aus der christlichen Überlieferung gedeuteten Kosmos. Die wichtigsten Interpreten dieser schöpfungstheologischen Naturkunde im Mittelalter waren Hrabanus Maurus (nach 780–856), Albertus Magnus (um 1200–1280), dessen Schüler Thomas von Cantimpré (1201–1272) sowie Konrad von Megenberg (1309–1374). Um 1350 verfasste dieser mit dem »Buch der Natur« die erste naturkundliche Enzyklopädie in deutscher Sprache, in der die wichtigsten Positionen dieser langen Tradition zusammengefasst bzw. übersetzt sind. Erkenntnistheoretisch entfaltete die Metapher des Buches der Natur auch jenseits des Mittelalters eine nachhaltige Wirksamkeit; ihr jüngster, bekanntester Vertreter war der Philosoph Hans Blumenberg (1920–1996) mit seiner 1981 erschienen »Lesbarkeit der Welt«.

Dieses traditionsreiche Konzept einer schöpfungstheologischen Naturkunde erlebte im 17. und 18. Jahrhundert eine neue, vielleicht sogar seine buchstäblich prächtigste Blüte. Denn es entstanden Werke, in denen die Natur in bis dahin unerreicht detaillierter Weise nicht nur beschrieben, sondern auch bildlich dokumentiert wurde. Gottes Schöpfungswerk mit den wissenschaftlichen wie auch den künstlerischen Methoden der Zeit auf die Spur zu kommen wird in vielleicht keinem Werk so unmissverständlich präsentiert wie in Jan Swammerdams Insektenkunde. Der gebürtige Amsterdamer (1637–1680) war studierter Mediziner. Als Arzt praktizierte er aber nur, um seinem wirklichen Interesse nachzugehen, der

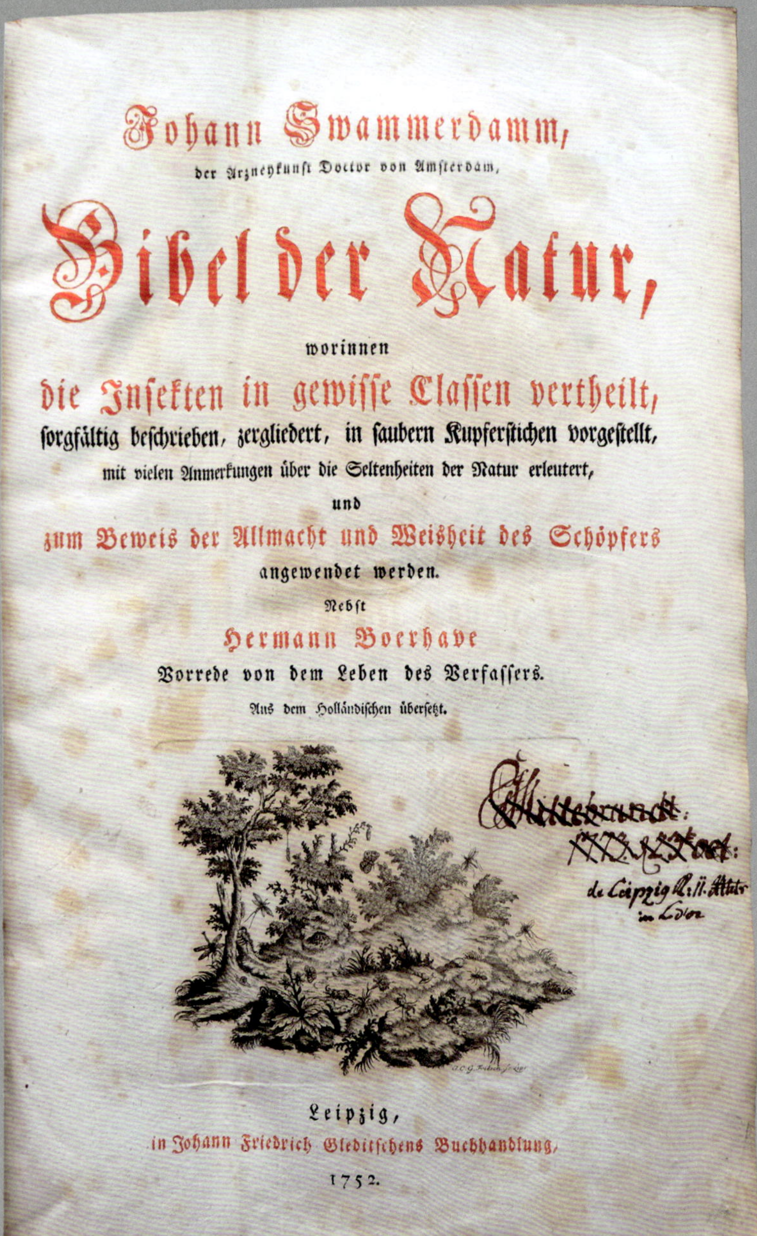
Johann Swammerdamm,
der Arzneykunst Doctor von Amsterdam,
Bibel der Natur,
worinnen
die Insekten in gewisse Classen vertheilt,
sorgfältig beschrieben, zergliedert, in saubern Kupferstichen vorgestellt,
mit vielen Anmerkungen über die Seltenheiten der Natur erleutert,
und
zum Beweis der Allmacht und Weisheit des Schöpfers
angewendet werden.
Nebst
Hermann Boerhave
Vorrede von dem Leben des Verfassers.
Aus dem Holländischen übersetzt.
Leipzig,
in Johann Friedrich Gleditschens Buchhandlung,
1752.

Abb. 76. Jan Swammerdam: Bibel der Natur. Titelblatt

Erforschung der Insekten. Beides machte ihn zumindest posthum berühmt. Denn als einer der Ersten überhaupt nutzte er ein Mikroskop und entdeckte dabei die roten Blutkörperchen. Die neue Technik setzte er auch für die Arbeit an den Insekten ein. Daher war es Swammerdam möglich, Insekten in bis dahin unbekannter Detailgenauigkeit für das bloße Auge sichtbar zu machen. Seine Beobachtungen und Beschreibungen wurden durch ebenso ästhetisch ansprechende wie exakte Darstellungen ergänzt. Niemand vor ihm hatte diese Lebewesen ernsthaft beachtet, geschweige denn ihnen als Tierklasse, die sich wie andere Spezies auch entwickelten, eine biologische Relevanz beigemessen. Damit hatte Swammerdam die Entomologie begründet. Ein modernes naturwissenschaftliches Verständnis lag auch ihm fern. Für den gläubigen Christen waren Insekten gleichwertige Bestandteile der Schöpfung Gottes, denen er den ihnen gebührenden Platz zuweisen wollte, ja deren Existenz einen »Beweis der Allmacht und Weisheit des Schöpfers« lieferten. Erst Jahrzehnte nach seinem Tod wurde ein Teil seiner Werke als *Biblia Naturae Sive Historia Insectorum*, also »Buch der Natur oder Geschichte der Insekten«, veröffentlicht. Daher bezeugt nicht nur Swammerdams Wirken, sondern auch die Tatsache, dass sein Werk noch Jahrzehnte nach seinem Tod (1737/38) publiziert wurde, welchen Stellenwert das Buch der Natur im Anbruch der Aufklärung besaß (Abb. 76).

Auch das Werk der bedeutendsten Naturforscherin und Künstlerin der Zeit, Maria Sibylla Merian (1647–1717), muss aus dem Verständnis der Umwelt als Bibel der Natur verstanden werden. Als Naturkundlerin befand sich Merian mit ihrem Glauben im Einklang: Für sie zeigte gerade die Vielfalt, Komplexität und Schönheit kleinster, scheinbar nichtiger Insekten das Wirken des christlichen Schöpfergottes. Sowohl als Künstlerin als auch als Naturforscherin hatte sie in der 2. Hälfte des 17. Jahrhunderts neue Maßstäbe gesetzt, indem sie Kunst und Naturbeobachtung in

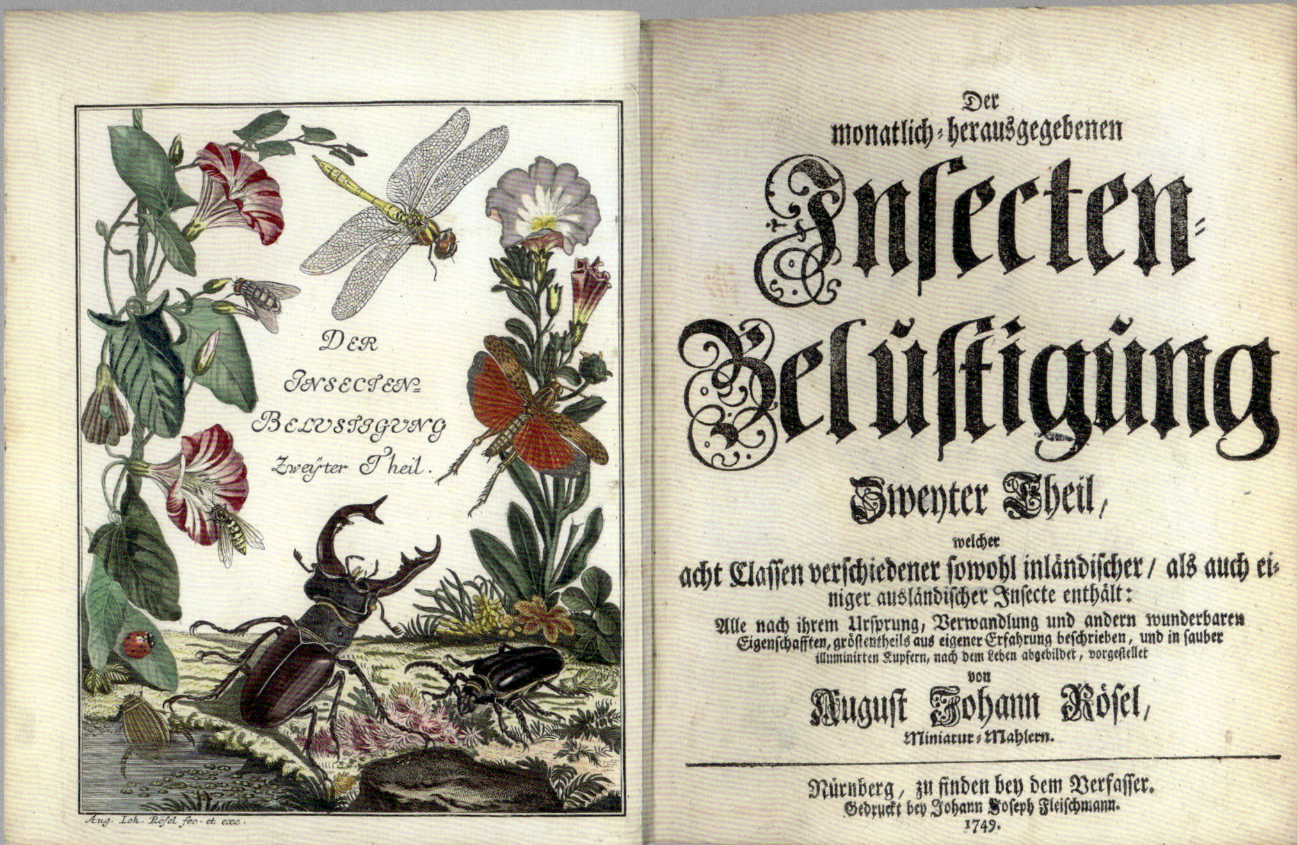

Abb. 77. August Johann Rösel von Rosenhof: Insecten-Belustigung. Titelbatt

einer neuartigen Qualität kombinierte. Der Umstand, dass sie eine Frau war, spielte dabei kaum eine Rolle, wurde Frauen bereits in dieser Zeit durchaus mehr zugetraut und ermöglicht als Familien- und Hausarbeit. Von entscheidender Bedeutung war vielmehr, dass ihr Kunst und handwerkliches Können gleichsam in die Wiege gelegt worden waren, weil sie einer Familie von Kupferstechern angehörte. Als Gelehrte beobachtete sie Insekten und Pflanzen genau, dokumentierte ihre Beobachtungen und hielt sie in Kupferstichen fest. Ihre Bücher über Schmetterlinge, deren Metamorphose auf diese Weise erstmals dokumentiert wurde, sowie über Blumen erregten in ganz Europa großes Aufsehen, und zwar weit über die damals überschaubaren Fachkreise hinaus. Zu ihrer Popularität trugt zudem der Umstand bei, dass Merian auf Deutsch und nicht in der Gelehrtensprache Latein publizierte.

Nur ein gutes Jahrzehnt nach Swammerdam publizierte August Johann Rösel die »Insectenbelustigung« (Abb. 77). Sie erschien seit 1746 zunächst in monatlichen Einzellieferungen. Die Ausgaben zielten weniger auf ein fachwissenschaftliches denn ein breiteres, aber durchaus gebildetes Laienpublikum, das unterhalten, im Jargon der Zeit: »belustigt« werden sollte. Dies bedeutete jedoch nicht, dass das Werk den aktuellen naturkundlichen Standards nicht entsprochen hätte, ganz im Gegenteil. Insbesondere die Abbildungen bestechen durch ihr hohes Maß an exakter, naturgetreuer Darstellung, gepaart mit einer außerordentlichen künstlerischen Qualität. Denn Rösel verfügte – wie auch Jan Swammerdam und Maria Sibylla Merian – über zwei Talente: die Erforschung der Natur und die Fertigkeiten der Malerei.

August Johann Rösel von Rosenhof (1705–1759) wurde in eine adlige Familie geboren, die über wenig Kapital, aber viel wissenschaftliches und künstlerisches Talent verfügte. Als glücklich erwies sich der Umstand, dass die Rösels in den Diensten der Fürstin Auguste Dorothea von Schwarzburg-Sondershausen (1666–1751) standen. Sie war eine Tochter des Herzogs Anton Ulrich von Braunschweig-Wolfenbüttel (1685–1714), eines der bedeutendsten Förderer von Kunst, Kultur und Wissenschaft unter den Reichsfürsten. Auch Auguste Dorothea lebte dessen Ideal und baute am Arnstadter Hof im Verlauf ihres langen Lebens eine umfangreiche kunst- und kulturhistorische Sammlung auf, für die sie eigens das heute nicht mehr erhaltene Schloss Augustenburg errichten ließ. Die Fürstin stellte Rösels Vater Pius, einen Kupferstecher, dort nicht nur als Verwalter ein, sondern wurde auch noch Patin des offensichtlich nach ihr benannten August Johann. Sie brachte den Jungen, der bereits in früher Jugend sein Talent zum Malen zeigte, in der Werkstatt seines Onkels Wilhelm unter, der am Merseburger Hof als Tiermaler tätig war. Im Anschluss besuchte Rösel eine private Nürnberger Malerakademie. Seine künstlerischen Fähigkeiten sowie gute Kontakte brachten dem jungen, kaum über zwanzigjährigen, Künstler ein attraktives Stellenangebot am Hof des dänischen Königs ein.

Die Reise nach Norden sollte Rösels Leben grundlegend ändern, allerdings anders als ursprünglich absehbar: Er erkrankte unterwegs schwer. Während der erzwungenen Unterbrechung in Hamburg entdeckte Rösel das 1705 erschienene und in dieser Zeit bereits bekannte Insektenbuch der Maria Sibylla Merian. Für den Naturforscher und Künstler Rösel war dies eine Art Konversionserlebnis. Wieder genesen, brach er die Reise und damit die sichere Hofkarriere ab, kehrte nach Nürnberg zu seiner Familie zurück und setzte von nun an seinen künstlerischen Schwerpunkt in der naturkundlichen Malerei.

Für den Künstler Rösel war – wie für Merian – seine Arbeit nicht ohne die Kenntnis der Natur möglich. Dafür bediente er sich der wissenschaftlichen Methoden der Zeit. Er sammelte Insekten, um deren Aufbau zu studieren und die Entwicklung von Raupen zu Schmetterlingen zu erforschen. Aus den dabei entstandenen Notizen und Skizzen entstanden Zeichnungen, die er seit 1740 in monatlicher Erscheinungsweise für ein breiteres Publikum als »Insecten-Belustigung« publizierte (Abb. 78–79). Damit wurde sie zu einem Vorläufer heutiger Fachzeitschriften. 1744 erfolgte die zweibändige Ausgabe, die in den folgenden Jahren durch weitere regelmäßige Lieferungen fortgeführt wurde. Bereits in den Jahren 1746, 1749 und 1755 brachte Rösel die bisher erschienenen Arbeiten in drei Sammelbänden heraus. Ein vierter Band wurde nach seinem Tod 1761 von seinem Schwiegersohn Christian Friedrich Carl Kleemann zusammengestellt. Dieser war ebenfalls ein naturkundlich versierter Miniaturmaler, so dass er in späteren Auflagen Ergänzungen und Zusätze wie die von Carl von Linnè in die Biologie eingeführte Systematik vornahm.

Wie tief der christliche Glaube an Gottes Schöpfung das wissenschaftliche Arbeiten der aufgeklärten Naturforscher des 18. Jahrhunderts beeinflusste, zeigt auch das Leben und Werk Friedrich Wilhelm Martinis (1729–1778). Er begründete die erste private naturwissenschaftliche Gesellschaft Deutschlands, die »Gesellschaft Naturforschender Freunde zu Berlin«, die noch heute existiert. Das Symbol, das Martini und seine Kollegen wählten, um ihre Arbeit und damit ihr Selbstverständnis als Wissenschaftler zum Ausdruck zu bringen, ist ein Bekenntnis: das Buch der Natur, aufgeschlagen auf einem Altar. Auch das darüberstehende Dreieck innerhalb eines Strahlenkranzes besaß eine feste christliche Bedeutungszuweisung: das »Auge« Gottes, Symbol des Dreieinigen, Allwissenden, weil alles Sehenden. Obwohl die Symbolik selbst jüdische sowie altägyptische Wurzeln besitzt, war speziell diese Ikonographie im 17. Jahrhundert entwickelt und verbreitet worden – und ist ebenfalls noch geläufig dank eines weiteren, nach wie vor geheimnisumwobenen Nutzerkreises: der Freimaurer und Illuminaten.

Der in Berlin praktizierende Arzt war vor allem Naturforscher. Daher besaß er nicht nur eine eigene umfangreiche Bibliothek, sondern auch eine Naturaliensammlung. Als Herausgeber einer allgemeinen Naturgeschichte, vor allem aber durch sein »Conchylien-Cabinet«, bleibt er ein Fixpunkt der Wissenschaftsgeschichte. Denn diese systematische Lehre der Muschel- und Schneckentiere setzte für diese Disziplin innerhalb der Biologie Maßstäbe. Und die künstlerische Qualität der Abbildungen besticht seit zweieinhalb Jahrhunderten die Betrachtenden (Abb. 80–81).

In der Dombibliothek Hildesheim füllen die Werke Swammerdams, Rösels, Martinis und zahlreicher anderer frühmoderner Naturwissenschaftler etliche Regalmeter. Jedes

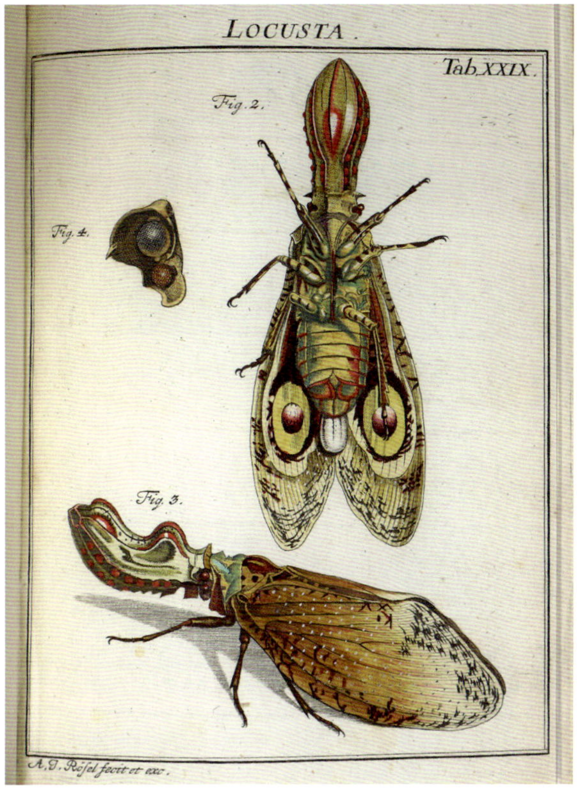

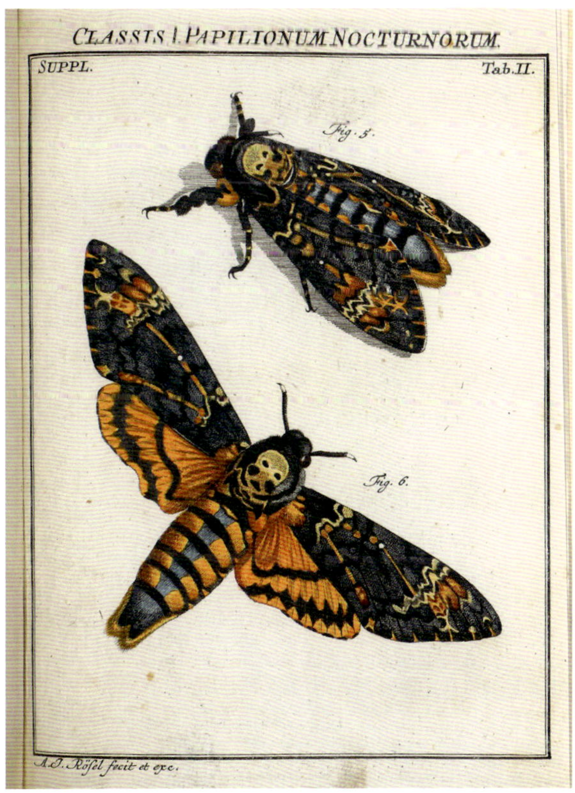

Abb. 78–79. Heuschrecke und Falter

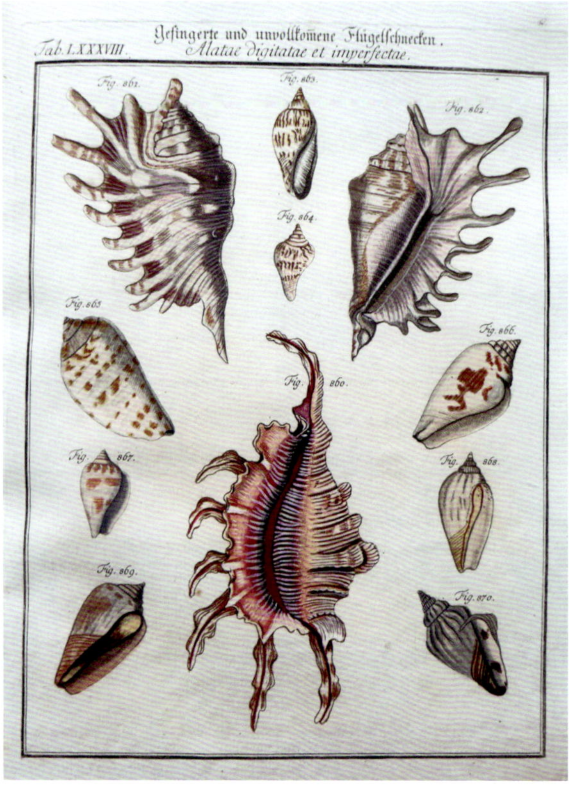

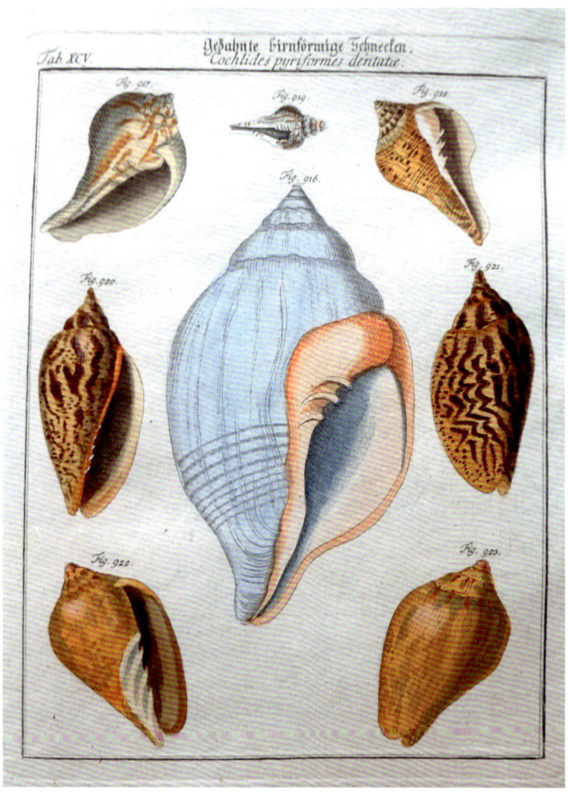

Abb. 80–81.
Verschiedene
Schnecken-Arten

einzelne Werk steht für die viele Jahrhunderte alte Tradition, ja Verankerung der Naturkunde bzw. der Naturwissenschaften überhaupt in Philosophie und Religion, insbesondere dem Christentum. Die Überzeugung, dass unsere Welt in universale, transzendierende oder göttliche Zusammenhänge eingebettet ist und wir Menschen diese erkennen und erforschen können, trieb besonders Christen um – als Forschende und als Lesende, als Laien und als Geistliche. Ihr Interesse und ihre Überzeugung, dass gerade auch die Umwelt und der Kosmos erforscht und respektiert werden müssen, spiegelt sich in diesem umfangreichen naturwissenschaftlichen Sammlungsschwerpunkt der Dombibliothek Hildesheim. Und nicht zufällig waren in der 1200jährigen Geschichte des Bistums immer wieder auch Bischöfe, Priester und Ordensleute als Naturwissenschaftler tätig, aus persönlicher Leidenschaft und aus tiefer Glaubensüberzeugung. Aber deren Geschichten werden an anderer Stelle erzählt.

LITERATURVERZEICHNIS

Angenendt, Arnold: Geschichte der Religiosität im Mittelalter, Darmstadt [4]2009

Bader, Bernd: Zacharias Conrad von Uffenbach (1683–1734), in: ders., Mäzene, Künstler, Büchersammler: Exlibris der Universitätsbibliothek Giessen. Nachtrag 2008; online: http://geb.uni-giessen.de/geb/volltexte/2007/4691/pdf/BaderExlibris_Nachtrag-2008.pdf

Baumann, Kirsten u. a. (Hgg.): Adam Olearius. Neugier als Methode? Tagungsband zur internationalen Tagung »Der Gottorfer Hofgelehrte Adam Olearius. Neugier als Methode?«, Schloss Gottorf, Schleswig, 24.-27. Juni 2015, Petersberg 2017

Bepler, Jochen u. a. (Hgg.): Die Dombibliothek Hildesheim. Bücherschicksale, Hildesheim 1996

Bepler, Jochen: Das alte Buch im Besitz kirchlicher Bibliotheken, in: Mitteilungsblatt der Arbeitsgemeinschaft Katholisch-Theologischer Bibliotheken 44 (1997) 37–45

Bepler, Jochen: Stundenbuch des 15. Jahrhunderts, in: ders. u. a. (Hgg.): Schätze als Alltag. Dokumente aus kirchlichen Archiven und Bibliotheken, Regensburg 2001, 36 f.

Bremer, Kai: Religionsstreitigkeiten. Volkssprachliche Kontroversen zwischen altgläubigen und evangelischen Theologen im 16. Jahrhundert (Frühe Neuzeit 104) Tübingen 2005

Brinkmann, Bodo: Der Codex rotundus. Kommentar, Graz 2012

Brinkmann, Bodo: Die flämische Buchmalerei am Ende des Burgunderreichs. Der Meister des Dresdener Gebetbuchs und die Miniaturisten seiner Zeit, 2 Bde. (Ars Nova 1) Turnhout 1997, 1, 347–349

Brüggeboes, Wilhelm: Die Fraterherren (Brüder des Gemeinsamen Lebens) im Lüchtenhofe zu Hildesheim, Hildesheim 1939; wieder in: Die Diözese Hildesheim in Vergangenheit und Gegenwart 13 (1939)

Cogley, Richard W.: John Eliot's mission to the Indians before King Philip's war, Cambridge, Massachusetts 1999

Dobbertin, Hans (Hg.): Quellensammlung zur Hamelner Rattenfängersage, Göttingen 1970

Dobbertin, Hans: Hamelns älteste Quellen zur Kinderausfahrt, in: Niedersächsisches Jahrbuch für Landesgeschichte 62 (1990) 311–315

Doebner, Richard (Hg.): Annalen und Akten der Brüder des Gemeinsamen Lebens im Lüchtenhofe zu Hildesheim (Quellen und Darstellungen zur Geschichte Niedersachsens 9) Hannover 1903

Dyckhoff, Peter: Sterben im Vertrauen auf Gott, Illertissen 2014

Eder, Karl: Eder, Georg, in: Neue Deutsche Biographie 4 (1959) 311 f.

Engfer, Hermann: Das Tridentinum und das Bistum Hildesheim, in: Unsere Diözese in Vergangenheit und Gegenwart 28 (1959) 56–81

Fischer, Roman: Uffenbach, Zacharias Conrad von, in: Frankfurter Personenlexikon; online: https://frankfurter-personenlexikon.de/node/1521

Fulton, Elaine: Catholic belief and survival in the late sixteenth century Vienna. The Case of Georg Eder (1523–1587), Aldershot 2007

Geus, Armin: Rösel von Rosenhof, August Johann, in: Neue Deutsche Biographie 21 (2003) 738 f.

Giermann, Renate u. a.: Handschriften der Dombibliothek zu Hildesheim. Zweiter Teil (Mittelalterliche Handschriften in Niedersachsen 9) Wiesbaden 1993

Gleixner, Ulrike u. a. (Hgg.), Biographien des Buches (Kulturen des Sammelns 1) Göttingen 2017

Habicht, Victor Curt: Die Miniaturen des Codex rotundus der Beverina in Hildesheim, in: Alt-Hildesheim 12 (1933) 33–36

Harbsmeier, Michael: Wilde Völkerkunde. Andere Welten in deutschen Reiseberichten der frühen Neuzeit (Historische Studien 12) Frankfurt a. M. – New York 1994

Hauwaerts, Evelien u. a. (Hgg.): Colard Mansion. Incunabula, Prints and Manuscripts in Medieval Bruges, Ghent 2018

Huck, Jürgen: Von Kanonikaten und Präbenden zwischen Hildesheim und Magdeburg in der frühen Neuzeit unter besonderer Berücksichtigung der von Benningsen, in: Die Diözese Hildesheim in Vergangenheit und Gegenwart 70 (2002) 33–91

Husemann, Simone: Pretiosen persönlicher Andacht, in: G. Ulrich Großmann (Hg.): Spiegel der Seligkeit. Ausstellungskatalog, Nürnberg 2000, 54–68

Jaeger, Lars: Die Naturwissenschaften. Eine Biographie, Berlin – Heidelberg 2015

Marmein, Peter u. a. (Hgg.): Kirche und Adel in Norddeutschland. Das Aufschwörungsbuch des Hildesheimer Domkapitels (Quellen und Studien zur Geschichte und Kunst im Bistum Hildesheim 3) Regensburg 2011

Meinel, Christoph (Hg.): Die Alchemie in der europäischen Kultur- und Wissenschaftsgeschichte (Wolfenbütteler Forschungen 32) Wiesbaden 1986

Müller, Ulrich u. a. (Hgg.): Verführer, Schurken, Magier, St. Gallen 2001

Priesner, Claus: Chemie. Eine illustrierte Geschichte, Darmstadt 2015

Priesner, Claus: Geschichte der Alchemie, München 2011
Priesner, Claus: Olearius, Adam, in: Neue Deutsche Biographie 19 (1999) 517–519
Rothacker, Erich: Das »Buch der Natur«. Materialien und Grundsätzliches zur Metapherngeschichte, Bonn 1979
Rudolf, Rainer: Ars moriendi. Von der Kunst des heilsamen Lebens und Sterbens, Köln – Graz 1957
Schmidt, Margot (Hg.): Rudolf von Biberach: De septem itineribus aeternitatis (Mystik in Geschichte und Gegenwart I1) Stuttgart – Bad Cannstatt 1985
Schmidt, Margot: Rudolf von Biberach, in: Neue Deutsche Biographie 22 (2005) 193–194
Schrauf, Karl (Hg.): Der Reichshofrat Dr. Georg Eder. Eine Briefsammlung als Beitrag zur Geschichte der Gegenreformation in Niederösterreich, Wien 1904
Schuffels, Christian: Das Brunograbmal im Dom zu Hildesheim (Quellen und Studien zur Geschichte und Kunst im Bistum Hildesheim 4) Regensburg 2012
Schütt, Hans-Werner: Auf der Suche nach dem Stein der Weisen. Die Geschichte der Alchemie, München 2000
Seeland, Hermann: Von alten Klosterbibliotheken in der Stadt Hildesheim (Zeitschrift des Museums zu Hildesheim. Neue Folge 4) Hildesheim 1952
Sihombing, Apeliften Christian B.: Mystik und Dialog der Religionen, Berlin – Münster 2012
Spanuth, Heinrich: Geschichte der Stadt Hameln 1. Von den Anfängen bis zur Reformationszeit, Hameln 1940
Stähli, Marlis, u. a.: Handschriften der Dombibliothek zu Hildesheim. Erster Teil (Mittelalterliche Handschriften in Niedersachsen 8) Wiesbaden 1991
Stork, Hans-Walter: Uffenbach, Zacharias Conrad von, in: Hamburgische Biographie 6, Göttingen 2012, 348
Take, Heinz-Herbert: Otto Tachenius (1610–1680). Ein Wegbereiter der Chemie zwischen Herford und Venedig, Bielefeld 2002
Telle, Joachim (Hg.): Rosarium philosophorum. Ein alchemisches Florilegium des Spätmittelalters. Faksimile, Übersetzung und Kommentar, 2 Bde., Weinheim 1992
Telle, Joachim: Sol und Luna. Literar- und alchemigeschichtliche Studien zu einem altdeutschen Bildgedicht, Hürtgenwald 1980
Trepp, Anne-Charlott: Von der Glückseligkeit alles zu wissen. Die Erforschung der Natur als religiöse Praxis in der Frühen Neuzeit, Frankfurt 2009
Udolph, Jürgen: Zogen die Hamelner Aussiedler nach Mähren? Die Rattenfängersage aus namenkundlicher Sicht, in: Niedersächsisches Jahrbuch für Landesgeschichte 69 (1997) 125–183
Völlnagel, Jörg: Alchemie. Die königliche Kunst, München 2012
Von Thiessen, Hillard: Die Kapuziner zwischen Konfessionalisierung und Alltagskultur (Historiae 13) Freiburg i. Br. 2002
Zink, Jochen u. a.: Die Kirche zum Heiligen Kreuz in Hildesheim, Hildesheim 1980

BILDNACHWEISE

Abb. 8–21, 77, 78, 79: Christoph Koschinski
Abb. 28–31: Chris Gossmann
Abb. 38: Aus ハーメルンの笛吹き男 (Hāmerun no fuefuki otoko) von Kinya Abe via Wikimedia Commons
Abb. 39: Universitätsbibliothek Heidelberg
Abb. 54: Courtesy of the John Carter Brown Library
Abb. 73: Science History Institute via Wikimedia Commons
Alle weiteren Abbildungen: Jasmin Leckelt

Umschlagabbildung:
Narr; Detail in der sog. Kölner Bibel,
gedruckt bei Heinrich Quentell (1478) aus dem Bestand
der Dombibliothek Hildesheim.

Bibliografische Information der Deutschen Nationalbibliothek:
Die Deutsche Nationalbibliothek verzeichnet diese Publikation
in der Deutschen Nationalbibliografie; detaillierte bibliografische Daten
sind im Internet über http://dnb.dnb.de abrufbar.

1. Auflage 2020

in Zusammenarbeit mit der Bernward Mediengesellschaft mbH, Hildesheim 2020
Umschlaggestaltung: Anna Braungart, Tübingen
Layout und Satz: typegerecht berlin
Druck: Gutenberg Beuys Feindruckerei GmbH, Langenhagen

ISBN 978-3-7954-3594-3

Weitere Informationen zum Verlagsprogramm erhalten Sie unter:
www.schnell-und-steiner.de